कवियों के पत्र

कवियों के पत्र

डॉ. रामविलास शर्मा

वाणी प्रकाशन

वाणी प्रकाशन

4695, 21-ए, दरियागंज, नयी दिल्ली 110 002

शाखा

अशोक राजपथ, पटना 800 004

फ़ोन: +91 11 23273167 फ़ैक्स: +91 11 23275710

www.vaniprakashan.in
vaniprakashan@gmail.com

KAVIYON KE PATRA
by Dr. Ramvilas Sharma

ISBN : 81-7055-712-7
Letters

संस्करण 2000
आवृत्ति 2012

मूल्य : ₹ 350

मेहरा ऑफ़सेट, नयी दिल्ली-110002 में मुद्रित

वाणी प्रकाशन का लोगो मक़बूल फ़िदा हुसेन की कूची से

(रामविलास शर्मा को लिखे हुए

मैथिलीशरण गुप्त 47
सुभद्राकुमारी चौहान 48
दिनकर 55
बच्चन 59

अज्ञेय 62
नेमिचंद्र जैन 73
गिरिजाकुम'र माथुर 74
प्रभाकर माचवे 75

सुमित्रानंदन पंत 76
महादेवी वर्मा 93
नरेंद्र शर्मा 95
शमशेर बहादुर सिंह 99

त्रिलोचन 111
नागार्जुन 117
केदारनाथ अग्रवाल 122
शिवमंगल सिंह 'सुमन' 173

के पत्र

कवियों को लिखे हुए कुछ पत्र
रामविलास शर्मा के भी)

भूमिका

इस संग्रह में मुख्यतः उन हिंदी कवियों के पत्र हैं जो प्रगतिशील धारा से जुड़े हुए थे या उसके बहुत निकट थे। कुछ के तो एक-दो पत्र ही हैं और कुछ के पांच-सात, बीस-पच्चीस, चालीस-पचास तक हैं। इन पत्रों का संबंध साहित्य से है। कौन क्या लिख रहा है और उसमें मेरा कैसे सहयोग या असहयोग हो सकता है, इसकी चर्चा इन पत्रों में है। बहुत से पत्र ऐसे हैं जिनमें व्यक्तिगत संबंधों की प्रधानता है। ये पत्र भी हिंदी साहित्य के इतिहास के लिए महत्त्वपूर्ण हैं। साहित्य के इतिहास की पुस्तकों में इस तरह के संबंधों की चर्चा कम ही होती है। परंतु जिस तरह के परिवेश में कवि तथा अन्य साहित्यकार रचना करते हैं, उसमें ये व्यक्तिगत संबंध भी महत्त्वपूर्ण भूमिका निभाते हैं। यदि कवि अपने परिवेश से आश्वस्त हो तो उसकी रचनाशीलता बढ़ती है। साथ ही आसपास के साहित्यकारों से संबंध अच्छे न हों तो इसका प्रभाव भी उसकी रचनाशीलता पर पड़ता है।

ये पत्र हिंदी साहित्य की धरोहर हैं, यह मानकर मैं इनकी रक्षा करता आया हूं। अधिकांश पत्र मुझे आगरे के पते पर लिखे गए थे। १९४३ से १९६१ के बीच मैंने आगरे में अनेक मकान बदले थे। सन ६१ में अपना घर बन गया। तब ये मकान बदलने का सिलसिला बंद हुआ। परंतु उसके पहले '४३ और '६१ के बीच में पत्रों की रक्षा करना, एक घर से दूसरे में सामान ले जाना, अनेक कठिनाइयां पैदा करता था। सन '८१ में मैं दिल्ली आ गया। पहले जनकपुरी के एक किराए के मकान में रहता था। फिर मेरे पुत्र विजय ने विकासपुरी में घर बनवा लिया। सन '८५ के बाद से मैं इसी घर में हूं। कुछ पत्र इस घर के पते पर भी मुझे प्राप्त हुए हैं। इस संग्रह में सबसे पुराना पत्र पंत जी का है, मई १९३८ में लिखा हुआ। उस समय मैं शोध छात्र था। अंतिम पत्र सुमन का है जो अभी नवंबर १९९८ में लिखा गया है। इस तरह लगभग ६० वर्षों की अवधि में लिखे हुए पत्र मैं संजोता रहा हूं और यद्यपि मैंने भरसक उनकी रक्षा करने का प्रयत्न किया है, फिर भी कुछ पत्र खो गए हैं या नष्ट हो गए हैं। फिर भी जो बच गए हैं, वे मेरे लिए और शायद पाठकों के लिए भी बहुत हैं। ये सारे पत्र मुझे लिखे गए थे, यह मेरा सौभाग्य है।

मैथिलीशरण गुप्त, सुभद्राकुमारी चौहान और दिनकर, ये राष्ट्रवादी विचारधारा से जुड़े हुए रचनाकार थे। अपने-अपने ढंग से उन्होंने हिंदी की प्रगतिशील धारा के लिए मार्ग प्रशस्त किया और उसे सहानुभूति से देखते थे। मैथिली शरण गुप्त ने सबसे बड़ा काम यह किया था कि उन्होंने ब्रज भाषा के स्थान पर हिंदी कविता में खड़ी बोली को प्रतिष्ठित किया। एक भाषा की जगह दूसरी भाषा आई, यह केवल स्थान-परिवर्तन नहीं था। ब्रज भाषा के साथ रीतिवादी परंपरा जुड़ी हुई थी। मैथिलीशरण गुप्त ने अपने आलोचनात्मक लेखों में इस रीतिवाद का विरोध किया था। महावीर प्रसाद द्विवेदी उनके सहयोगी थे। उन्होंने ऐसे लेख सरस्वती में छापे थे और गुप्त जी को साहित्य में प्रतिष्ठित करने का श्रेय बहुत कुछ द्विवेदी जी को है। रीतिवाद का विरोध किए बिना छायावाद या प्रगतिवाद का आविर्भाव न हो सकता था। छायावादियों ने यह काम आगे बढ़ाया और यदि कुछ कसर रह गई थी तो उसे प्रगतिवादियों ने दूर किया। इस तरह मैथिलीशरण गुप्त का युगांतरकारी महत्व है। उन्होंने गद्य और पद्य में जो काम किया, उससे आगे के रचनाकारों का मार्ग प्रशस्त हुआ। उन्हें मैंने झांसी में देखा था। बाद में निराला जी के साथ लखनऊ में उनके दर्शन किए। लखनऊ में अनेक बार मुलाकात हुई जिसका उल्लेख उन्होंने अपने पत्र में किया है। इसके सिवा मैं झांसी में भी उनसे मिला और जब वह दिल्ली में रहने लगे, तब भी मैंने उनके दर्शन किए। उनके व्यक्तित्व की एक विशेषता उनके काव्य-साहित्य में नहीं दिखाई देती। वह यह है कि वह स्वभाव से बहुत ही विनोदप्रिय व्यक्ति थे। हंसी मजाक के बिना वे बात न करते थे। शायद यह बुंदेलखंड के कवियों की विशेषता है। उनकी बातें सुनकर मुझे उपन्यासकार वृंदावनलाल वर्मा की याद आती थी। दोनों ही एक जनपद के थे और वहां की लोक संस्कृति की अनेक विशेषताएं अपने व्यक्तित्व में समेटे हुए थे। गुप्त जी स्वपठित व्यक्ति थे। बांगला और संस्कृत के पंडित थे। द्विवेदी जी के कहने से उन्होंने *मेघनाथ वध* का हिंदी अनुवाद किया था और उसमें उन्होंने अतुकांत छंद का उपयोग किया था। कवित्त छंद को उन्होंने उसका आधार बनाया था। इसी कवित्त छंद के आधार पर निराला ने अपने मुक्त छंद का विकास किया था। वह उदार विचारों के व्यक्ति थे। उन्होंने कर्बला पर रचना की, मार्क्स की पत्नी पर कविता लिखी और महाभारत आदि काव्यों से विषय लेकर उन्होंने *जयद्रथ वध* और *साकेत* जैसी रचनाएं कीं। उनके बारे में एक प्रवाद फैलाया गया कि वे केवल इतित्वृत्तात्मक रचनाएं करते हैं अर्थात् तुकबंदी करते हैं और कविता नीरस होती है। परंतु वास्तविकता यह नहीं है। उस समय मैथिलीशरण गुप्त ने जितना साधारण पढ़े-लिखे लोगों को प्रभावित किया, ये पढ़े-लिखे लोग चाहे गांवों के हों चाहे शहर के, उतना किसी और दूसरे कवि ने प्रभावित नहीं किया। और यह प्रभाव कुल मिला कर देशप्रेम, भारतीय संस्कृति से प्रेम और उदात्त भावनाओं की ओर मानवता में विश्वास की ओर ले

जाने वाला था। वह व्यंग्य बहुत अच्छा करते थे और निराला के विरुद्ध बालकृष्ण शर्मा संपादित प्रदा में 'भावों की भिड़ंत' नाम से जो लेख छपा था, उसे मैथिलीशरण गुप्त जैसा विद्वान् ही लिख सकता था। निराला जी से उनके संबंध कहीं मधुर थे और कहीं तिक्त थे। परंतु वह पुरानी बात हो गई थी। निराला के लिए उनके मन में आदर भाव था। और मैं निराला के साथ उनसे मिला था, इसलिए अपना स्नेह उन्होंने मुझे भी दिया। सन् '४३ में मैं 'हंस' के कविता विभाग का संपादन कर रहा था। मैंने गुप्त जी को सहयोग के लिए लिखा। उन्होंने उत्तर दिया : "आज के प्रगतिवाद में मैं तो स्वयं को पिछड़ा हुआ अनुभव करता हूं।" यहां विनम्रता प्रदर्शन के पीछे हल्का सा व्यंग्य छिपा है—तुम लोग तो आगे बढ़ गए हो, मुझ जैसे पिछड़े लेखक को क्यों याद करते हो। परंतु वह बहुत दूर नहीं थे। यदि प्रगतिशील धारा से जुड़े हुए नहीं थे तो उसके विरोधी भी नहीं थे। उन्होंने लिखा : "आपकी आज्ञा का पालन करने से मुझे संतोष ही होता परंतु अपनी असमर्थता का विचार करके नहीं कह सकता सफल हो सकूंगा या नहीं।" लखनऊ में वह अक्सर मिला करते थे। पत्र के अंत में उन्होंने लिखा : "लखनऊ से आप आगरे चले गए देखिए कब दर्शन होंगे। लखनऊ में फिर भी आशा कर सकता था।" मैथिलीशरण जी का यह एक ही पत्र मेरे पास है परंतु इससे अनेक बातों के ऊपर प्रकाश पड़ता है। मुझ से जो उनका व्यक्तिगत संबंध था और प्रगतिशील साहित्य के बारे जो कुछ वह सोचते थे, उसकी जानकारी इस एक पत्र से भी हो सकती है।

खूब लड़ी मर्दानी वह तो झांसी वाली रानी थी। हिंदी में शायद ही कोई दूसरी कविता इतनी लोकप्रिय हुई हो। लखनऊ में मैंने स्वाधीनता आंदोलन के दौरान लोगों को जुलूस बनाकर अमीनाबाद में आगे बढ़ते हुए, यह कविता गाते हुए, हाथों में कड़े पहने हुए, उन्हें बजाते हुए, देखा और सुना था। वह स्वतंत्रता सेनानियों के परिवार में थीं। जिस समय सन् ४५ के ये पत्र मुझे लिखे थे, उस समय उनके पति जेल में थे। वह अकेले घर का काम-काज संभालती थीं, छोटे-छोटे बच्चों की पढ़ाई-लिखाई का ध्यान रखती थीं। वह अत्यंत स्नेहशील और संवेदनशील महिला थीं। सबसे पहले उनसे भेंट मेरठ में हुई। वहां होमवती जी के निमंत्रण पर वह कवि-सम्मेलन की अध्यक्षता करने गई थीं। मेरे सामाजिक परिवेश के लोग उन्हें लगभग देवी की तरह पूज्य मानते थे। राजस्थान के कवि मेघ वर्मा ने सुभद्रा जी के कविता संग्रह *मुकुल* के नाम पर अपना उपनाम मुकुल रखा था। मेरे छोटे भाई मुंशी के पुत्र हुआ। उसका नाम भी उन्होंने मुकुल रखा था। कविता संग्रह *मुकुल* सुभद्रा जी ने मुझे भेंट किया। उसे बहुत संभाल कर मैं अब तक रखे हुए हूं। उन्होंने एक कापी भी दी थी कविता लिखने के लिए। उन्होंने जातिप्रथा के बंधन तोड़ कर सुधा चौहान का विवाह प्रेमचंद के पुत्र अमृतराय से किया था। रूढ़िवादियों ने इसका अवश्य विरोध किया होगा। परंतु उन्होंने उस विरोध का सामना किया।

इस विवाह के अवसर पर उन्होंने १०-१५ दिन जबलपुर में आकर रहने का आग्रह किया। मैंने उनका आग्रह स्वीकार किया। वे दिन बहुत अच्छी तरह बीते। घर के सभी लोगों से घनिष्ठता हो गई। यह सुभद्रा जी के पत्रों में प्रतिबिंबित है। धीरे-धीरे मैं समझने लगा, इनके जीवन में कष्ट भी हैं। उनका जीवन बहुत सादा था। वैसे ही सादा उनका गद्य भी होता था। ऊपर से देखने में उसमें कविता न थी परंतु प्रत्येक शब्द में उनका स्नेह और आत्मीयता झलकती थी। उनकी पुत्री ममता की मुखाकृति में विकार था। शब्दों का उच्चारण स्पष्ट न होता था। इससे उन्हें चिंता रहती थी। उसे दिखाने वह दिल्ली में डॉ. जोशी से मिली थीं। परंतु उससे कोई लाभ नहीं हुआ। उन्हें आर्थिक कष्ट भी रहने लगा था। आर्थिक कष्ट के सिवा शारीरिक कष्ट भी था। सिर में दर्द होता था। लिखना चाहती थीं पर लिख न पाती थीं। ७ जून १९४५ को उन्होंने मुझे जो पत्र लिखा, उसमें भारतीय गृहस्थ नारी, यदि साहित्य सेवा करना चाहे, तो उसका जीवन कितना कठिन हो जाता है, इसका आभास आप को मिलेगा। उन्होंने लिखा था : "मेरा तो लिखना-पढ़ना बंद ही सा है। तुमने जो देखा था वही जीवन, सुबह से शाम तक गृहस्थी की चक्की में जुती रहती हूं। कभी-कभी मुझे अपने ऊपर भी तरस आता है। लिखना-पढ़ना चाहती हूं पर लिख-पढ़ नहीं सकती। इधर सिर दर्द भी पीछा नहीं छोड़ता...इधर ८-९ दिन ठीक रहा वही दर्द सिर में उठा है और ७-८ दिन तक तो जरूर चलेगा। क्या कहूं, जी तो यह चाहता है कि सिर ही साफ कर दिया जाए। जब सिर ही न रहेगा तो दर्द कहां उठेगा। पर यह सिर भी क्या मेरा अपना है?" ये ऐसे व्यक्ति के शब्द हैं जिसने अपने को देश के प्रति समर्पित कर दिया था। जब तक जीवित रहें, तब तक देश और साहित्य की सेवा करना है, यह उनका व्रत था। इस पत्र के अंत में उन्होंने जीवन नायक के बारे में लिखा था : "प्रगतिशील लेखक संघ का साहित्य जो तब भेजने वाले थे उसे तुरंत भेज दो।" अंतिम दिनों में वह कहानियां लिख रही थीं। इनमें नए यथार्थवाद का विकास था। अमृतराय ने ऐसी कुछ कहानियां छापी थीं। परंतु दुर्भाग्य से कार-दुर्घटना में उनका असामयिक निधन हो गया। उनकी जो मनःस्थिति ७ जून सन् ४५ के पत्र में दिखाई देती है, उससे कार चलाते समय ऐसी दुर्घटना हो जाए तो कोई आश्चर्य की बात नहीं है। सुभद्राकुमारी चौहान के कृतित्व से हजारों पाठक परिचित हैं। ये पत्र वे पढ़ेंगे तो उन्हें ज्ञात होगा, कि कितनी व्यथाएं सहकर उन्होंने साहित्य सृजन किया था, और जिस समय उनका निधन हुआ उस समय उनकी मनःस्थिति कैसी थी। उनके असामयिक निधन से हिंदी की अपार क्षति हुई, इसमें संदेह नहीं।

१५ अगस्त १९४५ को उन्होंने जबलपुर से तार दिया था कि वह दिल्ली जाते हुए आगरा से गुजरेंगी, मैं स्टेशन पर उनसे मिलूं। आगरे में दो स्टेशन हैं। हैं तो अधिक पर यहां दो का उल्लेख काफी है। जबलपुर से जो गाड़ी आती थी, वह

पहले आगरा कैंट पर काफी देर रुकती थी। उसके बाद वह राजामंडी आती थी और बहुत थोड़ी देर रुकती थी। मेरा घर राजामंडी के पास था और मैंने यह मान लिया कि सुभद्रा जी मुझे राजामंडी स्टेशन पर मिलेंगी। उनके पत्र से स्पष्ट है कि वह आगरा स्टेशन पर अर्थात् आगरा कैंट स्टेशन पर बिस्तर बांध कर उतरने के लिए तैयार थीं और मेरी प्रतीक्षा कर रही थीं। ग्रांड ट्रंक एक्सप्रेस बहुत लंबी गाड़ी हुआ करती थी। शायद अब भी है। उन दिनों बहुत भीड़ होती थी। दो-तीन मिनट में इतनी बड़ी गाड़ी में किसी को ढूंढ लाना लगभग असंभव था। स्टेशन पर मेरे न मिलने से सुभद्रा जी मुझ से नाराज हुईं और बहुत स्पष्ट रूप से अपना वह क्रोध उन्होंने पत्र में व्यक्त किया। मैं लापरवाह अवश्य था परंतु जितना लापरवाह उन्होंने मुझे समझा था उतना मैं नहीं था। सन् ४५ में अमरीकी साम्राज्यवाद विश्व पैमाने पर कम्युनिस्ट-विरोधी अभियान चला रहे थे। सरदार पटेल जैसे कुछ कांग्रेसी नेता भी उसमें शामिल थे। सुभाष चंद्र बोस के समर्थक और सोशलिस्ट पार्टी के लोग कम्युनिस्टों पर बराबर आक्षेप कर रहे थे। इस सारे प्रचार का असर सुभद्रा जी पर भी हुआ था। अपने पत्र में उन्होंने कम्युनिस्ट पार्टी की नीति का उल्लेख किया है। पार्टी आफिस वालों ने मुझे स्टेशन जाने नहीं दिया, यह कल्पना उन्होंने की, किंतु पार्टी की नीति जो भी हो उससे सुभद्रा जी जैसी महिला से मेरे व्यक्तिगत संबंधों में कोई फर्क पड़ने वाला नहीं था।

स्वास्थ्य सुधारने के लिए मैंने उन्हें सलाह दी थी कि दूध-बादाम का सेवन करें। उन्होंने ऐसा किया भी परंतु उससे उन्हें लाभ नहीं हुआ। दूध-बादाम पचाने के लिए व्यायाम आवश्यक है। व्यायाम की बात मैं उन्हें लिखना भूल गया था।

इस संग्रह में दिनकर का पहला पत्र १६ फरवरी १९४६ का है जिसमें उन्होंने 'हिमालय' के लिए लेख मांगा है। १८ दिसंबर १९४६ के पत्र में उन्होंने शिकायत की है : "अब तक न तो पुस्तकों की पहुंच ही आई और न मेरे पत्र का उत्तर ही।" इससे मालूम होता है, उन्होंने जो पत्र लिखा था, वह मुझ से खो गया है। जिन पुस्तकों का उल्लेख है, उनके नाम *सामधेनी* और *कुरुक्षेत्र* हैं। मैं इन पुस्तकों की विस्तार से समीक्षा करना चाहता था। २४ दिसंबर को मैंने प्राप्ति सूचना भेज दी। उसमें सम्मति न देखकर दिनकर ने अपने उत्साह टूटने की बात लिखी और प्रश्न किया : "जब आपको पसंद नहीं तब और किस से पूछूं?" वास्तव में यह निष्कर्ष उन्होंने बहुत जल्दी निकाला था। पुस्तकें मुझे पसंद थीं और ऐसा भ्रम किसी पाठक को न हो इसलिए उस समीक्षा से दो वाक्य मैं यहां उद्धृत करता हूं। जहां तक याद है इन पुस्तकों की समीक्षा 'हंस' में छपी और वह *भाषा युगबोध और कविता* नाम के मेरे निबंध-संग्रह में पढ़ी जा सकती है। सामधेनी में युद्ध की परिस्थितियों और बुद्धिजीवियों की मानसिक प्रतिक्रिया का चित्रण किया गया है। इसी का उल्लेख करते हुए मैंने कहा था : "बेबसी और छटपटाहट की भावना,

भावों की ऐंठन और मसोस जो अकाल और युद्ध-संबंधी कविताओं में प्रकट हुई थी, वह कुरुक्षेत्र के सर्वनाश के बहाने यहां बार-बार आंखों के सामने आती है।" कवि के दृष्टिकोण के बारे में मैंने कहा था : "सामाजिक संघर्ष से पलायन करने वालों के प्रति कवि को जरा भी सहानुभूति नहीं है।" किंतु संसार के साम्राज्य-विरोधी आंदोलन के बारे में दिनकर को कुछ भ्रम थे। उनकी ओर संकेत करते हुए मैंने इस समीक्षा के अंत में लिखा था : "दिनकर ने दिल्ली और मॉस्को के बीच एक न पटने वाली दरार की कल्पना की है। हमारा स्वाधीनता-संग्राम संसार की तमाम जनता की आजादी की लड़ाई का ही एक हिस्सा है, यह बात दिनकर की आंखों के सामने साफ नहीं है। इसीलिए उनके लेखों और कविताओं में जहां-तहां फूट के स्वर भी फूट पड़े हैं।"

२८ दिसंबर वाले पत्र में दिनकर ने अपनी रचना प्रक्रिया के बारे में एक महत्वपूर्ण बात कही थी : "मैं मार्क्सवाद का विद्वान नहीं हूं। न पुस्तकें सामने रखकर ही लिखा करता हूं। यों ही वातावरण ने जो संस्कार दे दिया है, उसी के बल पर गद्य और पद्य दोनों चलते हैं।" उन दिनों कम्युनिस्ट विरोधी अभियान जोरों पर था। दिन पर दिन यह और तेज होता गया। इसका असर दिनकर के चिंतन पर भी हुआ। सन् ४८ या ४६ में नागार्जुन एक पत्र निकालते थे। कुछ ही अंक निकले थे। नाम शायद उसका 'उदयन' था। उन्होंने लेख मांगा और मैंने दिनकर की आलोचना करते हुए 'दिनकर उदय और अस्त' ऐसा ही कुछ शीर्षक देकर एक छोटा सा लेख भेज दिया। इस लेख के बारे में दिनकर ने सीधे मुझे तो कुछ नहीं लिखा परंतु अनेक मित्रों ने बताया कि वह उसे पढ़कर बहुत ही क्षुब्ध थे।

फिर *उर्वशी* प्रकाशित हुई। ४ जून १६६१ के पत्र में जिस पुस्तक का उल्लेख है, वह संभवतः *उर्वशी* थी। उस पर लिखने में कुछ पारिवारिक बाधाएं थी। मेरी मंझली बेटी सेला उस समय बीमार थी। इसकी सूचना मैंने दिनकर को दी। उन्होंने बहुत सहानुभूतिपूर्ण पत्र मुझे लिखा। कुछ ही समय बाद मैंने *उर्वशी* की समीक्षा लिखी। *भाषा युगबोध और कविता* में वह समीक्षा संकलित है। दिनकर आलोचनात्मक लेख काफी लिखते थे। उन्होंने एक पुस्तक *शुद्ध कविता की खोज* लिखी। पुस्तक देखकर मैंने उन्हें लिखा कि फ्रांसीसी और अंग्रेजी में कला के लिए आंदोलन काफी दिन चला और आपकी शुद्ध कविता उसी की प्रतिच्छवि मालूम होती है; जब इस विषय पर लिखना है, तब यूरोप के साहित्य का उल्लेख भी करना चाहिए। इस पत्र का उत्तर उन्होंने दिया था। अपनी सीमाए बताई थीं और अपनी स्थापनाओं का समर्थन किया था। दुर्भाग्य से यह पत्र भी कहीं खो गया। फिर मेरी पुस्तक *निराला की साहित्य साधना* प्रकाशित हुई। उचित था कि जैसे वह पुस्तकें भेजते थे, वैसे मैं भी यह पुस्तक उन्हें भेजता। परंतु यह अथवा अन्य कोई भी पुस्तक मैंने अपनी ओर से उन्हें नहीं भेजी। उन्होंने यह पुस्तक जैसे भी प्राप्त की हो,

उसे उन्होंने पढ़ा और बड़ी सहृदयता से मुझे एक लंबा पत्र लिखा। इसमें मेरे परिश्रम की प्रशंसा करने के अलावा दो बातें विशेष ध्यान देने की हैं। इसके दूसरे पैरा में उन्होंने लिखा : ''पंत जी ने तो निराला जी की साधना की ओर संकेत किया ही है, मैं भी बराबर यह अनुमान लगाता था कि निराला जी किसी-न-किसी साधना के दौर से गुजरे थे। आपकी पुस्तक पढ़कर यह प्रत्यक्ष हो गया कि उनकी साधना का रूप क्या था। इस वर्णन में आपने अपनी तर्कबुद्धि का उपयोग भी किया और उसे तटस्थ भी रखा, इससे बड़ी खुशी हुई।'' मेरी पुस्तक का नाम *निराला की साहित्य साधना* है। यहां साधना किसी आध्यात्मिक या तांत्रिक अर्थ में प्रयुक्त नहीं है। यह साधारण अर्थ में, जैसे साहित्य सेवा लोग करते हैं, वैसे ही यहां इस शब्द का प्रयोग किया गया है। दिनकर के वाक्यों से ऐसा लगता है कि पंत जी की तरह वह भी कुछ-कुछ तांत्रिक या आध्यात्मिक साधना में विश्वास करते थे। पंत जी ने निराला जी की साधना की– यह सामान्य प्रभाव की बात नहीं है। पंत जी जिस रूप में निराला से अपना संबंध देखते थे, उसकी ओर दिनकर का संकेत है। सामान्य साहित्य के प्रभाव से अलग हटकर निराला की चेतना पंत की चेतना पर हावी हो रही है अथवा पंत की चेतना निराला की चेतना पर हावी हो रही है, कुछ इस तरह का विचार दिनकर के मन में था। निराला जी रामकृष्ण मिशन के साधुओं के साथ रहे थे। अनेक चमत्कारों में विश्वास करते थे। उन चमत्कारों को मैंने तटस्थ दृष्टि से देखकर पुस्तक में उनका वर्णन किया है। मैं यह नहीं मानता कि निराला की सृजनशीलता का किसी भी तरह का संबंध तांत्रिक साधना से था। दूसरी बात का संबंध दिनकर के पारिवारिक जीवन से है और उनकी सृजनशीलता से भी। पत्र के अंत में उन्होंने लिखा था : ''पुस्तक में कई वाक्य ऐसे हैं जो डायरी में दर्ज कर लेने के योग्य हैं। एक वाक्य मैंने भी दर्ज किया है जो मेरे अपने जीवन का अप्रिय निचोड़ है। वह छोटा सा वाक्य यह है कि कलाकार के लिए भी गृहस्थ-जीवन भार है।'' इस वाक्य को *उर्वशी* की भूमिका के इस वाक्य से मिला का देखें : ''किंतु उस प्रेरणा पर तो मैंने कुछ कहा ही नहीं जिस ने ८ वर्ष तक ग्रसित रखकर यह काव्य मुझसे लिखवा लिया।'' दिनकर यहां लगभग पंत जी की शब्दावली का प्रयोग कर रहे हैं। अंतर यह है कि पंत जी ग्रसित हुए तो सृजनशीलता निराला में निखरी। यहां दिनकर ग्रसित हुए तो उनकी सृजनशीलता कार्य रूप में प्रकट हुई। ८ वर्ष की अवधि काफी लंबी होती है। उनकी मानसिक स्थिति की कल्पना की जा सकती है। *उर्वशी* की भूमिका में ग्रसित होने की जो बात उन्होंने लिखी है उससे *निराला की साहित्य साधना* पर उनके इन वाक्यों की तुलना करें : ''पुस्तक में कई वाक्य डायरी में दर्ज कर लेने के योग्य हैं। एक वाक्य मैंने भी दर्ज किया है जो मेरे अपने जीवन का अप्रिय निचोड़ है। वह छोटा सा वाक्य यह है कि कलाकार के लिए भी गृहस्थ जीवन

भार है।" यहां आध्यात्मिक कुछ नहीं है। सीधा संबंध गृहस्थ जीवन से है। और इस गृहस्थ जीवन में किसी कारण वह ८ वर्ष तक ग्रसित रहे और तब उन्होंने *उर्वशी* जैसा काव्य लिखा। *उर्वशी* की भूमिका में जो ग्रसित होने की बात है, उसकी व्याख्या पत्र में लिखे हुए उनके जीवन के अप्रिय निचोड़ से हो जाती है।

बच्चन अपने समय के बहुत ही लोकप्रिय कवि थे। सरल भाषा में उन्होंने ऐसे रूमानी भाव व्यक्त किए जो हजारों श्रोताओं को मंत्रमुग्ध कर देते थे। पढ़ने में जितना आनंद आता था, उससे कहीं ज्यादा उनके मुंह से कविता सुनकर आता था। *मधुशाला* की रचना सुनाने का उनका अपना ढंग था। उसके बाद वह दूसरी तरह की रचनाएं करने लगे। मुझे याद है, बनारस के एक कवि-सम्मेलन में वह बाद की रचनाएं सुनाना चाहते थे पर श्रोताओं ने जिद की कि *मधुशाला* ही सुनेंगे। आखिर बच्चन ने *मधुशाला* सुनाई और लोग बहुत प्रसन्न हुए। *मधुशाला* में शुद्ध हालावाद नहीं है। खाओ-पियो, मौज करो, कल के बारे में चिंता न करो, इस तरह के सिद्धांत का विवेचन नहीं है। रूढ़ियों से हटकर मधुशाला की रचना की गई है। दो पंक्तियां मुझे अब भी याद हैं। आशा है कि सही रूप में उद्धृत कर रहा हूं :

बैर कराते मंदिर-मस्जिद
मेल कराती मधुशाला।

यहां साम्प्रदायिक रूढ़ियों से हटकर बच्चन ने मधुशाला को एक प्रतीक रूप में इस्तेमाल किया है। इसके बाद वह बहुत सी निराशावादी कविताएं लिखने लगे। *निशा निमंत्रण* में इस तरह की कविताएं संकलित हैं। इस निराशा से वह बाहर निकले और उन्होंने सतरंगिनी कविता संग्रह में नए रास्ते पर बढ़ने का प्रयास किया। मैंने *सतरंगिनी* पर १९४५ में एक लेख लिखा था। उसमें ये दो पंक्तियां भी उद्धृत की थीं :

जैसी हमने पायी दुनिया
आओ उससे बेहतर छोड़ें।

यह समीक्षा *भाषा युगबोध और कविता* में संकलित है। बच्चन पर मैंने जो और लेख लिखे थे वे भी इसी पुस्तक में हैं। उसके बाद भारत स्वाधीन हुआ और कवियों में बहुत तरह के मानसिक परिवर्तन हुए। १९५८-५९ में आगरे से *समालोचक* पत्र प्रकाशित हुआ था। मैं उसके संपादकीय विभाग में काम करता था। बच्चन ने गीता के आधार पर *जनगीता* तुलसीदास की शैली में लिखी थी। वह समीक्षा के लिए आई। गीता में जो उदात्त स्वर है, वह यहां खो गया है। बच्चन की अवधी भी बहुत जगह स्पष्ट नहीं थी। मैंने आलोचना की, उसमें अनेक दोष दिखाई। इसी संबंध में उनका पहला पत्र मुझे मिला था। *जनगीता* की भूमिका में उन्होंने लिखा था : "इस संघर्ष में अनेक चमत्कारिक अनुभव हुए जिनसे प्रेरित होकर मैंने गीता

यज्ञ आरंभ किया और वह जिस रूप में संपन्न हुआ है, मुझे लगता है वह किसी अज्ञात शक्ति से निर्दिष्ट है।" इस अज्ञात शक्ति की बात पंत जी करते हैं। दूसरे ढंग से दिनकर करते हैं और बच्चन भी करते हैं। तीनों कवियों में यह सामान्य विचार आकस्मिक नहीं है। स्वाधीनता प्राप्ति के बाद लोगों के मन में जो आकांक्षाएं थीं, वे पूरी नहीं हुईं। संघर्ष के रास्ते से हटकर वे तरह-तरह के समाधान खोजने लगे। ये समाधान पंत की उत्तरकालीन रचनाओं में हैं, और दिनकर और बच्चन की उत्तरकालीन रचनाओं में भी हैं।

बच्चन गीता के साथ शेक्सपियर की रचनाएं भी पढ़ रहे थे। यदि गीता का अनुवाद करना कठिन है तो शेक्सपियर का अनुवाद हिंदी में करना और भी कठिन है। हिंदी ही नहीं, किसी भी भाषा में शेक्सपियर की रचनाओं का रूपांतरण करना लगभग दुःसाध्य है। मैंने इनकी समीक्षा भी 'समालोचक' में की थी। बच्चन ने दिल्ली में इनके मंचन की व्यवस्था की थी। मुझे उन्हें देखने के लिए उन्होंने निमंत्रित किया था किन्तु पारिवारिक कारणों से मैं दिल्ली नहीं जा सका।

बच्चन ने *चार खेमे और चौसठ खंभे* नाम की पुस्तक मुभे भेजी थी। अब याद नहीं कि उसकी कहीं समीक्षा लिखी थी या नहीं। परंतु *बुद्ध और नाचघर* तथा *ओथेलो* के अनुवाद की समीक्षाएं मैंने लिखी थीं और वे *भाषा युगबोध और कविता* में संकलित हैं। इस दौर की रचनाएं उतनी प्रभावशाली नहीं थीं जितनी बच्चन की पहले की रचनाएं थीं। यह बहुत अच्छा हुआ कि बच्चन ने कविता लिखना कम किया और गद्य की ओर अधिक ध्यान दिया। उन्होंने आत्मकथा लिखी। उनकी आत्मकथा पूरे युग का इतिहास है और कवि की आत्मकथा भी है। उसमें कोई चीज उन्होंने छिपायी नहीं है। ऐसा यथार्थवादी चित्रण हिंदी पुस्तकों में कम देखने को मिलता है। छायावादी कवि और उत्तर छायावादी कवि सभी गद्य लिखते थे। बच्चन ने कविता में जैसे भाषा का सरल रूप अपनाया था, वैसे ही गद्य में वह सरल भाषा का व्यवहार करते हैं और हिंदी की व्यंजना-शक्ति अपने वर्णन में उद्घाटित करते हैं। बच्चन जी से अनेक बार भेंट हुई और हर बार उन्होंने बड़े स्नेह और सहानुभूति से मुझसे बातें की।

इस संग्रह में कुछ पत्र सच्चिदानंद हीरानंद वात्स्यायन अज्ञेय के हैं। वह प्रयोगवाद के संस्थापक के रूप में प्रसिद्ध हैं और इस प्रयोगवाद का संबंध *तार सप्तक* से जोड़ा जाता है। वास्तव में जब *तार सप्तक* प्रकाशित हुआ था, तब न उसका, और न अज्ञेय का, कोई संबंध प्रयोगवाद से था। अधिकांश लेखक कम्युनिस्ट पार्टी के सदस्य थे और जो लोग सदस्य नहीं थे, वे मार्क्सवादी विचारधारा से प्रभावित थे और कम्युनिस्ट पार्टी की नीति से सहानुभूति रखते थे। भारत भूषण अग्रवाल का कहना था कि मार्क्सवाद को आज के समाज के लिए रामबाण मानता हूं। यह विचार *तार सप्तक* के प्रायः सभी लेखकों का था। अज्ञेय ने *तार सप्तक* के कवियों

को राहो के अन्वेषी कहा था। यह बात एक हद तक स्वयं उन पर लागू होती थी। वह त्रोत्स्की और एम.एन.एन. राय की विचारधारा से प्रभावित थे। इस जमीन से वह आगे प्रयोगवाद की ओर बढ़े थे। किंतु सन् ४२ में वह फासिस्ट-विरोधी आंदोलन में प्रगतिशील लेखकों के साथ थे। मई १६४२ में दिल्ली में अखिल भारतीय प्रगतिशील लेखक सम्मेलन हुआ। उसके संयोजक डॉ. अब्दुल अलीम थे और स्वागताध्यक्ष अज्ञेय थे। इसमें भाग लेने के लिए उन्होंने विशेष रूप से नेमिचंद्र जैन को बुलाया था। इसलिए कि "यहां काम करने वाले थोड़े होंगे और काम है बहुत।" प्रगतिशील लेखक सम्मेलन की ओर से जो घोषणा पत्र जारी किया गया, उस पर, शिवदान सिंह चौहान, अमृतराय, नरेन्द्र शर्मा आदि के साथ अज्ञेय के हस्ताक्षर भी थे। मार्क्सवाद से *तार सप्तक* के कवियों के संबंध के बारे में विस्तार से मैं *रूपतरंग और प्रगतिशील कविता के वैचारिक पृष्ठभूमि* में लिख चुका हूं। इस पृष्ठभूमि को ध्यान में रखते हुए पाठक अज्ञेय के पत्र पढ़े जो उन्होंने *तार सप्तक* के प्रकाशन के दौरान मुझे लिखे थे।

तार सप्तक के लिए मेरी कविताएं और वक्तव्य प्राप्त करने में अज्ञेय को काफी परिश्रम करना पड़ा। इस संबंध में उन्होंने अनेक पत्र मुझे लिखे। पहला पत्र इस संग्रह में ३० जून, १६४३ का है। इससे पहले भी उन्होंने कुछ पत्र लिखे थे परंतु वे खो गए हैं। यह पत्र अंग्रेजी में टाइप किया हुआ है। कुछ वाक्य उन्होंने हिंदी में लिखे हैं। इनमें एक वाक्य है : "अस्वस्थ होने के कारण टाइप की सुविधा का प्रयोग कर रहा हूं।" सामान्यतः वह पत्र हिंदी में ही लिखते थे। मेरी ओर से सामग्री भेजने में काफी विलंब हो रहा था। १४ दिसंबर सन् ४३ के पत्र में उन्होंने लिखा : "आप जंजाल समझ कर मेरा काम निपटा रहे होंगे। पर जब आपने इतना कष्ट किया है तो उतना और कीजिए। यह जंजाल की बात बहुत कुछ सही है। इसके साथ कष्ट उठाने की बात भी सही है क्योंकि अज्ञेय से अक्सर मेरी भेजी हुई सामग्री खो जाती थी। *तार सप्तक* के पहले संस्करण के लिए जो सामग्री भेजी, वह खो गई थी। और जब वर्षों बाद नया संस्करण निकाला, तब उसके लिए भी जो सामग्री भेजी, वह उनसे खो गई थी।

अज्ञेय का गद्य गंभीर और धीमी गति से चलने वाली शैली में होता है। परंतु उनके अंदर परिहास बुद्धि भी थी। जहां-तहां उनके पत्रों में इस बुद्धि का चमत्कार दिखाई देता है। १० अक्तूबर १६४३ के पत्र में उन्होंने लिखा : "मेरी साधना और तपस्या की ओर आपको कुछ तो ध्यान देना चाहिए।" अज्ञेय की साधना और तपस्या का संबंध तांत्रिक चमत्कारों से नहीं था। मार्च १६४७ में वह 'प्रतीक' निकालने की योजना बना रहे थे। उसमें लिखने के लिए आमंत्रित करते हुए उन्होंने सुझाया—"जो आपकी इच्छा हो भेजें। अगर कुछ व्यंग्यात्मक हो तो और भी अच्छा। सोसल सैटायर्स कुछ दें तो हमारी एक कमी पूरी होगी।" यहां यह बताना उचित

होगा कि *तार सप्तक* के पहले संस्करण में उन्होंने 'हाथी घोड़ा पालकी' वाली मेरी जो कविता छापी थी, वह मुझसे बिना पूछे हुए छापी थी। बाद में सूचित कर दिया था कि छाप रहे हैं। इसलिए व्यंग्यपूर्ण रचनाएं 'प्रतीक' के लिए मंगाएं तो इसमें आश्चर्य की बात नहीं थी। मैंने 'लामकान' नाम का लेख उन्हें भेज दिया। पर वह लेख उन्हें पसंद नहीं आया। क्यों पसंद नहीं आया? इसके बारे में एक पत्र उन्होंने लिखा था पर वह पत्र मुझसे खो गया है। मैंने उन्हें लिखा कि लेख आप लौटा दीजिए। मार्च या अप्रैल १६४७ में उन्होंने जो पत्र लिखा, उसमें कहा : "आपकी आज्ञानुसार लामकान लौटाए दे रहा हूं।" साथ ही 'सम्प्रति' और 'प्रतीक' नाम के पत्रों के लिए कुछ और भेजने का आग्रह भी किया। 'लामकान' उन लोगों के बारे में था जिनका कोई घर नहीं है, जो खानाबदोशों की तरह जिंदगी बिताते थे। दुनिया के लामकानो ! एक हो, ऐसा कुछ नारा भी मैंने उसमें दिया था। मार्क्सवाद को इस तरह समकालीन जीवन पर लागू करना अज्ञेय को पसंद नहीं आया। इसलिए उन्होंने लेख वापस कर दिया था।

मैंने उस समय उन्हें कुछ साहित्यकारों के पत्र भी भेजे थे। इनमें अपने नाम निराला जी के पत्र थे और निराला जी के नाम पंत जी के पत्र थे। अज्ञेय ने लिखा था : "पत्र संग्रह भी लौटा रहा हूं।" संग्रह महत्व का है, यह उन्होंने स्वीकार किया। उसे छापने का वादा भी किया। पंत जी के पत्र छापने के लिए उन्होंने उनसे अनुमति भी मांगी थी। ये पत्र बाद में *निराला की साहित्य साधना* में प्रकाशित हुए। आगरे से 'समालोचक' पत्र निकला। इसके संपादन का काम मैं भी देखता था। इस समय अज्ञेय का पत्र आया कि वह *तार सप्तक* का नया संस्करण निकाल रहे हैं। इस पत्र पर उन्होंने तारीख न लिखी थी। २८ अक्तूबर सन् ५८ के आसपास लिखा होगा। आगरे की डाक मोहर में स्पष्ट रूप से ३० अक्तूबर ५८ अंकित है। *तार सप्तक* के लिए सामग्री शीघ्र ही भेजने के लिए उन्होंने कहा परंतु इस नए संस्करण के निकलने में भी कई वर्ष लगे। उनका पत्र मिलने पर मैंने 'समालोचक' में उनसे लिखने का आग्रह किया। विषय भी मैंने सुझाया था। उन्होंने वादा किया, "भविष्य में उसके लिए कुछ भेज सकूंगा अवश्य; यह नहीं कह सकता कि आपके सुझाए विषय पर ही। गालियां जब खाने का मन होता है तब खा लेता हूं। पर निमंत्रित होकर गालियां खाना अच्छा नहीं लगता। इसलिए नई कविता और यथार्थवाद पर तभी लिखूंगा जब स्वतंत्र रूप से उसकी प्रेरणा होगी।" इन वाक्यों से ऐसा प्रतीत होता है कि मैंने उन्हें जो विषय सुझाया था, उसके बारे में उन्हें संदेह था कि लेख छपने पर उसकी आलोचना होगी। उनके विरुद्ध मैं कई लेख लिख भी चुका था। इसीलिए गालियां खाने की बात उन्होंने कही है। और लेखक की स्वतंत्रता के बारे में वह बहुत कुछ लिख रहे थे। शायद इसलिए मेरे सुझाव पर उन्होंने उस समय लिखना उचित नहीं समझा और कहा : "जब स्वतंत्र रूप से उसकी प्रेरणा

होगी तब लिखूंगा। परंतु 'समालोचक' के लिए उन्होंने कोई लेख स्वतंत्र या परतंत्र प्रेरणा से लिख कर नहीं भेजा।''

अज्ञेय ने किसी समय निराला का विरोध किया था परंतु उनके बारे में उनका दृष्टिकोण बदला था। निराला की कविताओं से उनकी दिलचस्पी बराबर बढ़ती गई थी। वह उनकी रचनाओं का अनुवाद अंग्रेजी में कर रहे थे। साथ में शायद कुछ और हिंदी कवियों का अनुवाद भी दे रहे थे। इस संबंध में उन्होंने हिंदी से अंग्रेजी में अनुवाद करने वालों के नाम मुझसे पूछे थे और लिखा था : ''नहीं चाहता कि सब अनुवाद मेरे किए ही हों।'' उन्होंने कौन से अनुवाद किए, यह मुझे नहीं मालूम। निराला या अन्य कवियों के जो अनुवाद अज्ञेय ने किए हों, पता नहीं वे प्रकाशित हुए या नहीं।

आखिर *तार सप्तक* का नया संस्करण प्रकाशित हो गया और २४ दिसंबर १९६३ के पत्र से पाठक देखेंगे कि इसकी सामग्री भी खो गई थी। फिर ३१ जनवरी १९६४ को उन्होंने सूचित किया कि मैंने जो आश्वासन दिया है कि सामग्री खो जाने पर भी मैं उसे दोबारा भेज दूंगा, उससे उनकी जान में जान आई है। अज्ञेय अपनी मंथर शैली से अलग हटकर इस तरह परिहासप्रियता का परिचय देते हुए लघु गति से चलने वाली शैली अपना सकते थे, उसका प्रमाण यह पत्र है : ''आपका पत्र पाकर जान में जान आई। लेकिन अभी आधी ही क्योंकि चैन की सांस तो तब लूंगा जब वक्तव्य और कविता मिल जाए।'' इसके बाद इस संग्रह में जो उनका अंतिम पत्र है, उसमें *तार सप्तक* के छपने और भेजने की बात है; साथ ही कविता के पारिश्रमिक के रूप में चेक भेजने का उल्लेख भी है।

अज्ञेय से बहुत बार भेंट हुई। दिल्ली में, लखनऊ और आगरा में। मिलनसार थे। अपने बारे में, अपने अनुभवों के बारे में काफी बातें करते थे। एक बार वह मुझे लखनऊ में फिल्म दिखाने भी ले गए थे। आगरा में हिंदी विद्यापीठ में मैंने कुछ दिन काम किया। उसके बाद विद्या निवास मिश्र उसके निदेशक हुए। मिश्र जी से अज्ञेय की घनिष्ठता थी। वहां साहित्यकारों के चित्र लगाकर उस चित्रावली का उद्घाटन करने के लिए मिश्र जी ने अज्ञेय को बुलाया। उस समय फिर उनसे मुलाकात हुई। मालूम हुआ कि उन्हें रक्तचाप रहता है। परंतु दिल्ली से अपनी कार चलाते हुए वह आगरे तक आए थे। विद्यापीठ के अतिरिक्त मिश्र जी के घर पर भी उनसे भेंट हुई और देर तक बातें होती रहीं। यद्यपि मैंने उनकी बहुत बार आलोचना की थी परंतु मिलने पर वह कभी उसका जिक्र न करते थे और ऐसे मिलते थे जैसे *तार सप्तक* के पुराने सहयोगी मिल रहे हों और बीच में कोई फासला न हो।

कुछ कवियों की जन्मतिथि की तरह, अनेक कारणों से, कुछ कविता-संग्रहों की प्रकाशन तिथि भी महत्वपूर्ण हो जाती है। बहुतों का विचार है कि *तार सप्तक* १९४३ में प्रकाशित हुआ था। परंतु १४ दिसंबर १९४३ को अज्ञेय मुझे सूचना दे

रहे थे कि मेरी भेजी हुई काव्य-सामग्री उन्हें अभी मिली है और यह भी कि उसके साथ न वक्तव्य है और न परिचय। इस तरह दिसंबर के अंत तक *तार सप्तक* के छपने की कोई संभावना नहीं थी। इस संबंध में २ फरवरी १९४४ को नेमिचंद्र जैन ने मुझे जो पत्र लिखा था, वह महत्वपूर्ण है। उसमें उन्होंने कहा था : ''तार सप्तक आखिरकार छपकर तैयार हो गया।'' इससे निश्चित होता है कि फरवरी १९४४ के आरंभ में *तार सप्तक* प्रकाशित हुआ था। नेमिचंद्र अज्ञेय के घनिष्ठ सहयोगी थे। कलकत्ते में रहते हुए वह पुस्तक की छपाई की व्यवस्था कर रहे थे। लिखा था : ''मैं इस काम में बिल्कुल अनाड़ी था, इसलिए काम कुछ बढ़िया नहीं हो पाया हो तो कोई अचरज नहीं।'' छपाई के जिक्र के बाद नेमिचंद्र का दिलचस्प वाक्य है : ''पुस्तक एक Interesting प्रयोग है यह बात शायद आप भी स्वीकार करेंगे।'' सात आदमियों के सहयोग से एक कविता पुस्तक प्रकाशित हो रही थी। इस दृष्टि से यह प्रयोग अवश्य था। परंतु आगे चल कर प्रयोगवाद शब्द का व्यवहार जिस अर्थ में हुआ, उसका इस प्रयोग से कोई संबंध नहीं है। नेमिचंद्र जैन की प्रतिबद्धता इस समय मार्क्सवाद से थी। वह आगरा आए थे। देर तक मुझसे बातें हुई थीं। मार्क्सवादी विचारधारा के प्रसार और उस विचारधारा के अनुसार साहित्य रचने के बारे में योजना बनी थी। उनके मित्र प्रभाग चंद्र शर्मा 'आगामी कल' नाम से पत्र निकालने वाले थे। उसका उल्लेख नेमिचंद्र जैन के इस पत्र में शिक्षाप्रद है : '' 'आगामी कल' के लिए आपके साथ बैठकर बनाई हुई योजना अभी तक वैसे ही मेरे पास पड़ी है। पर उधर प्रभाग चंद्र शर्मा का रुख भी कुछ अधिक इनवाइटिंग नहीं लगा था। वह भी मुझसे रुष्ट हैं। अब उन्हें भी पत्र लिखकर प्रसन्न करने का प्रयत्न करने वाला हूं। अब भी शायद वह योजना कार्यान्वित की जा सके।'' इन वाक्यों में पाठक 'योजना' शब्द पर ध्यान दें। नेमिचंद्र ने आगरे में मेरे साथ बैठकर मार्क्सवादी साहित्य के सृजन और प्रसार के बाद में योजना बनायी थी। इसी तरह की योजना के अंतर्गत *तार सप्तक* का प्रकाशन संभव हुआ था। योजना बनाना एक बात है, उसे अमल में लाना बिल्कुल दूसरी बात। 'आगामी कल' में मेरे कुछ लेख प्रकाशित हुए थे। दूसरे लेखकों से प्रभाग चंद्र को कितना सहयोग मिला, मैं कह नहीं सकता। कुछ दिन बाद वह पत्र बंद हो गया था।

विभिन्न कारणों से आगरा मुझे पसंद नहीं था। कलकत्ता नेमिचंद्र जैन को पसंद नहीं था। वह नगर पूंजीवादी व्यवसाय का प्रमुख केंद्र था। नेमिचंद्र को लगा, यहां का वातावरण साहित्य के लिए हितकर नहीं है। उन्होंने लिखा : ''कलकत्ता तो वैसा ही है—व्यस्त और एक तरह से रसहीन। कभी-कभी सोचता हूं कि यहां लोग लिखते पढ़ते कैसे हैं पर शायद अन्य सब वस्तुओं की भांति साहित्य भी यहां कमोडिटी है जो चाहे जितने परिमाण में मैन्युफैक्चर हो सकती है।'' यह वाक्य मार्क्सवादी विचारधारा का लेखक ही लिख सकता था। *तार सप्तक* के सभी लेखक

मार्क्सवाद से प्रभावित थे और इस सामान्य विचारधारा के आधार पर उन्होंने कविता-पुस्तक के प्रकाशन की योजना बनाई थी, इसका प्रमाण नेमि का यह वाक्य है।

तार सप्तक पर शोध करने वालों के लिए नेमि के पत्र में कुछ और आवश्यक सुचनाएं भी हैं। "आपका वक्तव्य बहुत देर से मिला। तब तक आपकी कविताओं वाला पन्ना छप चुका था इसलिए वह दिया नहीं जा सका। मुझे इस बात का व्यक्तिगत भाव से और भी अधिक खेद है। आपके परिचय को ही वक्तव्य के रूप में इसी से प्रकाशित करना पड़ा और इसी से उधर परिचय भी अधिक सुंदर न हो सका।" मेरा वक्तव्य क्या और मेरा परिचय क्या परंतु मेरी एक कविता थी 'हाथी घोड़ा पालकी'। उसके बारे में यह सूचना थी : "आपकी एकाध कविता आपकी बिना सहमति के शायद छपी है। किंतु उसे पढ़ कर आप चाहे भले ही खीझें, पुस्तक के अन्य पाठक प्रसन्न होंगे, यह खयाल किया जाता है।" 'शायद' का व्यवहार इसलिए है कि कविता अज्ञेय ने शामिल की थी, नेमिचंद्र ने नहीं। और उनका यह विचार सही निकला कि *तार सप्तक* के बहुत से पाठकों ने, जिनमें शमशेर बहादुर सिंह भी थे, वह कविता पसंद की। पंत और निराला की छायावादी कविता में तो व्यंग्य दबा रहता था परंतु उनके आलोनात्मक लेखों में वह मुखर हो उठता था। सन् ३६ के बाद निराला ने जो कविताएं लिखीं, उनमें भी व्यंग्य के दर्शन जहां-तहां होते हैं परंतु उसका विकास विशेष रूप से निराला के गद्य में हुआ। व्यंग्यपूर्ण रचनाएं करना प्रगतिशील लेखकों को निराला जैसे कवियों से विरासत के रूप में मिली। व्यंग्यपूर्ण रचना की ओर प्रवृत्ति प्रगतिशील कवियों की एक विशेषता थी। आगे चल कर यह विशेषता अपने पूरे वैभव के साथ नागार्जुन में दिखाई दी। *तार सप्तक* के कवि एक दूसरे को गालियां देने और गालियां खाने की बातें अक्सर करते हैं। इन्हें उसी व्यंग्य-बोल परंपरा के अंतर्गत समझना चाहिए। अज्ञेय ने कहा : "गालियां खाने का जब मन होता तब खा लेता हूं पर नियंत्रित होकर गालियां खाना अच्छा नहीं लगता।" और नेमिचंद्र जैन ने लिखा : "बीच में मुझे एक बार सूचना मिली थी कि आप मुझे गालियां दे कर याद कर लिया करते हैं।" और गिरिजा कुमार माथुर ने लिखा : "पहले तो नव वर्ष की बधाई और तत्पश्चात् कुछ गालियां—इस कारण कि हम तो खत लिखते हैं लेकिन उत्तर नदारद।" जो कवि गालियां दे लेते हैं, व्यंग्य वचन बोलते हैं, उनमें कुंठा और घुटन नहीं होती। *तार सप्तक* के कवि गालियां देने में निपुण थे, यह इस बात का प्रमाण है कि वे प्रयोगवाद से दूर थे।

गिरिजा कुमार के दो पत्र मेरे पास बचे हैं। पहला पत्र जनवरी सन् ४७ का है। उससे स्पष्ट होता है कि उनके कुछ पत्र मुझे मिले थे जो खो गए। दूसरा पत्र ७ जुलाई १९४७ का है। इसमें मेरे लेख का जिक्र है। यह 'हंस' में छपा था

और *आस्था और सौंदर्य* नाम के संग्रह में संकलित है। गिरिजा कुमार इस समय अस्वस्थ थे। आगे चल कर भी उनका स्वास्थ्य बहुत अच्छा नहीं रहा। मेरे यहां, अर्थात, आगरे के राजा बलवंत सिंह कॉलेज में, उन्होंने अप्लाई करने की बात लिखी थी। बीमारी के कारण उन्होंने अप्लाई नहीं किया। इससे यह पता चलता है कि किसी समय वह भी अध्यापक होना चाहते थे।

प्रभाकर माचवे का एक ही पत्र मेरे पास बचा है। *तार सप्तक* के प्रकाशन के २५ वर्ष पूरे होने पर श्रीमती शीला संधू ने अपने यहां एक गोष्ठी आयोजित की थी। ये २५ वर्ष सन् ४३ को *तार सप्तक* का प्रकाशन-वर्ष मानकर निर्धारित किए गए थे। प्रभाकर माचवे ने उस अवसर पर एक कविता लिखी थी जो इस पत्र में है यानी उस पत्र में कविता के सिवा और कुछ नहीं है। *तार सप्तक* के कवि कैसे विनोदप्रिय थे, यह माचवे की कविता से जाना जाता है। उन्होंने और बहुत सी कविताएं लिखीं हैं परंतु शायद उनमें सबसे आकर्षक उनकी यह रचना है। उन्होंने संस्कृत का जो छंद चुना है, आधा व्यंग्य तो उसी छंद के चुनाव में ही है। मुक्तिबोध अब हमारे बीच नहीं थे। *तार सप्तक* के ५ कवि दिल्ली में आकर जम गए थे। इसलिए प्रश्न था : काहे मल्ल लठैत एक इकले, शर्मा रहे आगरे?

दूसरे बंद में उन्होंने *तार सप्तक* पर अपने विचार प्रकट किए : यों ही तार चढ़ा दिया, असल में, था मंद्र या मध्य ही/नाना नाम प्रयोगवाद गढ़ की चर्चा व शल्य क्रिया। आशय यह कि *तार सप्तक* जब प्रकाशित हुआ था, तब किसी की कल्पना में प्रयोगवाद शब्द नहीं था। यह बाद में प्रचारित किया गया। नगेन्द्र को उन्होंने रसघ्न कहा है। नगेन्द्र ने रस के ऊपर बहुत लिखा है। परंतु माचवे की दृष्टि में उनका लेखन रस के लिए घातक था। प्रयोगवादी और नई कविता के समर्थन में नामवर सिंह ने भी लिखा था। इसलिए उनका नाम भी यहां लिया गया है। वरना पुस्तक एक जीवित रही २५ वर्षों कहीं? बात बहुत कुछ सच हैं। किंतु पुस्तक की अंतर्वस्तु के अलावा उसका ऐतिहासिक वस्तुगत महत्व भी था। इसलिए वह २५ वर्षों के बाद अभी तक जीवित है।

दिल्ली, लखनऊ, आगरा—माचवे से बहुत जगह बहुत बार मुलाकात हुई। वह अंतर्मुखी वृति के पुरुष नहीं थे। बहुत ही विनोदप्रिय थे। कविता लिखते समय उसे निखारने में परिश्रम न करते थे। एक बार वह राजपूत कालेज आए थे और मैंने वहां उनके भाषण का आयोजन कराया था। हिंदी प्रेमियों में जो आत्मतुष्टि की भावना है, उन्होंने वहां उसकी आलोचना की थी।

किसी समय 'हंस' प्रगतिशील साहित्य का मुखपत्र था। शिवदान सिंह चौहान उसके संपादक थे। *तार सप्तक* का शायद ही कोई कवि हो जिसकी रचनाएं हंस में न छपी हों। शिवदान सिंह चौहान जब हंस के संपादक हुए, उससे कुछ पहले ही 'रूपाभ' का प्रकाशन आरंभ हुआ था। उसमें *तार सप्तक* के जो कवि लिखते

थे, उनमें अज्ञेय भी थे। अज्ञेय प्रयोगवाद के संस्थापक माने जाते हैं परंतु एक समय 'हंस' और 'रूपाभ' के लेखकों में उनकी गिनती होती थी। रूढ़ अर्थ में उनके साहित्य को प्रगतिशील भले न कहा जाए परंतु इन दो पत्रों से वह संबद्ध अवश्य थे। पंत जी ने रूपाभ में घोषित किया था कि वह छायावाद की कल्पना भूमि छोड़कर यथार्थवाद की धरती पर उतर आए हैं। यद्यपि सभी छायावादी कवि यथार्थवाद की ओर बढ़ रहे थे फिर भी स्पष्ट रूप में किसी ने अपनी विचारधारा में परिवर्तन की बात न कही थी। पंत जी साहित्य में किसी भावधारा या विचारधारा से नाता तोड़ते थे तो फिर समझौते की गुंजाइश न रखते थे। पूरी तरह नाता तोड़ लेते थे। *पल्लव* की भूमिका में उन्होंने इसी तरह पुराने ब्रज भाषा काव्य से नाता तोड़ा था। केवल रीतिवादी साहित्य से नहीं वरन् सूरदास जैसे कवियों के साहित्य से भी। उसी तरह उन्होंने 'रूपाभ' में छायावादी कविता से संबंध तोड़ा। इससे कुछ लेखकों ने समझा कि छायावाद में केवल हवाई कल्पना है। उसकी परंपरा को नकारे बिना हम प्रगतिशील नहीं हो सकते। पंत जी ने 'छायावादः पुनर्मूल्यांकन' पर इलाहाबाद विश्वविद्यालय में व्याख्यान दिया था। वहां उन्होंने छायावाद के सबल पक्ष की व्याख्या की थी। निराला के प्रति उनका आकर्षण जीवन भर बना रहा। जो भी पंत और निराला के संबंधों को समझना चाहे, उसे 'छायावाद : पुनर्मूल्यांकन' वाले व्याख्यान अवश्य पढ़ने चाहिए।

पंत जी से पत्र-व्यवहार लंबी अवधि तक चला। पत्रों की संख्या अधिक नहीं है परंतु अवधि लंबी है। बीच-बीच में पत्र व्यवहार बंद हो जाता था। पहला पत्र मई १९३८ का है और अंतिम पत्र फरवरी १९७७ का है। उनसे परिचय तो १९३८ से पहले ही हो गया था। यह उनके पत्रों से भी प्रकट होता है। लगभग ४० वर्ष तक मुझ जैसे लेखक से संपर्क बनाए रखना पंत जी जैसे शालीन और उदार व्यक्ति के लिए ही संभव था। अपनी आलोचना में उन्हें नाराज करने के लिए मैंने काफी सामग्री प्रस्तुत की थी। इसका बुरा न मान कर, अथवा थोड़ी देर को बुरा मानकर, फिर पुराना स्नेह-संबंध बनाए रखना उनके स्वभाव में था।

निराला की तरह पंत गद्य का महत्व समझते थे। मेरी कविताएं तो उन्होंने छापी ही, पर सुझाया : ''कोई साहित्यिक निबंध भी रूपाभ के लिए लिखिए।'' वह प्रगतिशील विचारधारा से जुड़े हुए थे परंतु हिंदी साहित्य की चौमुखी समृद्धि पर उनकी दृष्टि थी। इसलिए उन्होंने कहा : Easays हिंदी में नहीं के बराबर हैं। चाहे क्रिटिकल ऐसे हों और चाहे जनरल, कोई गंभीर सुंदर सी ऐसे रूपाभ के लिए अवश्य भेजिए।'' मुझसे उनको बड़ी अपेक्षाएं थीं। ''निबंध, एकांकी, आलोचनाएं, कविताएं आप रूपाभ के लिए बराबर भेजा करें।'' शायद वह समझते थे, मैं जो चाहूं वह लिख सकता हूं। इसलिए जो भी लिखूं और अनेक विधाओं में लिखूं, वह 'रूपाभ' को भेजूं। वह नए कवियों को कैसे प्रोत्साहन देते थे, इसका

उदाहरण २७ मई १६३८ के पत्र में है : ''आपकी कविता मुझे बेहद पसंद आई।'' पंत जी से ऐसा प्रमाण पत्र पाकर किस कवि को प्रसन्नता न होती? साथ ही उन्होंने लिखा : ''आलोचनात्मक लेख भी भेजिए।'' और 'आलोचनात्मक लेख' को उन्होंने रेखांकित कर दिया। रूसी साहित्य-निर्माण, हिंदी में प्रगतिशील साहित्य इन विषयों पर लिखने के लिए कहा और उसके बाद एक दिलचस्प वाक्य है :''ये केवल प्रयोग भर हैं—संभव है सफल हों—संभव है असफल।'' नेमिचंद्र जैन ने भी *तार सप्तक* को प्रयोग कहा था परंतु दूसरे अर्थ में। पंत जी यहां साहित्य की अंतर्वस्तु की बात कर रहे हैं। पूरी दृढ़ता से वह प्रगतिशील विचारधारा के साथ नहीं हैं। उसे प्रयोग मात्र समझते हैं। इस विचारधारा का प्रतिफलन अस्थायी भी हो सकता है, यह विचार उनके मन में इस समय है।

निराला के प्रति पंत के मन स्पर्धा का भाव जब भी और जैसे भी रहा हो, निराला के लिए उनके मन में स्नेह की कमी नहीं थी। उन्होंने सुझाया था कि मैं निराला पर 'रूपाभ' में लेख लिखूं। समय से लेख न मिलने पर १४ दिसंबर १६३८ के पत्र में उन्होंने शिकायत भी की थी। प्रगतिशील कवियों को व्यंग्यपूर्ण साहित्य से प्रेम था। इसका प्रमाण पंत जी के इस पत्र में उनका यह वाक्य है : ''सैटायर्स और प्रहसन भी भेजिए।'' निराला पर मेरा लेख जब उन्हें मिल गया तो उन्होंने लिखा : ''निराला जी पर आपका लेख मुझे विशेष रूप से पसंद आया।'' कविताओं की तरह उन्होंने मेरे आलोचनात्मक लेखों की प्रशंसा भी की और इस तरह आलोचनात्मक साहित्य लिखते रहने के लिए प्रेरित किया। कवि नरेन्द्र शर्मा 'रूपाभ' में पंत जी के निकट सहयोगी थे। वह उनके प्रशंसक और प्रीतिभाजन थे। एक बार बातों-बातों में पंत जी ने कहा : ''तुम्हारी कविताएं नरेन्द्र की कविताओं से मुझे ज्यादा अच्छी लगती हैं।'' मैंने कहा : ''इतना ही लिख कर दे दीजिए। मैं अपना कविता-संग्रह छपवा दूं।'' उन्होंने कहा : ''इतना ही नहीं, मैं एक अच्छी भूमिका लिख दूंगा।'' बाद में मैंने उन्हें अपना कविता-संग्रह भेजा। अनेक कारणों से वह उसकी भूमिका न लिख सके। अंत में मैंने वह संग्रह उनसे वापस मंगवा लिया। ५४-५५ वाले पत्रों में इसी संग्रह का जिक्र है।

इस बीच प्रगतिशील विचारधारा से हटकर पंत जी अरविंद का प्रभाव ग्रहण कर रहे थे। बंबई में नरेन्द्र शर्मा के यहां उन्होंने अपनी नई कविताएं सुनाईं। ये बाद में *स्वर्णकिरण* और *स्वर्ण धूलि* पुस्तकों में संकलित और प्रकाशित हुईं। मैंने उस समय उनसे कहा : ''आप ग्राम्या में जहां तक आए थे, उससे पीछे लौट रहे हैं।'' इलाहाबाद की एक गोष्ठी में, जहां पंत जी भी थे, मैंने उनके नए रुझान की आलोचना की और फिर इन पुस्तकों पर मेरा लेख 'हंस' में प्रकाशित हुआ। पंत जी इससे रुष्ट हुए हों, यह स्वाभाविक था। परंतु जब वह कोई योजना बनाते थे, तब मेरा स्मरण अवश्य करते थे। *स्वर्णकिरण स्वर्णधूलि* वाले दौर में उन्होंने

लोकायतन की योजना बनाई थी और इतने आशान्वित थे कि मुझसे नौकरी छोड़कर अपने साथ काम करने के लिए उन्होंने मुझे आमंत्रित किया था। लोकायतन नाम से उनका काव्य प्रकाशित हुआ। लोकायतन उनकी कल्पना में केवल काव्य नहीं वरन् एक आंदोलन था और उस आंदोलन में वह मुझे शामिल करना चाहते थे। फिर महादेवी जी ६० वर्ष की हुईं या होने वाली थीं। पंत जी उसी इलाहाबाद में रहते थे जहां महादेवी जी रहती थीं। उन्होंने २६ नवंबर १९६६ को मुझे महादेवी जी से संबंधित ग्रंथ में लेख भेजने को कहा। मैंने उनके आदेश का पालन किया और लेख पाकर उन्होंने प्रसन्नता जाहिर की। अनेक प्रगतिवादी और प्रायः सभी प्रयोगवादी आलोचक छायावाद की विरासत अस्वीकार करते थे। इनसे भिन्न मैं उस विरासत के प्रगतिशील पक्ष का निरंतर समर्थन करता था। पंत जी महादेवी वर्मा के सम्मान में संस्मरण ग्रंथ का संपादन करें, मेरे लिए यह हिंदी साहित्य के इतिहास की महत्वपूर्ण घटना थी। पंत जी को मैंने जो लेख भेजा था उसमें मैंने यह बात लिखी भी।

पंत जी का मन कभी-कभी अवसादग्रस्त हो जाता था। उनकी मनोदशा कब बदल जाएगी, यह बताना बहुत कठिन था। अप्रैल १९६८ में एक परीक्षा-कार्य से मैं इलाहाबाद गया। पंत जी से मिला। वह उस समय बहुत प्रसन्न थे। निराला के बारे में बातें कीं। उसी दिन उन्होंने बताया कि भार्गव मैजस्टिक होटल में जब निराला के साइटिका वाला दर्द उठता था, तब वह उनकी पीठ पर और कमर पर खड़े होकर उन्हें चापते थे। उन्होंने फिर मिलने के लिए कहा और वादा किया कि निराला के बारें में और बहुत सी बातें बताएंगे। कहीं जा रहे थे, तब मैं उनसे मिला था। दूसरे महीने फिर परीक्षा-कार्य से मुझे इलाहाबाद जाना पड़ा। इस बार उनकी मनोदशा बिल्कुल बदली हुई थी। वह तांत्रिक चमत्कारों की दुनिया में घूम रहे थे। निराला से अधिक अपने बारे में बातें कर रहे थे। मैं उनकी बातें लिखता जाता था जिससे कि आगे चल कर स्मृति धोखा न दे। इन्हीं के आधार पर मैंने *निराला की साहित्य साधना में* 'पंत और निराला' अध्याय लिखा था। वह मुझसे मिलकर बहुत प्रसन्न हुए थे और इस नए परिचय के स्मृति स्वरूप उन्होंने अपना कविता संग्रह *पतझर* मुझे समर्पित भी किया था।

निराला की साहित्य साधना का पहला अध्याय 'आलोचना' में प्रकाशित हुआ। पंत जी ने लिखा : "लोग आपकी लेखनी का लोहा तो मानते ही रहे हैं, अब आपकी लेखनी के जादू से भी परिचित हो सकेंगे।" मेरे लिए यह सम्मति बहुत मूल्यवान थी। फिर पूरी पुस्तक प्रकाशित हुई। पंत जी ने लिखा : "मेरी बहन ने सरसरी तौर पर पंत और निराला वाला अंश सुनाया। आपका दृष्टिकोण तो स्पष्ट ही है।" विरोध प्रकट करने का यह शालीन ढंग था। मैंने पंत जी को लिखा : " 'पंत और निराला' सत्य को देखने का एक प्रयास है। अंतिम सत्य वही हो,

ऐसा कोई दावा नहीं है। मेरा दृष्टिकोण गलत साबित हो तो मुझे खुशी ही होगी। मैं नहीं, कोई और सत्य के अधिक निकट पहुंचेगा।" पूरी पुस्तक पढ़ने के बाद १६ अप्रैल १९६६ को उन्होंने लिखा : "निराला जी पर आपकी पुस्तक पढ़ डाली। बड़ा ही परिश्रम आपने किया है और बड़ी लगन से। मेरी बधाई लीजिए। मेरे निराला जी के संबंध में आपने अतिरंजना से काम लिया है जो आपके लिए स्वाभाविक था—कभी समय मिलने पर उसका निराकरण कर सकूंगा।" पर दुर्भाग्य से वह समय नहीं आया। *निराला की साहित्य साधना* के पहले खंड पर मुझे साहित्य अकादमी से पुरस्कार मिला। रेडियो से यह घोषणा सुनने पर पंत जी ने मुझे बधाई भेजी और आशा प्रकट की : "दूसरा भाग भी अब पूरा होने को होगा।" शासक वर्ग से पंत जी के संबंध अच्छे थे। अप्रैल १९७२ में वह इंदिरा गांधी के सम्मान में अभिनंदन ग्रंथ संपादित करने वाले थे। उसके लिए लेख मांगा। मैंने लेख नहीं भेजा। अपने पत्र में और क्या लिखा यह तो याद नहीं पर ये वाक्य अवश्य थे : "हमारे मोहल्ले में चारों तरफ गुलमोहर की लाल-पीली लपटें उठ रही हैं। आपका परिवेश सुखद हो।" निराला पर कहां क्या लिखा जा रहा है, पंत जी इसका बराबर ध्यान रखते थे। पहली नवंबर १९७७ के अंतिम पत्र में उन्होंने लिखा : "आपके पास कालजयी निराला पर देवेंद्र शर्मा इंद्र की एक रचना भेज रहा हूं जो मुझे बहुत अच्छी लगी। आपको भी पसंद आएगी।" उन्होंने पूरी पुस्तक मंगवा कर पढ़ने के लिए भी कहा।

पंत जी का मन सदा अवसादग्रस्त न रहता था। उनकी विवेक-बुद्धि जागृत होती थी तब वे चीजों को बहुत ही स्पष्ट रूप में देखते थे और ओजपूर्ण शैली में उनका वर्णन भी करते थे। 'छायावाद : पुनर्मूल्यांकन' वाले व्याख्यान से मैं यहां उनके दो काव्य उद्धृत करता हूं : "निराला को हम दुःख-दैन्य ग्रस्त, पराजित व्यक्ति के रूप में नहीं, युग-जीवन के अजेय सेनानी, शर-सयूया पर लेटे युग-भीष्म के रूप में सम्मान करते हैं। भारतीय सांस्कृतिक परंपरा में कालिदास से महाकवि हुए हैं। पर भारतीय दार्शनिक परंपरा में ऐसा सौंदर्यमंडित ज्योतिसमृद्ध हिंदी कवि अभी तक एक मात्र निराला ही मिले हैं—यह उनके कृतित्व की पर्याप्त विजय है।" इन वाक्यों से जाहिर होता है पंत जी कितने अच्छे कवि थे और उससे भी अधिक अच्छे कविता के पारखी थे।

निराला, पंत, महादेवी वर्मा, छायावाद के ये तीनों स्तंभ इस समय इलाहाबाद में थे। इनमें सबसे हालत खराब निराला की थी। इलाहाबाद में और बहुत से साहित्यकार रहते थे। परंतु निराला की हालत कैसे सुधारी जाए, कैसे उनकी सहायता की जाए, इसके बारे में सबसे ज्यादा महादेवी वर्मा सोचती थीं और इसके लिए उन्होंने कुछ उपाय भी किए थे। १० फरवरी १९४५ के पत्र में उन्होंने साहित्यकार संसद के बारे में मुझे सूचना दी। हिंदी लेखकों की ओर से यह सहकारी प्रयास

था। यद्यपि महादेवी जी ने पीड़ा के ऊपर बहुत लिखा है परंतु जीवन का अर्थशास्त्र वह बहुत अच्छी तरह समझती थीं। उनका एक सारगर्भित वाक्य है : "आर्थिक व्यवस्था ठीक होते ही उनके जीवन की अनेक कठिनाइयां दूर हो जाएंगी किंतु यह आर्थिक सुविधा उन्हें अपने साहित्य से प्राप्त होनी चाहिए, किसी अन्य प्रकार से नहीं।" वाक्य के पहले भाग में उन्होंने आर्थिक समस्या सुलझने का महत्व बताया। उसके बाद उन्होंने सावधान किया कि दूसरों से दान लेकर निराला की सहायता नहीं करनी। हिंदी लेखकों के सम्मान की रक्षा करनी है तो उनके साहित्य से ही जो धन उन्हें मिले, वह उन्हें देना चाहिए। निराला भी ऐसा ही सोचते थे। इस पत्र में निराला परिषद का उल्लेख है। उसके बारे में उन्होंने लिखा : "निराला साहित्य के अध्ययन के लिए उसकी उपयोगिता हो सकती है। परंतु उनके व्यक्तिगत जीवन के लिए इसकी क्या उपयोगिता होगी, यह स्पष्ट नहीं है। इस समय आवश्यकता थी निराला के व्यक्तिगत जीवन में सुधार करने की। साहित्य का अध्ययन बाद में भी हो सकता था।" उनकी शंका उनकी यथार्थपरक दृष्टि की सूचना देती है।

निराला क्या सोचते हैं, आगे क्या लिखने वाले हैं, इलाहाबाद के साहित्यकारों में इसकी सबसे अधिक जानकारी महादेवी वर्मा को थी। इस पत्र के अंत में उन्होंने लिखा है कि वह आगरा आने वाले हैं। वहां से वह सूरदास के स्थान पर जाएंगे। सूरदास पर वह कविता लिखना चाहते हैं। निराला आगरा आए थे। सूरदास पर कविता लिखना चाहते थे, यह बात सही है और उनकी यह योजना काफी पुरानी थी। परंतु अनेक कारणों से यह कार्य उन्होंने किया नहीं।

दूसरा पत्र भी साहित्यकार संसद् के बारे में है। इस तरह की संस्था को चलाने में किस तरह की कठिनाइयां आ सकती हैं, इसका वह अनुभव कर रही थीं। लिखा था : "वैसे तो जब हमारा सामूहिक जीवन ही इतना छिन्न-भिन्न है, तब संस्थाओं के भविष्य के संबंध में कुछ निश्चित रूप से कहना कठिन है।" इस वाक्य का यह अर्थ लगाया जा सकता है कि पूंजीवादी व्यवस्था के अंतर्गत जिस सामाजिक परिवेश में हिंदी साहित्यकार जीवन बिताते हैं, वह छिन्न-भिन्न है। ऐसी हालत में साहित्यकार कोई संस्था बनाएं और भविष्य में उसे चलाते रहें, यह बहुत ही कठिन कार्य था। उनकी आशंका सही साबित हुई। संसद् की स्थापना के लिए उन्होंने मैथिलीशरण गुप्त का सहयोग प्राप्त किया था। माखनलाल चतुर्वेदी के साथ वह कलकत्ते की यात्रा करने वाली थीं। उनका स्वास्थ्य अच्छा नहीं था। फिर भी दूसरों की सहायता के लिए वह बहुत कुछ करना चाहती थीं। "यदि मेरा स्वास्थ्य अधिक खराब न हुआ तो मैं देहली-बंबई आदि की यात्रा भी करना चाहती हूं। संसद् की सफलता के लिए मैं अपनी ओर से कुछ उठा न रखूंगी क्योंकि यह संभवतः मेरे जीवन का अंतिम कार्य है।" कार्य यहां साहित्य लिखना नहीं वरन् साहित्यकारों की सहायता करना है। पत्र के अंत में उन्होंने निराला परिषद् के बारे में सलाह

दी थी : "एक बात ध्यान में रखिएगा। कवियों में जो द्वेष सूक्ष्मतम रूप में भी नहीं मिलेगा, वह उनके प्रशंसकों में स्थूलतम रूप में प्रत्यक्ष है। निराला परिषद् के सदस्य इस दोष से मुक्त न हो सकें तो आपका परिश्रम ही व्यर्थ होगा।" कवियों में सूक्ष्मतम रूप में भी द्वेष भाव नहीं था, यह बात तो सही नहीं है। *पल्लव* की भूमिका में निराला ने एक लेख 'पंत जी और पल्लव' और पंत जी का लोकायतन में माधोगुरु और वंशी का चित्रण कवियों के आपसी संबंधों के बारे में बहुत सी बातें बताते हैं। अवश्य ही यह उनके जीवन का एक पक्ष है। दूसरा पक्ष स्नेह संबंधों वाला है जो अधिक महत्वपूर्ण है। परंतु निराला परिषद तो कागजों में ही रही, स्थापित नहीं हुई। कोई काम नहीं हुआ। परंतु साहित्यकार परिषद् स्थापित हुई, काफी पैसा इकट्ठा किया गया, भवन बना। कुछ दिन निराला वहां रहे। फिर वह भवन छोड़कर दारागंज की गली में कमलाशंकर सिंह के यहां छोटे से कमरे में आकर रहने लगे। साहित्यकार संसद को लेकर पत्रों में साहित्यकारों ने बहुत से लेख लिखे, पत्र प्रकाशित किए। जहां पैसे का सवाल हो वहां हिंदी लेखक झगड़ा न करें ऐसा कम ही होता है। बहुत ही स्थूल रूप में साहित्यकारों का द्वेष भाव साहित्यकार प्रसंग में उजागर हुआ। पर इससे महादेवी जी के सद्प्रयत्न का महत्व कम नहीं होता।

लोकायतन के नाम से पंत जी एक साधना केंद्र स्थापित करना चाहते थे। उनके सामने जोगी अरविंद के आश्रम का आदर्श था। उसके लिए भवन चाहिए था। उस भवन के गौरव के नाम भी ज्योतिद्वार आदि उन्होंने रखे थे। उसमें काम करने के लिए वह मुझे आमंत्रित कर चुके थे। अपने मित्रों से वह इसकी चर्चा करते थे। महादेवी जी को यह सब मालूम था इसलिए उन्होंने लिखा : "मेरी तो यही इच्छा है कि पंत जी के स्वस्थ होने तक संसद इस योग्य हो जाए कि उन्हें लोकायतन की योजना को क्रियान्वित करने की सुविधा दे सके। वह हम सबके सौभाग्य से बच गए हैं तो हमारी कृतज्ञता का प्रकाशन यही हो कि हम उनके किसी स्वप्न को सत्य कर सकें।" परंतु पंत जी के स्वप्न को साकार करना किसी के लिए संभव नहीं था। 'रूपाभ' में उन्होंने छायावादी आकाश छोड़कर पृथ्वी पर उतरने की घोषणा की थी परंतु लोकायतन महाकाव्य में वह धरती छोड़कर आकाश से भी ऊपर महाकाश में पहुंच गए थे। जो केवल उनकी कल्पना में विद्यमान था। साहित्यकार संसद् द्वारा वह स्वप्न साकार नहीं हुआ तो यह स्वाभाविक था। पंत जी से भिन्न महादेवी वर्मा का स्वप्न यह था कि निराला की पुस्तकें छापी जाएं, उनसे जो पैसा मिले उससे उनकी सहायता की जाए। निराला की कौन सी पुस्तक देनी है, कितने फर्मों की होगी, उसके लिए कितना कागज आवश्यक होगा–यह सारा अर्थशास्त्र उनके सामने था। निराला जी की पुस्तक प्रेस में थी। यह डिमाई साइस में होने के कारण ३२ फर्मे में समाप्त होगी–उसके लिए ३२ रीम कागज

का प्रबंध कर लिया है। लोकायतन से बहुत नीचे धरती पर यह महादेवी वर्मा की योजना थी। जिस पुस्तक का जिक्र है, वह *अपरा* नाम से प्रकाशित हुई।

'रूपाभ' में नरेंद्र शर्मा पंत जी के घनिष्ठ सहयोगी थे। वैसे भी वह उनकी कविताओं के प्रशंसक थे और चिंतन-यात्रा में भी दोनों बहुत दूर तक साथ रहे। 'रूपाभ' के बंद हो जाने के बाद नरेंद्र बंबई आ गए और अमृतलाल नागर के साथ प्रगतिशील पत्र 'नया साहित्य' में काम करते रहे। २७ मार्च १६४५ के पत्र में उन्होंने सूचित किया था : ''नया साहित्य के संपादक मंडल में तुम्हारा नाम जा रहा है।'' इस वाक्य से पता लगेगा कि वह 'नया साहित्य' से कितने अभिन्न रूप में जुड़े हुए थे। ये वे दिन थे जब प्रगतिशील लेखक आपस में मिलकर भविष्य के लिए योजनाएं बनाते थे। उन योजनाओं के अनुसार किसने कितना काम किया, इस बात को जांचते थे। एक पत्र में उन्होंने तारीख नहीं लिखी परंतु वह, '४५ '४६ के आसपास का ही होगा। उसमें उन्होंने कहा था : ''मैं तुमसे मिलने के लिए बहुत उत्सुक हूं। बहुत-सी काम की और बेकार बातें करनी हैं और भविष्य के लिए बहुत कुछ स्थिर भी करना है।'' भविष्य के लिए जो कुछ स्थिर करना है, वही योजना बनाने की बात है। नरेंद्र शर्मा ने इस समय मजदूरों और किसानों के लिए बहुत सुंदर सरल भाषा में राजनीतिक कविताएं लिखी थीं। उन्हें साधारण लोग आसानी से समझ सकते थे। मार्क्सवादी लेखकों में जनता की समझ में आने लायक उस समय सबसे अच्छी कविताएं नरेंद्र शर्मा ही लिखते थे। परंतु व्यक्तिगत स्तर पर उनकी कुछ मानसिक समस्याएं भी थीं। वह उनके प्रति सचेत थे। २० मार्च १६४५ के पत्र में उन्होंने लिखा था : ''मैं सदैव सामान्य बने रहने की कोशिश करता हूं। किंतु भीतर ही भीतर विषमता का विष जोर मारता रहता है।'' यह विषमता का विष कहीं-कहीं उनकी कविताओं में भी प्रकट होता था।

कुछ दिन तक नरेंद्र शर्मा ने आकाशवाणी में काम किया था। दिल्ली में आकाशवाणी भवन में उनसे भेंट हुई। वहां उन्होंने अपने अनुभवों पर आधारित एक लंबी कविता सुनाई थी। वहां काम करते हुए उन्हें कितनी घुटन महसूस होती थी, उसका बहुत अच्छा चित्रण उस कविता में था। मैंने आग्रह किया था कि यह कविता अवश्य प्रकाशित कराना। परंतु जहां तक मेरी जानकारी है वह कविता कभी प्रकाशित नहीं हुई। घुटन को लेकर भी यथार्थवादी कविता लिखी जा सकती है और वह पाठक को निराश करने के बदले उसे सक्रिय जीवन बिताने को प्रेरित करे, यह उस कविता से सिद्ध होता है। उन्हीं दिनों की मानसिक अवस्था में २२ फरवरी १६६४ के पत्र में उन्होंने लिखा था : ''मेरा तो बाह्य जीवन ऐसा बिखर गया है कि समेटे से सिमट नहीं पाया।'' उन्होंने बाह्य जीवन की बात कही है। यह उनका सामाजिक परिवेश है। जिन परिस्थितियों में उन्हें जीविका उपार्जित करनी पड़ती थी, उसकी ओर संकेत है और इसका प्रभाव उनके मन पर पड़ता था। मन

की बेचैनी बढ़ती थी। फिर भी कविता से कभी उनका संपर्क टूटा नहीं और जब भी मिलते थे, कविता के बारे में अवश्य बातें होती थीं। मैंने अपना कविता संग्रह *रूप तरंग* नरेंद्र शर्मा को समर्पित किया था। उसे पढ़कर वह बहुत प्रसन्न हुए। ८ मार्च १९५६ के पत्र में लिखा था : "कवि कर्म सबसे सुंदर और सारगर्भित होता है। वही कर्म अपनाओ।" पत्र में उन्होंने एक ज्ञान की बात लिखी थी : "जब तक कविता में बात न निकले उसे मुंह से या लेखनी से न निकालो।" उनके वाक्य में दूसरा 'न' छूट गया है। परंतु आशय स्पष्ट है। कविता जब तक भीतर से न फूटे, तब तक कविता लिखने का प्रयत्न न करो। इस सिद्धांत के अनुसार आचरण करते हुए मैंने बहुत कम कविताएं लिखीं तो इस पर किसी को आश्चर्य न होना चाहिए।

'रूपाभ' में नरेंद्र शर्मा के एक सहयोगी शमशेर बहादुर सिंह थे। 'रूपाभ' के बंद होने क बाद बंबई से प्रगतिशील पत्र 'नया साहित्य' निकला। शमशेर बंबई आए। नरेंद्र शर्मा भी वहां थे। 'रूपाभ' के बाद दोनों ने मिलकर 'नया साहित्य' में काम किया। नरेंद्र इस बात का ध्यान रखते थे, शमशेर किसके साथ हैं, कहां जाते हैं, जीवन कैसा बीत रहा है। भरसक उनकी सहायता भी करते थे। २२ फरवरी १९६४ वाले पत्र में उन्होंने लिखा : "पिछले दिनों शमशेर यहां आए थे। फिर मैं भी इलाहाबाद गया। शमशेर की मित्र प्रेमलता वर्मा इस वर्ष आगरा से एम.ए. प्रथम वर्ष की परीक्षा में बैठ रही हैं। मैंने वचन दिया है कि इस निमित्त उनके ठहरने की व्यवस्था आगरा में हो जाएगी। तुमसे बिना पूछे ही तुम्हारे बल-भरोसे पर मैंने यह वचन दे दिया है जिसे पूरा अवश्य करना है।" प्रेमलता वर्मा आगरा अकेली नहीं आई। उनके साथ शमशेर भी थे। मैंने दोनों के रहने की व्यवस्था अपने मित्र राजनाथ शर्मा के यहां कर दी थी। इस तरह नरेंद्र शर्मा ने जो शमशेर को वचन दिया था, उसे निबाहने में मैंने भी थोड़ी सहायता की।

नरेंद्र शर्मा ने एक पत्र अंग्रेजी में लिखा था। 'रूपाभ' के लिए सामग्री मंगाई थी। यह पत्र २३ अगस्त १९३६ का है। उन दिनों मैं प्रेमचंद पर अपनी पहली पुस्तक तैयार कर रहा था। इसके कुछ अंश वह 'रूपाभ' में छापना चाहते थे। ये अंश उसमें छपे नहीं। शायद इसलिए कि मैं अपना काम पूरा न कर पाया था अथवा इसलिए भी कि जब तक भेजूं, तब तक 'रूपाभ' बंद हो गया होगा। इसके साथ उन्होंने कविताएं भी मंगाई। दिलचस्प बात है कि लिखा, शृंगारपरक कविताएं न भेजना। 'रूपाभ' में मेरे दो शृंगारपरक सानेट छपे थे। शायद उन्हीं को ध्यान में रखकर उन्होंने यह बात लिखी थी। चिंतनप्रधान या व्यंग्यपूर्ण रचनाएं मांगी थी। जैसे पंत जी सैटीरिकल कविताएं चाहते थे, वैसे ही नरेंद्र भी इस तरह की रचनाएं मंगा रहे थे। उनकी कविता पुस्तक *प्रवासी के गीत* प्रकाशित हो गई थी। निराला के लिए और मेरे लिए इसकी प्रतियां भेजने की बात भी इस पत्र में है।

शमशेर बहुत अच्छे गद्य लेखक थे। 'नया साहित्य' में उन्होंने कुछ आलोचनात्मक लेख निकाले थे। *दोआब* नाम से उनके लेखों का संग्रह प्रकाशित हुआ। जब उसका दूसरा संस्करण होने वाला था, तब मैंने उसकी भूमिका लिखी। 'अच्छे गद्य की पहचान' नाम से यह भूमिका 'आलोचना' में प्रकाशित हुई थी, *कथा विवेचना तथा गद्य शिल्प* नाम के मेरे लेख संग्रह में वह संकलित है। उनकी कविता में जिस तरह अर्थबोध की कठिनाई पैदा होती है, वैसी कठिनाई गद्य में नहीं होती। बहुत ही सुलझा हुआ और ओजपूर्ण शैली में विवेचनात्मक गद्य वह लिखते थे। लेकिन १८ मई १९६२ के पत्र में उन्होंने जैसा गद्य लिखा है, वैसा गद्य उनके किसी लेख में नहीं है। यदि किसी ने शमशेर को बातें करते न सुना हो, तो उसे यह पत्र पढ़ना चाहिए। बातें भी वह अलग-अलग लोगों से अलग-अलग ढंग से करते थे। मन की समस्याओं को, गहरे जाकर, उलझाने और सुलझाने की प्रक्रिया जैसी यहां दिखाई देती है, वैसी उनके किसी गद्य लेख या कविता में नहीं दिखाई देती। शमशेर की मूल समस्या क्या थी? उन्हीं के शब्दों में, "समस्या यह है : रचनाकार—छोटे से छोटा रचनाकार भी मसलन मैं कैसे देखता हूं अपने चारों तरफ के समाज को...संस्कार मसलन व्यक्ति औरसमाज के संस्कार हैं, अपने और व्यक्ति के। जब लेखक अपने कैरेक्टर-पात्र, चरित्र, हीरो को देखता है, उसे समझना, शायद कुछ बदलना चाहता है। व्यक्ति के और उसके अपने समाज के संस्कार हैं। मेरे संस्कार, बीहड़ संस्कार, औफुलीटेनेशस यानी मजबूती से जमे हुए, पर्त पर पर्त, जैसे जन्मों-जन्मों के संस्कार कर्मगति को बाधित करते हों, वे संस्कार कैसे बदले जाएं। शब्दों के माध्यम से, रंगों के माध्यम से, कला के...। कलाकार स्वयं को बदलेगा घोर रूप से, तभी और उसी हद तक वह अपने पाठक को, अपना उतना भी छोटा या बड़ा परिवेश है उसे प्रभावित कर सकेगा। कुछ बदलने के लिए फॉर दि बेटर नॉट फॉर दि वर्स।" यहां व्यक्ति को बदलने की समस्या है। समस्या का यह विवरण पढ़कर बहुत से पाठक मुक्तिबोध को याद करेंगे। शमशेर और मुक्तिबोध की समस्या एक हद तक मिलती-जुलती है। दोनों के अपने संस्कार हैं और दोनों कवि अपने व्यक्तित्व को बदलना चाहते हैं। कलाकार को अपना व्यक्तित्व बदलना चाहिए। समाज को बदलना चाहिए। यह बात दोनों अच्छी तरह जानते हैं। उलझन इसलिए पैदा होती है कि संस्कार बहुत मजबूती से जमे हुए हैं। ये संस्कार कितने मजबूत हैं, इसका बहुत अच्छा विवरण शमशेर ने दिया है। पुनर्जन्म में वह विश्वास करते हों चाहे न करते हों, जन्मों-जन्मों के संस्कार यदि मनुष्य में जमे हों, तो जैसे वे सुदृढ़ होंगे, वैसे ही कलाकार के आज के संस्कार हैं। इन संस्कारों को बदलने की जरूरत क्यों पड़ती है? इसलिए कि दुनिया में वर्तमान व्यवस्था के भीतर जीवित रहना हरेक के लिए कठिन हो रहा है। दुनिया को बदलने के लिए सबसे पहले अपने को बदलना जरूरी है और यह काम आसान नहीं होता। मुक्तिबोध और शमशेर में अंतर यह है कि

शमशेर जितनी मजबूती से मार्क्सवाद से जुड़े हुए हैं, उतनी मजबूती से मुक्तिबोध जुड़े हुए न थे। मार्क्सवाद को अधूरा समझकर वह उसे अनेक धाराओं से, जो मार्क्सवाद-विरोधी थीं, जोड़कर समृद्ध करना चाहते थे। ऐसा कोई प्रयास शमशेर ने नहीं किया। मार्क्सवाद से प्रतिबद्धता एक ओर, और विरोधी दिशा में खींचने वाले संस्कार दूसरी ओर, यह आत्मसंघर्ष का रूप था। शमशेर केवल प्रगतिशील लेखक नहीं थे। वे केवल 'नया साहित्य' के संपादक मंडल में काम करने वाले प्रगतिशील साहित्यकार नहीं थे। वे कम्युनिस्ट पार्टी के सक्रिय सदस्य थे। 'जनयुग' के संपादक मंडल में काम करते थे। उन्हें कम्युनिस्ट पार्टी में शामिल होने के लिए किसी ने विवश नहीं किया था। उनका स्वभाव ऐसा था कि उन्हें कोई किसी काम के लिए विवश कर ही नहीं सकता था। जिस दिशा में सुमित्रानंदन पंत, नरेंद्र शर्मा, मुक्तिबोध, नेमिचंद्र जैन आदि बढ़े थे, उसी में शमशेर भी आगे बढ़े थे और इन सब लोगों से ज्यादा आगे बढ़े थे। प्रतिबद्धता जितना सुदृढ़ थी, उतना ही संस्कारों से टक्कर दुखदाई थी।

अपने पत्र में उन्होंने बहुत-से विद्वानों के नाम लिए हैं। उन्हें एक ही परिवेश से अभिन्न रूप में जुड़ा हुआ बताया है। परिवेश एक है, वे उससे अभिन्न रूप में जुड़े हुए हैं, यह बात सही है। अभिन्न रूप में जुड़े होने पर भी उनके विचारों में भिन्नता है, यह तो स्पष्ट ही है। एक ही परिवेश में गरीब-अमीर रहते हैं, मजदूर और पूंजीपति रहते हैं, जमींदार और खेत मजदूर रहते हैं। एक परिवेश से जुड़े होने के कारण उनकी विचारधारा एक नहीं हो जाती। उनके भाव-बोध अलग-अलग तरह के होते हैं। जीवन की परिस्थितियां उनकी विचारधारा और भाव-बोध को प्रभावित करती है। इसलिए संवेदनशीलता के आधार पर विचारों की और भाव-बोध की भिन्नता को मिटा देना संभव नहीं होता, इसलिए कि उनकी जड़ें उनके काम करने की परिस्थितियों में हैं। पत्र में आगे उन्होंने मलयज के बारे में लिखा : "वह अत्यधिक कठिन आर्थिक परिस्थितियों से जूझते हुए अपनी पढ़ाई पूरी कर सके हैं।" यह समस्या तब केवल मलयज की नहीं थी और न आज है। हजारों नौजवान इस तरह की परिस्थितियों का सामना करते हैं। परिस्थितियों का सामना वे सफलतापूर्वक करें, इसके लिए उनका विश्लेषण करना जरूरी होता है, उन्हें बदलने के लिए संगठित प्रयत्न करना जरूरी होता है, संगठित प्रयत्न के दौरान अपने संस्कारों को बदलना जरूरी होता है। आगे मलयज के बारे में उन्होंने लिखा : "आर्थिक दैन्य के अलावा बीमारियों से भी वह जूझे हैं। खूब डिसइल्यूज़न्ड हैं। परिमल में रहे हैं मगर आज परिमल एक बिखरी हुई नाम की संस्था है और मलयज को इस संबंध में भी इल्यूज़न नहीं है। वह स्वतंत्र हैं फिलहाल। उन्हें वास्तव में जो कुछ होना है, वह अब होना है, विद्यार्थी जीवन को समाप्त करने के बाद।" यानी वह भी राहों के अन्वेषी हैं। समाज में बहुत-सी राहें हैं। एक राह मार्क्सवाद की है।

जो मार्क्सवादी हैं, वे उस रास्ते को सही मानते हैं, उस पर चलने के लिए दूसरों को प्रेरित करते हैं। जिन्हें यह भरोसा नहीं कि यह रास्ता उन्हें सही लक्ष्य तक पहुंचाएगा, वे उनका विरोध करते हैं। समाज में इस तरह का वैचारिक संघर्ष जीवन की परिस्थितियों से उत्पन्न होता है। किंतु मलयज का आर्थिक संघर्ष, उसके बाहर साहित्य की विभिन्न धाराओं के बीच उनका मानसिक संघर्ष, यह सब अनेक नौजवानों में देखा जा सकता है। इसे समझने-सुलझाने का अस्त्र मार्क्सवाद है। उसे लागू करने में गलतियां हो सकती हैं। ये गलतियां आपस में बातचीत के द्वारा सुधारी जा सकती हैं। किंतु आर्थिक परिस्थितियों को छोड़ देना चाहिए, केवल संवेदनशीलता की दुनिया में रहना चाहिए, वर्गों का भेद भूल जाना चाहिए, इस तरह सोचने से समस्या हल होने वाली नहीं है, न आर्थिक समस्या और न सांस्कृतिक समस्या।

जीवन में संवेदनशीलता बहुत आवश्यक है। संवेदनशीलता के बिना कोई आदमी क्रांतिकारी नहीं हो सकता। संवेदनशीलता के साथ जब उसमें दृढ़ इच्छा शक्ति होती है, तब वह क्रांति के मार्ग पर आगे बढ़ता है। सन् ६२ में साइकिल से गिरने के कारण मेरे कंधे में चोट आई थी। उस पत्र में पहला पैराग्राफ मेरी चोट के बारे में है और अंत में शमशेर ने लिखा : "बहुत बहुत बहुत बहुत प्यार।" बहुत-४ बार। एक बार का बहुत उनके लिए काफी नहीं था इसलिए ४ बार 'बहुत' लिखा। यह शमशेर की संवेदनशीलता का प्रमाण है और इसीलिए वह कम्युनिस्ट पार्टी के सदस्य हुए और मार्क्सवाद का समर्थन करना उन्होंने अंत तक छोड़ा नहीं।

फरवरी १९६४ में वह आगरा आने वाले थे। इसकी सूचना देते हुए उन्होंने अपनी कविताओं और मेरी आलोचना के बारे में लिखा : "मैं तुम्हारी आलोचना से नहीं डरता हूं क्योंकि तुम मुझसे बढ़कर मेरे सख्त आलोचक नहीं हो सकते।" यह बात सही है। जो सख्त आलोचना शमशेर अपनी कविताओं की करते थे, वह केवल उनके रूप, बाह्य सज्जा, बिंब-विधान, शब्द-चयन आदि की नहीं थी। उसका संबंध कविताओं की अंतर्वस्तु से था। मार्क्सवादी दृष्टि से वह इस अंतर्वस्तु की आलोचना करते थे। आशय यह कि तुम मेरी कविताओं की जो आलोचना करते हो, मार्क्सवादी दृष्टि से मैं उससे भी सख्त आलोचना उनकी करता हूं। शमशेर अपने आलोचनात्मक निबंधों में बाहरी रूप से कविता की विषयवस्तु पर अधिक ध्यान देते हैं, यह *दोआब* के लेखों से स्पष्ट है। किंतु इसके बाद जैसे वह कविताओं में करते हैं, आधी बात कही आधी मन में रखी, डौट-डैश से काम चलाया, वैसे ही यहां पत्र में उन्होंने लिखा : "मगर सच पूछो तो मुझे अपनी बहुत कम कविताएं अच्छी लगती हैं। उनमें...और बहुतों में...कुछ तो है। ऐसा नहीं कि कुछ भी नहीं है। मगर...अच्छा, खैर।" एक अन्य पत्र में कवि की तरह अपने गद्य में शब्दों का नए ढंग से प्रयोग करते हुए उन्होंने लिखा : "यहां तुम आए और मैं बावजूद कोशिश के मिल नहीं सका तुमसे। यहां की दूरियां और समय की तंगियां। एक

दिन तो तुम्हारी प्रतीक्षा भी रही। खैर।'' दूरियां के साथ तंगियां रूप ध्यान देने योग्य है। शमशेर के पत्रों में ऐसे बहुत से वाक्य हैं जिन्हें छोटी-बड़ी पंक्तियां करके छाप दिया जाए तो वे कविता जैसे प्रतीत होंगे। विरामचिह्नों अथवा यतिचिह्नों का प्रयोग वह अनोखे ढंग से करते थे : ''इधर दिल्ली गया था, दो महीने पहले—नरेंद्र से काफी बातें होती रहीं। यह कितना अच्छा है कि किसी बहाने सही, मैं तुमसे मिल तो लूंगा, इस साल।...मुक्तिबोध—कितना कष्ट हुआ है सुनकर। कैसी अजब स्थिति है स्वतंत्र चेता पगले साहित्यकारों की!'' बहुत कुछ कहना चाहते हैं परंतु आधी बात कहकर अपने मन का भाव प्रकट कर देते हैं। शायद मन के ये भाव पूरी तरह शब्दों में व्यक्त भी नहीं हो सकते।

प्रेमलता वर्मा के साथ वह आगरा आए। प्रेमलता ने एम.ए. की परीक्षा दी। फिर उनको माइग्रेशन सर्टिफिकेट की आवश्यकता हुई। उसके लिए फिर आगरा आईं। इस बीच वह प्रेमलता वर्मा से श्रीमती प्रेमलता तोला हो गईं। डाक्टर तोला पेरू के राजनयिक थे। संस्कृत, ग्रीक, यूरोप की कई आधुनिक भाषाएं जानते थे। भारत-प्रेमी विद्वान् थे। एक बार वह आगरा आए थे। मैंने उनसे ग्रीक काव्य पढ़वा कर सुना था यह जानने के लिए कि उनकी उच्चारण पद्धति किस तरह की है। भाषाओं से डॉ. तोला को दिलचस्पी थी और उनसे मिलने से पहले शमशेर को यह दिलचस्पी थी। मिलने के बाद उनकी यह दिलचस्पी अवश्य बढ़ी होगी। एक पत्र में उन्होंने ग्रीक भाषाओं के बारे में अपनी राय दी है। वह स्पैनिश सीख रहे थे, ग्रीक भाषा भी सीख रहे थे। संभवतः शमशेर और डॉ. तोला की प्रेरणा से प्रेमलता ने चर्या पदों पर अनुसंधान शुरू किया। इसके बारे में शमशेर ने लिखा था : ''वह अब बहुत गंभीरता से दिन-रात अपने शोध कार्य में जुट गई हैं अच्छा है जल्द से जल्द हो जाए। उन्हें काफी पढ़ना होगा। मुझे तो खुशी इस बात की है कि इस बहाने पालि, संस्कृत और अपभ्रंश से कुछ न कुछ परिचय हो जाएगा जो आज के आधुनिक साहित्यकार के लिए हितकर है। विषय शोध का चर्या पद का ही साहित्यिक और कुछ भाषागत अध्ययन है। बहरहाल।''

कुछ पत्रों में शमशेर ने अपना पता मार्फत डॉ. तोला लिखा है। प्रेमलता के श्रीमती तौला बन जाने के बाद भी मैत्री में फर्क नहीं आया।

एक पत्र में शमशेर ने अपने भाषा विज्ञानी मित्र डॉ. कृपाशंकर का जिक्र किया है। ''भाषा विज्ञान में मेरी दिलचस्पी को ये जागरित रखते आए हैं।'' उनकी पत्नी कन्हैयालाल माणिक लाल मुंशी विद्यापीठ में प्रशिक्षण प्राप्त करने आ रही थीं। मैंने शमशेर को दांते के महाकाव्य से कुछ अंश सुनाए थे। उस महाकाव्य की चर्चा तो अनेक बार उनसे की थी। उसी का स्मरण करते हुए उन्होंने इस पत्र में लिखा था : ''मैंने उन्हें एक नेक सलाह दी है कि भई इस मौके पर उनसे यानी अपनी पत्नी से कहना कि इतावली भाषा पिकअप करें और गुरू से दांते और शेक्सपियर

के संदर्भ में प्रेरणादायक ज्ञान अर्जित करने का कोई मौका चूकें नहीं और जो भी बातें मालूम हों, चूकें नहीं, नोट करती जाएँ।" इसके बाद उन्होंने दांते पर हिंदी में लिखने के लिए मुझसे कहा। इस पैराग्राफ के अंत में उन्होंने अंग्रेजी साहित्य पर यह दिलचस्प राय जाहिर की है : "शेक्सपियर को छोड़कर मैं खुद सारे अंग्रेजी साहित्य से ऊब चुका हूं।" आशय यह कि हमें अंग्रेजी के अतिरिक्त अन्य भाषाओं के साहित्य से भी परिचित होना चाहिए।

इलाहाबाद के समकालीन साहित्यकारों में सबसे असुरक्षित जीवन शमशेर का था। एक कमरे में रहते हैं। उसी में खाना पकाते हैं, फर्श पर सोते हैं। फर्श पर अखबार, किताबें, लिखने-पढ़ने के कागज बेतरतीब फैले हुए हैं। अनेक बार इलाहाबाद में उनसे भेंट हुई। कभी एक मोहल्ले में कमरा और कभी दूसरे मोहल्ले में। मिलने पर खाना बना कर जरूर खिलाते थे। खाना बनाने में भी तरह-तरह के प्रयोग करते थे। जैसे तवे पर भिंडी छौंकना और उनमें दही डालना। बातें अधिकतर कविता पर होती थीं। कविता के संदर्भ में कहीं राजनीति आ जाए तो उस पर बातचीत होती थी। वरना मुख्य विषय कविता ही होता था। बहुत ही स्नेहशील, मिलनसार व्यक्ति थे। स्वभाव में भुलक्कड़पन भी था। एक बार दिल्ली में उनके घर पर मेरे आने और मिलने की बात थी। मैं जब उनके घर पहुंचा तो ताला बंद करके कहीं दूसरी जगह चले गए थे। अवश्य ही उन्होंने ऐसा जानबूझकर न किया था। अंतिम दिनों में रंजना अरगरे, ने उनकी बहुत सेवा की। उनकी रचनाओं को एकत्र करने और उन्हें प्रकाशित कराने में भी उन्होंने महत्वपूर्ण भूमिका निबाही।

शमशेर के समान और शमशेर से कुछ अधिक त्रिलोचन ने कठिन परिस्थितियों में जीवन बिताया। शमशेर से भिन्न उन्होंने इन कठिन परिस्थितियों का बड़े यथार्थवादी ढंग से अपनी कविता में चित्रण किया है। शमशेर से भिन्न वह जन संस्कृति से बहुत घनिष्ठ रूप में जुड़े हुए हैं। उनका पहला पत्र अगस्त १९४४ का है जब वह बूंदी गए थे। वहां उनका उद्देश्य राजस्थानी कविता का अध्ययन करना था। जो लिखी और प्रकाशित कविता थी, उससे अधिक वह लोककविता पर ध्यान दे रहे थे। लिखा था : "यहां राजस्थानी साहित्य का अध्ययन करूंगा। राजस्थान का जनकंठों में मुखरित साहित्य बड़ा सतेज है।" इसके बाद कवि नैनूराम के बारे में लिखा था, जिन्होंने स्वाधीनता आंदोलन में भाग लिया था, कविताओं में जनता को जागृत होने की प्रेरणा दी थी, बाद में उनकी हत्या करा दी गई। त्रिलोचन ने वहां की स्त्रियों के गीत भी सुने और लिखा था : "यहां की महिलाएं भी कम सुबुद्ध नहीं हैं। उनके गीत सर्वथा आधुनिक भावभूमि पर होते हैं।" जन संस्कृति से त्रिलोचन के घनिष्ठ संबंध का प्रमाण इस पत्र में मिलता है।

निराला की जीवनी लिखते समय मुझे उनकी सहायता की जरूरत हुई। जीवनी लिखने में किस तरह की तटस्थता बरतना चाहिए, इसके बारे में त्रिलोचन ने लिखा

"वस्तु स्पर्श के लिए श्रद्धा का कुहासा कम होना चाहिए, तभी कवि प्रत्यक्ष होगा।" बात बिलकुल सही है और मैंने भरसक इस सिद्धांत के अनुसार काम किया था। एक पत्र में उन्होंने बेढब बनारसी और प्रसाद जी के पुत्र रतनशंकर का पता लिखा है। इनसे निराला के पत्र मुझे प्राप्त करने थे। अगस्त १९६४ के पत्र में 'धर्मयुग' में प्रकाशित अमृतलाल नागर पर मेरे लेख का जिक्र उन्होंने किया है। उसके बाद पंत जी के महाकाव्य *लोकायतन* का उल्लेख है। तब तक शायद मैंने वह काव्य पढ़ा नहीं था। उसमें जिन घटनाओं का वर्णन किया गया है, उनका उल्लेख करने के बाद उन्होंने अंत में लिखा : "यार यह 'मतवाला निराला' से भी बढ़ा-चढ़ा झूठ यहां छपा दीखता है। ऐसे में तुम्हारा मौन रहना उचित नहीं है।" कुछ दिन त्रिलोचन सागर विश्वविद्यालय के अंतर्गत मुक्तिबोध सृजन पीठ में रहे। उन्हीं दिनों उनकी पत्नी का देहांत हुआ। मैंने एक संक्षिप्त कार्ड में उन्हें सांत्वना के दो शब्द लिख दिए थे। उसी का उल्लेख सागर से भेजे हुए उनके पत्र में है।

अगस्त १९७१ में उन्होंने यह महत्वपूर्ण सूचना दी : "आधुनिक हिंदी के साथ मैं अपनी अवधी भी लिख रहा हूं। कारण चेतना के विकास में उसका बहुत बड़ा योग है। न लिखना अपनी चेतना का ही काफी कुछ अपने तक ही रोक रखना होता।" यह दिलचस्प बात है कि लगभग उन्हीं दिनों शिवमंगल सिंह सुमन भी अवधी लिखने की बात सोच रहे थे। सुमन ने अनेक पत्र अवधी में लिखे। त्रिलोचन ने अवधी में कविताएं लिखीं। बनारस में जब मिले थे, तब उन्होंने ये कविताएं सुनाई थीं। बाद में वे प्रकाशित भी हुई। यह निश्चित बात है कि चेतना से चाहे जो भी अवधी का संबंध हो, इस भाषा में लिखी हुई रचनाएं सीमित पाठकों तक ही पहुंचती हैं। हिंदी का बहुत बड़ा क्षेत्र है। मूल समस्या जनपदीय भाषाओं की भाव-संपत्ति, शब्द-संपत्ति, उनकी ध्वनि-प्रकृति को समझ कर हिंदी को समृद्ध करने की है। निराला ने अपने गद्य में यह काम बहुत सफलतापूर्वक किया था। सुमन और त्रिलोचन की हिंदी भी बहुत जगह अवधी से मिलती-जुलती है। जितनी ही वह मिलती-जुलती है, उतनी ही वह अधिक समर्थ दिखाई देती है।

अवध से दूर नागार्जुन मिथिला जनपद के कवि हैं। उन्होंने मैथिली में रचनाएं की हैं। हिंदी में तो उनकी रचनाएं प्रसिद्ध हैं ही। जन आंदोलनो से वह घनिष्ठ रूप से जुड़े रहे हैं। सोद्देश्य, राजनीतिक, व्यंग्यपूर्ण रचनाओं के अपने ढंग के, हिंदी में वह एक ही कवि हैं। भारतेंदु युग की परंपरा उनमें पूरे विकास और निखार पर दिखाई देती है। अगस्त १९४६ के पत्र में उन्होंने अपनी हिंदी और मैथिली दोनों भाषाओं में रचनाओं का जिक्र किया है। किसी प्रगतिशील लेखक सम्मेलन में उनसे पहले पहल भेंट हुई थी। भेंट होने पर उनसे बहुत-सी कविताएं मैंने सुनीं, हिंदी में और मैथिली में। कविताएं सुनने के साथ ही हम दोनों में घनिष्ठता हो गई। नागार्जुन ने अपना एक उपनाम 'यात्री' रखा था। बड़ा सार्थक नाम था। त्रिलोचन

की तरह वह भी बहुत कुछ घुमंतू जीवन बिताते रहे हैं। कुछ दिन इलाहाबाद में थे। मैं भी पहुंचने वाला था। कैसी जगह में रहते थे, उसका चित्र यह है : ''यहां जगह मिल सकती है मगर मकान में बिजली और बंबा नहीं है। रामजी के आसरे और सब ठीक है। सामने-पीछे की खिड़कियां खोल दो तो—गंगा भागीरथी पुण्या और छोटी लाइन का पुल बिलकुल करीब है।'' मैं इस घर में गया हूं और खिड़की खोल कर गंगा और छोटी लाइन के पुल का दृश्य भी देखा है। गंगा भागीरथी पुण्या मानो पुरानी दुनिया की याद दिलाती है और छोटी लाइन नई दुनिया की। नागार्जुन का संबंध पुरानी दुनिया से था और नई दुनिया से भी। इस पत्र में उन्होंने निराला से मिलने पर जिस ढंग से निराला बातें करते थे, उसका उल्लेख भी किया है। त्रिलोचन की तरह नागार्जुन भी निराला-काव्य के प्रेमी थे। हम दोनों की मैत्री का यह भी एक आधार था। सन ५७ के पत्र में उन्होंने लिखा था कि वे निराला से मिलने गए। ''आज दारागंज गया था। निरालाजी मध्याह्नोत्तर विश्राम ले रहे थे। सोए हुए थे। फिर भाभी से मिलने हरभजन दास का मंदिर चला गया।'' लौटते वक्त नहीं जा सका निराला जी के यहां २३ को फिर जाऊंगा। ये भाभी वैसी ही कोठरी में रहती थीं जिसकी खिड़की खोलने पर गंगा और छोटी लाइन का दृश्य दिखाई देता था। मैंने उनके दर्शन किए हैं और उनके हाथ का बनाया हुआ भोजन भी किया है। मैंने कहीं लिखा था, वह नागार्जुन की भाभी होने के सर्वथा योग्य हैं। उनसे मिलने जा कर फिर उसी दिन निराला से मिलने का समय न मिला, तो यह कोई बहुत अस्वाभाविक बात नहीं थी। निराला के अतिरिक्त केदारनाथ अग्रवाल की कविताओं से भी नागार्जुन को प्रेम था। मैत्री का यह दूसरा आधार था। वह बांदा गए। केदार के साथ रहे। उन पर कविता लिखी। ''बांदा स्मृति और केदार पर कुल मिलाकर ६६ लाइनों की एक लंबी कविता तैयार की है। खूब अच्छी बनी है। मिलने पर सुनाऊंगा।'' केदार ने भी नागार्जुन के बांदा आने पर कविता लिखी थी। कवियों के अतिरिक्त वह वृंदावनलाल वर्मा के साहित्य के प्रेमी भी थे। मैं तो था ही। लिखा था : ''और यदि मूड आ गया तो दो-तीन रोज झांसी वृंदावनलाल वर्मा के साथ कुछ वक्त बिताने की लालसा जाने कब पूरी होगी।'' यह तब की बात है जब वह आगरा आने वाले थे। आगरा तो आए थे। उसके बाद झांसी गए कि नहीं, मुझे ठीक याद नहीं। कभी-कभी उनका गद्य शमशेर की याद दिलाता है : ''अब, चूंकि, अप्रैल के अंत तक यहां रहना ही है और फिर सितंबर में दिल्ली वापस लौटकर इसी प्रकार दूसरे अप्रैल तक यहां रहना है यानि प्रति वर्ष ८ महीने के अनुपात में दिल्ली निवास का इरादा...

अरे भाई नहीं!

अरे भाई, हां!''

ये पत्र कहां से लिखा था, यह पता लगाना कठिन नहीं है क्योंकि अंतर्देशीय

पत्र पर पीछे राजकमल प्रकाशन, दिल्ली छपा हुआ है। अपने वाक्यों की व्याख्या करते हुए आगे उन्होंने लिखा : "दरअसल बात यह है कि यहां प्रकाशकीय सुविधाएं इतनी प्रचुर हैं कि अगले १०-२०-३० वर्ष यदि यहीं गुजार सकूं तो जाने कितना विपुल वाङ्मय लोगों के लिए सुलभ कर दूं। जी, साहब!...आधा दर्जन बड़े प्रकाशक मुझे थिरकाते रहते हैं—साहब, इत्ता अच्छा आपकी मार्किट है, मगर आप तो जाने क्या करते रहते हैं। लिखते ही नहीं...आदि आदि। अब बतलाओ तुम्हीं कि अर्जुन नागा नाम का यह जंतु क्या करे।" अपने नाम की संधि का विच्छेद करके अर्जुन वह ले आए पहले और नागा रखा बाद में। दिलचस्प बात है कि मई सन् ४६ में उन्होंने जो पत्र लिखा, उसमें नाम भिक्षु नागार्जुन लिखा था। नागार्जुन को भिक्षु रूप में अब शायद ही कोई याद करता हो। १६५७ के पत्र में नागार्जुन ने लिखा था : "नियत है कि चार रोज जमकर तुम्हारे साथ रहूं।" जमकर साथ रहने का मतलब है खूब कविताएं सुनाएं और खूब बातें करें। १६८१ में मैं दिल्ली आ गया था। अप्रैल १६८३ में नागार्जुन ने लिखा : "पहली मई को ४ बजे अवश्य पहुंच रहा हूं...इस बार बातें तो होंगी ही, कविताएं भी सुनाएंगे हिंदी और संस्कृत की ताजा रचनाएं..." उसके बाद केदार एक बार दिल्ली आए। मैं उनके साथ नागार्जुन के घर उनसे मिलने गया। फिर सुना वह अस्वस्थ रहने लगे हैं और दरभंगा चले गए हैं। नागार्जुन के बहुत से पत्र मेरे पास थे। उनकी रचनावली में उन्हें छापने के लिए उनके पुत्र शोभाकांत मेरे पास आए थे। मैंने पत्र दे दिए थे। असावधानी से कुछ पत्र रह गए, वे इस संग्रह में दिए जा रहे हैं।

भारत में जितनी कम्युनिस्ट पार्टियां हैं, उतन ही उनसे जुड़े हुए साहित्यिक संगठन हैं। इन सबकी गतिविधि पर नागार्जुन ध्यान रखते थे। नवंबर १६७० के पत्र में उन्होंने लिखा था : "अफ्रो-एशियाई का बड़ा जोर है...तुम तो नहीं आ रहे? युवक साहित्यकारों ने १६ वाली मीटिंग में मुल्कराज की बड़ी रगड़ाई की... शिवदान और सज्जाद ज़हीर भी खींचे गए..." त्रिलोचन की तरह कभी-कभी नागार्जुन उग्रपंथियों के जन संस्कृति मंच के प्रति भी अपनी सहानुभूति प्रकट करते थे। इसी पत्र में आगे लिखा है : "यह साफ है कि इंदिरा पंथी और रूस पंथी साहित्य-पुरोहितों की अगवानी में बाहर के काफी मेहमान यहां जुटेंगे। बाहर से गुरिल्ला जन-पुत्रों के बारे में भले ही दो-चार शब्द कह सुन लिये जाएंगे मगर श्रीकाकुलम् में, बंगाल में, और अन्यत्र सैकड़ों की तादाद में जो धरती-पुत्र मारे जा रहे हैं, उनकी याद तक नहीं की जाएगी। ठीक है सरकारी हिंसा हिंसा न भवति।" जो गुरिल्ला मारे जा रहे थे, उनकी हत्या का विरोध करना उचित था। पर साथ ही यह बताना भी आवश्यक है कि इक्का-दुक्का या छोटे-मोटे गुट बनाकर हिंसा करने से क्रांति नहीं होती। क्रांतिकारी आंदोलन किस तरह का होता है, यह १६४६ के जन-उभार का अध्ययन करने से ज्ञात होगा। बड़े पैमाने पर मजदूरों और किसानों का संगठन

किए बिना हिंसक या अहिंसक किसी तरह की क्रांति भारत में संभव नहीं है। इन उग्रपंथियों के साथ एक कठिनाई यह भी है कि वे भारत की जातीय समस्या नहीं समझते, हिंदी प्रदेश की एकता पर जोर नहीं देते। भारत में जो दीर्घ काल से राष्ट्रीय चेतना का विकास हुआ है, उसे नजरंदाज करते हैं। परंतु इन सब भ्रांतियों का बहुत बड़ा कारण प्रमुख कम्युनिस्ट पार्टियों की अपनी कमजोरी है। वे भारत में, और विशेष रूप से हिंदी प्रदेश में, एक शक्तिशाली जन-संगठन खड़ा नहीं कर पाए और कांग्रेस की नीतियों से जब ज़नता में क्षोभ बढ़ा, तो उससे लाभ उठाया दक्षिणपंथी प्रतिक्रियावादी दलों ने। इसलिए नागार्जुन की आलोचना से बिदकने के बदले उस पर ध्यान देना चाहिए कि ऐसा लेखक जो कम्युनिस्ट आंदोलन से इतना घनिष्ठ रूप में जुड़ा हुआ था, वह ऐसी बातें क्यों लिख रहा है। मेरी नीति यह है कि सभी कम्युनिस्ट गुटों को राजनीतिक स्तर पर अल्पतम कार्यक्रम तय करके संयुक्त आंदोलन चलाना चाहिए और इसी तरह साहित्य में विभिन्न प्रगतिशील संगठनों को अल्पमत कार्यकम तय करके मिलकर अपना साहित्यिक आंदोलन चलाना चाहिए। एक-दूसरे की आलोचना जरूर करते रहें, पर साथ मिलकर काम करना भी जरूरी है। बहुत-सी बातें सिद्धांत-चर्चा से स्पष्ट नहीं होतीं। वे काम करने और अनुभव प्राप्त करने से ही स्पष्ट होती हैं।

अपनी समझ में नागार्जुन के सारे पत्र मैंने शोभाकांत को दे दिये थे। फिर भी कुछ पत्र रह गये। यह असावधानी केवल नागार्जुन के पत्रों के साथ नहीं हुई, केदार नाथ अग्रवाल के पत्रों के साथ भी हुई है। *मित्र संवाद* में मैंने उनके और अपने, अपनी समझ में, सारे पत्र दे दिए थे। फिर भी कुछ पत्र बचे रह गए थे। उन्हें मैं इस संग्रह में दे रहा हूं। उनके सिवा *मित्र संवाद* के छपने के बाद केदार नाथ के अनेक पत्र मुझे मिले हैं। उन्हें भी दे रहा हूं। जहां अपने पत्र मिल गए हैं, उन्हें भी केदार, सुमन तथा अन्य लेखकों के पत्रों के साथ दे रहा हूं।

क्रम से यदि कोई केदार के पत्र पढ़े तो वह प्रति सप्ताह, प्रति मास, प्रति वर्ष कवि का जीवंत चित्र देख सकेगा। परिवेश से कवि का संबंध, उस पर उसकी प्रतिक्रिया, उसकी शारीरिक और मानसिक स्थिति, इस सबका चित्रण इन पत्रों में मिलेगा। जाड़ा पड़ने लगा है। वह कल्पना करते हैं, दिल्ली में किस तरह का जाड़ा होगा। किसान की तरह 'भद्दर' शब्द का प्रयोग करते हुए कहते हैं : "भद्दर जाड़ा से दिल्ली जड़ा रही है। यहां तो सुबह शाम कुछ ठंड रहती है। दिन तो गरमाए रहता है।" दिल्ली की ठंड की कल्पना करके वह बांदा के मौसम से प्रसन्न हैं। (२-२-६३) लेकिन बांदा में गर्मी भयानक होती है। "बेहद गर्मी है। जानलेवा है। बांदा तो भट्टी हो गया है। धधक रहा है।" (८-६-६३) मौसम बदलता है। चाहे बांदा में हो और चाहे दूर मद्रास में, वसंत आने पर मन उमंग से भर जाता है। होली का दिन है। "उत्तर प्रदेश के यहां आये लोग तो रंग अबीर और गुलाब

से लाल हो रहे हैं और मद्रास के बौरे मौसम में भंग बूटी छान कर भोले बाबा की जय बोल रहे हैं। मथुरा की होली को साकार कर प्रसन्न हो रहे हैं। अभी तो हम रंग से बचे, सफेद, बैठे पत्र लिख रहे हैं। पर बेटे की ससुराल में आज दोपहर का भोजन है। इसलिए तब तो बच पाना संभव न होगा और रंगीन हो जाएंगे। मजा तो आता ही है इस बुढ़ौती में भी जब तन मन दोनों रसिया उठते हैं। भला कोई बात है कि परिवेश में फूल रंग मारें और हवा नाचे और धूप गुदगुदाती रहे और आदमी ठूंठ की तरह बेजान खड़ा रहे।'' (२५-३-७८) यह केदार की मस्ती का आलम है।

प्रसिद्ध है, केदार प्रकृति प्रेमी हैं। फूलों पर, सूर्योदय पर, केन नदी पर उन्होंने बहुत ही सुंदर कविताएं लिखी हैं। पर कभी-कभी नगर के दृश्य भी उन्हें लुभाते हैं। ''मद्रास की माउंट रोड रात में मुझे बेहद खूबसूरत लगती है। प्रकाश में जैसे सौंदर्य सजीव हो जाता है। मन पर एक मायावी भाव छा जाता है।'' (१८-३-७८) केदार के परिवेश में राजनीतिक घटनाक्रम शामिल है। उसे भी वह ध्यान से देखते हैं : ''जनता पार्टी खोखले राजमार्गियों की पार्टी है। ये जो चरण सिंह—देसाई कांड की नौटंकी हमने-तुमने देखी है, दिलचस्प जरूर है पर नतीजा कुछ भी नहीं निकलता ढहते मकान की बुनियाद से भूत निकले हैं। वे नया क्या बनाएंगे।'' (१७-७-७८) ढहते मकान की बुनियाद के भूत—कवि की भाषा में उन्होंने समकालीन राजनीति पर अपनी प्रतिक्रिया व्यक्त कर दी है। क्रांति तो लोग होने न देंगे। ये सब चभुआ जमात के लोग उसे होने ही न देंगे। अपने लोग भी तो धर्म धुरीण हैं न, सब सहते रहेंगे।'' अर्थात् जो दक्षिण पंथी लोग हैं, वे तो क्रांति विरोधी हैं ही परंतु वाम पक्ष के लोग भी बहुत धैर्य धारण किए हैं। सक्रियता मानो उनकी क्षीण हो गई है। केदार जैसे दूसरों को आलोचनात्मक निगाह से देखते थे, वैसे ही चाहते थे मैं भी उनकी रचनाओं को आलोचनात्मक निगाह से देखूं। उनके प्रकाशक शिवकुमार सहाय मेरे द्वारा चुनी हुई उनकी रचनाओं का संकलन छापना चाहते थे। उसकी भूमिका लिखनी थी। केदार ने कहा : ''एक बात कहूं, निःसंकोच होकर लिखना भूमिका। मुझे अपनी कमजोरियां जानकर बहुत अच्छा लगेगा, अपने को ऊपर उठाने की सूझबूझ मिलेगी।'' (२०-२-७८) किसी की रचना अच्छी लगे तो थोड़े से गूढ़ शब्दों में वह उसकी विवेचना कर देते हैं। अमृतलाल नागर का उपन्यास *मानस का हंस* उन्होंने पढ़ा। ''अच्छा लगा था। तुलसीदास बोले तो जैसे नागर बोले। दोनों के जीवन जुड़कर एक हो गए हैं।'' (१८-३-७८) नागर जी की यहां ऊंचे दर्जे की प्रशंसा है और निराधार नहीं है। बहुत तन्मय होकर उन्होंने *मानस का हंस* लिखा था।

केदार के और मेरे स्वभाव में कुछ बातें समान हैं और कुछ भिन्न हैं। मैं योजना बनाकर काम करता हूं, केदार योजनाओं से दूर रहते हैं। ''सब कुछ स्कीम

बनाकर लिखा जाता। अपनी-अपनी क्षमता होती है। मेरी क्षमता जो है, वही मुझसे लिखवा लेती है।'' यहां क्षमता का अर्थ है स्वतःस्फूर्त प्रतिभा। कविता अपने आप फूटनी चाहिए। योजना बनाकर कविता नहीं लिखी जाती। वैसे कविता लिखने के लिए छोटी-मोटी योजना वह बना ही लेते हैं : ''एक दिन शाम हो गई थी तब सागरतट पर गया था। अब किसी दिन फिर जाऊंगा सवेरे, सूर्योदय देखने। शायद कोई कविता पकड़ जाऊं।'' (१८-३-७८) मुझे कैसे लिखना चाहिए, कम-से-कम उन्हें पत्र कैसे लिखना चाहिए, इसकी सलाह वह देते हैं। कोई पुरस्कार मिला था। मैंने उसके बारे में उन्हें कुछ न लिखा। उन्होंने दूसरों से सुना या अखबार में पढ़ा। लिखा : ''अरे भाई, कभी-कभी तो सहज साधारण आदमी बनकर जी की जैसी कह दिया करो। ऐसा नहीं है कि भीतर हवा पहुंचे और चिंतन की कारा न टूटे और तुम्हारा मन सोंठ ही बना रहे।'' योजना बनाकर काम करने का मतलब है चिंतन के जेलखाने में बंद हो जाना, बाहर से हवा आए तो मन को सोंठ बनाए रखना। ''आखिर आदमी तो हो और सूक्ष्म संवेदनशील भी हो। शिकायत नहीं, यह तुम्हें झकझोर रहा हूं। बोलो, थोड़ी देर को विद्वान न रहो, हम जैसे खुले बन जाओ और सब कुछ अनाप-शनाप लिख भेजो।'' (२७-७-७८) उन्हें पत्रों में मैंने काफी अनाप-शनाप लिखा है। पर पत्र लिखने में देर हो जाए तो वह अवश्य बेचैन हो उठते हैं दिल्ली की बात है। ''घर के लोग आ गए। घर में धूमधाम रही। यह सब तुम्हें बांधे रहा। लिखा-पढ़ी के जंगल में नहीं खोए, यह तो शुभ समाचार रहा।'' (८-७-६२) लिखा-पढ़ी का जंगल, उसमें रामविलास खो गया है। बाहर के लोग आ जाएं, घर में धूमधाम रहे तो कुछ समय के लिए वह मुक्त हो जाएगा।

अपने पत्रों में केदार अक्सर अपने शरीर के शिथिल होने की बात कहते हैं पर मन साधे रहते हैं : ''काल बलवान है। उसके आगे कुछ नहीं ठहरता। कवि अपनी कविता द्वारा उस पर विजय पाता है। इसके लिए साधना आवश्यक है।' स्वतःस्फूर्त कविता, उसके साथ साधना, दोनों विरोधी चीजें मालूम होती हैं। परंतु वास्तव में ऊंचे दर्जे की स्वतःस्फूर्त कविता उन्हीं के मन से फूटती है जो अपना मन साधे रहते हैं। केदार कहते हैं : ''काल की सवारी शब्द और अर्थ ही मिलकर करते हैं। तभी अपने गंतव्य पर उस बिगड़ैल घोड़े को ले जा पाते हैं। मैंने तो उस पर जो सवारी की है, वह सहज सरल भाव से, पुचकार कर की है। वह दुलत्ती मारता तो मैं धराशायी हो जाता।'' (२०-२-७८) अठारह साल बाद उन्होंने लिखा : ''घर पर ही पड़ा रहता हूं। साधे हूं तन-मन दोनों को।'' (१६-६-६६) इस साधना-अवस्था में कभी-कभी उनके चेतना-पटल पर बहुत ही अर्थ व्यंजक बिंब उभरते हैं। मैंने कवि सुमन के बारे में उन्हें कुछ लिखा था। उन्होंने कहा : ''अरे, सुमन तो नाम है उनका। वह तो भटकटैया के पेड़ हैं। सदा से ही उलट-पलट कर जाते हैं। नई बात नहीं है।'' (१३-५-६२) पर इस भटकटैया के पेड़ में बहुत

से फूल लगे हैं और उनमें बड़ा रस है। पाठक यह बात आगे के पत्रों में देखेंगे।

१६४०-५० के दशक में बहुत-से कवि प्रगतिशील थे। उनमें अनेक बहुत अच्छी कविताएं लिखते थे, कुछ सुमन से ज्यादा अच्छी कविताएं लिखते थे, पर उस समय का कोई भी कवि मुझे याद नहीं जो जनता के बीच अपनी कविता सुना कर उसे इतना प्रभावित कर सका हो। जन कवियों की बात अलग है। मैं यहां मानक हिंदी में कविता लिखने वालों की बात कर रहा हूं। दस हफ्ते दस साल हो गए, मॉस्को अब भी दूर है यह कविता पच्चीसों बार जन समूहों में सुमन ने सुनाई होगी। उस समय सोवियत संघ के प्रतिरोध पर बहुत-सी कविताएं लिखी गई थीं। उनमें सबसे अच्छी और सबसे ज्यादा प्रसिद्ध कविता यही थी। बंगाल में अकाल पड़ा। उस अकाल पर भी बहुत-सी कविताएं लिखी गईं। सुमन ने जो कविता लिखी, वह बहुत प्रभावशाली थी। उसे भी उन्होंने बड़े-बड़े जनसमूहों में सुनाया था। कविता द्वारा कम्युनिस्ट पार्टी की नीति को लोकप्रिय बनाने में एक समय सुमन ने बहुत महत्वपूर्ण भूमिका निबाही थी। कम्युनिस्ट पार्टी से उनके घनिष्ठ संबंध थे। "इस बीच मैं बंबई गया था विक्रम जयंती के कवि सम्मेलन में भाग लेने। पार्टी में भी कविता पाठ हुआ था। जोशी से, (अर्थात् कम्युनिस्ट पार्टी के महासचिव पूरनचंद जोशी से) २ घंटे बातें हुई। उनका कहना है कि नौकरी छोड़ दो और बंबई चले आओ। उन्होंने यह भी सूचित किया कि तुम भी ऐसा ही निश्चय कर चुके हो।" मैंने ऐसा कोई निश्चय न किया था। "रमेश, 'लोकयुद्ध' या 'जनयुग' के संपादकीय विभाग में काम करने वाले पत्रकार, रमेश सिन्हा तो बहुत ही आग्रह कर रहे थे और तब से इस विषय में दो पत्र भी लिख चुके हैं। तुम अपना निश्चय और इस विषय में सारा हाल विस्तार से लिखो। मैं जून में बंबई रह कर काम करने का वायदा भी कर आया हूं।" (२७-४-४४)

१६४७ के उत्तरार्ध में अज्ञेय को अभी हिंदी लेखक प्रगतिशील कवियों में ही गिनते थे। "अज्ञेय से इस बार तुम्हारी बड़ी चर्चा रही, प्रायः नित्य ही। उन्होंने शरणार्थियों पर एक दर्जन कविताएं लिखी हैं। तुम्हें सुनाने को उत्सुक थे। पहले-पहल प्रगतिवाद के क्षेत्र में उतरे हैं। तुम अवश्य ही सुन कर प्रसन्न होगे।" (८ नवंबर, १६४७)

सुमन कभी-कभी अवधी में पत्र लिखते थे या हिंदी के बीच में अवधी वाक्यों और शब्दबंधों का प्रयोग करते थे। जब-तब मैं भी उन्हें अवधी में पत्र लिखता था। अवधी में लिखा जाए या मानक हिंदी में, इस तरह की समस्या अनेक जनपदीय लेखकों के सामने उस समय थी। इसी विषय पर विस्तार से मैंने *भाषा और समाज* में लिखा था। मई १६४८ में मैंने सुमन को लिखा था : "तुम तो जनपदवादी हो न।" फिर हिंदी जाति की अवधारणा प्रस्तुत करते हुए मैंने कहा था : "हमारे पुरखे जनपदीय बोलियों में लिखते थे। फिर उन्होंने बोली छोड़ दी और उनकी संतान

खड़ी बोली में लिखने लगी। यह किस कारण? कारण यह—याक नई नैशनैलिटी बनाते रहे, ई बरे।'' जो नई नैशनैलिटी बन रही थी, वह हिंदीभाषी नैशनैलिटी अथवा जाति थी। सुमन की अधिकतर रचनाएं मानक हिंदी में हैं। परंतु जब-तब उनके अंदर अवधी-प्रेम जोर मारता था और वह सोचते थे, अवधी में लिखना चाहिए। ६० के दशक में उन्होंने अनेक पत्र मुझे अवधी में लिखे। उन्होंने सुझाव दिया कि मैं आधुनिक अवधी कविता पर समीक्षा लिखूं। मैंने कहा : ''आज की अवधी में अच्छी कविताएं बहुत कम हैं। तुम कुछ अपनी कविताएं अवधी में कर डालो। इसके सिवा निराला की अच्छी चुनी हुई रचनाओं को भी अवधी में उतारो। 'जूही की कली' से शुरू करो और 'राम की शक्ति पूजा' से समाप्त करो।'' इस पर उन्होंने लिखा : ''कविताओं के अवधीकरण का प्रश्न उतना आसान नहीं है जितना मैं समझता था। विशेष कर निराला की अभिव्यंजना को समेट सकना कशिश का काम है। फिर इस बीच मेरा स्वास्थ्य भी गड़बड़ा गया था।'' यह बात सितंबर १९६८ की है।

सुमन बैठकबाज़ आदमी हैं। जिन लोगों के बीच वह रहते हैं, वे मानक हिंदी का व्यवहार करते हैं। जनसमूहों में, कवि सम्मेलनों और गोष्ठियों में, जहां भी सुमन कविताएं सुनाते हैं, वह जानते हैं, अवधी कविताएं बहुत कम लोगों में लोकप्रिय होंगी। हिंदी से ही वह बहुत बड़े जन समुदाय को प्रभावित कर सकते हैं। जनता से दाद पाए बिना, उसके प्रोत्साहन के बिना सुमन की प्रतिभा मंद पड़ जाती है, यह बात वह अच्छी तरह जानते हैं। इस तरह उनका सांस्कृतिक परिवेश उन्हें हिंदी में कविता लिखने पर विवश करता है। गद्य तो वह अधिकतर हिंदी में लिखते ही रहे हैं। केवल पत्रों में उन्होंने जब-तब अवधी का प्रयोग किया है।

सन् ४७ से पहले की रचनाओं में उनका राजनीतिक स्वर बुलंद है। क्रमशः वह मद्धिम पड़ता गया। १९४८ में जन आंदोलनों पर सरकारी दमन का जोर था। नरोत्तम नागर के साथ मैंने 'हंस' का दमन-विरोधी अंक निकाला था। उसके लिए सुमन से लिखने को कहा था। परंतु वह टाल गए। २० जनवरी १९६२ के पत्र में उन्होंने लिखा था : ''कल एम.ए. को 'बादल राग' पढ़ाया तो नए अर्थ झलके। विगत दो दशकों में हमारे प्रगतिवादी प्रलाप व्यर्थ लगे।'' निराला के 'बादल राग' के आगे बड़ों-बड़ों के आलाप व्यर्थ लग सकते हैं। जहां तक प्रगतिवादी परंपरा का संबंध है, प्रगतिवाद से हटकर जिन लोगों ने कविताएं रचीं, वे और भी व्यर्थ लगेंगी।

सुमन के जीवन में कभी-कभी आत्मसाक्षात्कार के क्षण आते हैं। उन क्षणों में वह स्वयं को बहुत स्पष्ट रूप में देखते हैं। जब वह वाम पक्ष के बहुत नजदीक थे, तब ऐसे एक क्षण का वर्णन यह है : ''पार्टी का यह संकटकाल मुझे व्यथित करता रहा है और कर रहा है। पर अब जैसे सारी छटपटाहट अंदर ही अंदर घुटकर

रह जाती है। व्यंजना का द्वार नहीं मिलता। जानता हूं, यह मेरी कायरता है, ओछेपन की द्योतक। बिखर सा गया हूं। जानता हूं तुम लोगों की साधना निखार पर है।" (२४ दिसंबर १६४५) जब वह वाम पक्ष से कुछ दूर थे, तब ऐसे ही एक क्षण में उन्होंने लिखा था : "तुम निराला की कोटि के आदमी हो, इसलिए तुम्हारी बात के भीतर जो बात होती है, उसे समझता हूं। साथ ही अपनी नालायकी भी समझता हूं।" (२० जनवरी १६६२)

मित्र की कमज़ोरियां जानना और फिर भी मैत्री बनाए रहना, यह एक स्थिति है। मित्र की कमज़ोरियां जानना और यह समझना कि उसकी अच्छाइयां इनसे बढ़कर हैं, यह दूसरी स्थिति है। सुमन की कमज़ोरियां मैं समझता हूं लेकिन वह बुनियादी तौर पर बहुत भले आदमी हैं। सहृदय हैं, दूसरों के दुख-दर्द में उनकी सहायता करते हैं। इसलिए उनकी कमज़ोरियों को तरह देने का सवाल नहीं है। मैं उनकी मैत्री को अपने लिए मूल्यवान समझता हूं। मेरे मित्र नरोत्तम नागर घुमंतू पत्रकार थे। 'संघर्ष' निकाला। कुछ अंक निकाले। फिर वह सोशलिस्ट पार्टी का मुखपत्र बन गया। नरोत्तम ने कुछ दिन 'चक्कलस' में काम किया। इलाहाबाद से 'उच्छृंखल' निकाला। दो-तीन अंक निकाले, फिर बंद हो गया। बाद में वह 'हंस' के संपादक बने। उस समय का एक विवरण सुमन ने मुझे लिखा था : "नरोत्तम की दशा बहुत ही चिंताजनक थी। धीरे-धीरे निराला जी के पथ की ओर खिसक रहे थे। ठीक दशहरे के दिन उनका सामान मकान मालिक ने फिकवा दिया था। उनकी पत्नी और बच्चे सड़क पर खड़े कर दिए गए थे और वह भी उनकी गैरहाजिरी में।" यह पत्र ८ नवंबर १६४७ का है। भारत स्वाधीन हुआ। स्वाधीनता का यह स्वाद नरोत्तम नागर को शीघ्र ही मिल गया। उस समय सुमन ने उनकी सहायता की : "तुम्हें यह जानकर संतोष होगा कि फिलहाल मैंने नरोत्तम को 'हंस' संपादक के रूप में १५० रु. मासिक पर काशी बुला लिया है। ग्रेड २०० की करा दी है जो ६ मास के भीतर ही पूरी कर देनी होगी। इस सबको तय करने में बड़ी झकझक उठानी पड़ी। सुनोगे तो समझ जाओगे कि बहुत से पार्टी मेंबर भी शेर की खाल ओढ़े हुए हैं।" अब आप समझ सकते हैं, हिंदी प्रदेश में वाम पक्ष का आंदोलन शक्तिशाली क्यों नहीं है।

सुमन का पहला पत्र १६४३ का है। अंतिम पत्र १६६८ का है। दीर्घकाल तक हम लोगों की मैत्री बनी रही है। जो लोग जवानी में मित्र बने, वे बुढ़ापे में भी मैत्री निभाते रहें, यह जीवन का बड़ा सुखद अनुभव होता है। लिखने-पढ़ने में उससे प्रेरणा भी मिलती है।

पत्रों को प्रेस के लिए तैयार करते समय लिखावट पढ़ने में बार-बार कठिनाई हुई। मैथिली शरण गुप्त, दिनकर, गिरिजा कुमार माथुर जैसे लेखकों के अक्षर बड़े-बड़े और स्पष्ट होते थे। त्रिलोचन और नरेंद्र छोटे अक्षर लिखते थे। फिर भी वे बहुत

स्पष्ट होते थे। सुभद्रा जी के अक्षर कहीं-कहीं अस्पष्ट होते थे पर कुल मिलाकर पढ़ने में कठिनाई न होती थी। बच्चन के अक्षर सबसे छोटे होते थे। पर वे भी पढ़े जा सकते थे। सबसे ज्यादा कठिनाई पंत जी के पत्रों में हुई। कुछ लोगों को नागरी लिपि जल्दी लिखने में कठिनाई होती है। मेरे साथ भी यह बात है। पंत जी ने कठिनाई दूर करने के लिए हिंदी की एक तरह की शिकस्त लिपि ईजाद की थी। अलंकरण प्रिय थे। अ बनाया तो एक इंच लाइन ऊपर, एक इंच लाइन के नीचे चला आया। बाकी अक्षर समतल भूमि पर। वह अ प में लकीरें जोड़कर न बनाते थे। उ वाला अ बनाते थे। और उ तो था ही। अ की तरह उ के भी छल्ले बनाते थे। कभी-कभी आधा वृत्त बना देते थे, बीच में उ की चोंच नदारत! आप समझ लीजिए, यह उ है। वाक्य के आरंभ के अक्षर बड़े और आगे क्रमशः छोटे होते जाते थे। बहुत से लोग पत्रों में तारीख लिखने की तरफ ध्यान नहीं देते। उनमें मेरी गिनती भी है। जो पत्र यहां दिए गए हैं, उनमें कहीं तो पूरी तारीख है और कहीं केवल दिन और मास का उल्लेख है। वर्ष गायब है। जहां तक बन सका, अनुमान से यह खामियां मैंने पूरी की हैं। हो सकता है, कई जगह भूल हुई हो। जो भी हो, ये सभी स्वीकार करेंगे कि ये पत्र ऐतिहासिक महत्व के हैं। बहुत दिन तक संजोए रखने के बाद उन्हें हिंदी संसार को अर्पित करते हुए मुझे प्रसन्नता है।

केदार के पत्रों में निरंतरता है। लंबे-लंबे अंतराल नहीं हैं। सुमन के पत्रों में लंबे-लंबे अंतराल हैं। निरंतरता का अभाव है। कुछ पत्र १६४५ में या उसके आसपास लिखे गए हैं। वह एक समूह है। अन्य पत्र १६६२ में या उसके आसपास लिखे गए हैं। वह दूसरा समूह है। शेष पत्र १६६७ और ६८ के आसपास लिखे गए हैं। यह तीसरा समूह है। इनमें सुमन के लिखने का ढंग, सोचने का ढंग, मुझे संबोधित करने का ढंग बदलते गए हैं। क्रमशः उनके चिंतन में गहराई आती गई है। इस गहराई के साथ भावों में भी एक गंभीरता दिखाई देती है। जनपद से उनका लगाव बहुत जगह सराहनीय है। मेरी पुस्तक *अपनी धरती अपने लोग* पढ़कर उन्हें अपने गांव की याद आई। उसका बहुत ही अच्छा वर्णन उन्होंने किया है। इसके साथ ही अपने विवाह का वर्णन किया है जो उनकी आत्मकथा का बहुत अच्छा अंश हो सकता है। ऐसा सरस गद्य उन्होंने कम ही लिखा है। वास्तव में यहां जैसी सरसता है, वैसी उनकी कविताओं में भी कम मिलती है।

कुछ बातों में मतभेद बना हुआ है। वह समझते हैं स्तालिन के समय में तानाशाही जकड़बंदी थी। उसके बाद रूस उससे मुक्त हो गया। मैं इससे सहमत नहीं। मेरा कहना है कि यदि जकड़बंदी होती तो उससे छूटने के बाद सोवियत संघ को और मजबूत होना चाहिए था। इसके बदले हुआ यह कि सोवियत व्यवस्था ही नष्ट हो गई। उसके बाद जो कुछ हुआ, उससे रूस की हालत भारत से भी बदतर हो गई।

हमारे अधिकांश बुद्धिजीवी रूस या भारत या पाकिस्तान की घटनाओं का विश्लेषण अमरीकी साम्राज्यवाद पर ध्यान दिए बिना करते हैं। साम्राज्यवादी व्यवस्था १६४५ के बाद और सुदृढ़ हुई है। उसका निश्चित ध्येय रहा है कि सोवियत संघ का नाश किया जाए। जो काम हिटलर नहीं कर सका था, वह काम अमरीकी पूंजीपतियों ने गोर्बाचोव जैसे राजनीतिज्ञों की सहायता से पूरा किया। मुख्य बात यह है कि जब से विदेशी पूंजी की आमद सोवियत संघ और पूर्वी यूरोप में शुरू हुई तब से उसके साथ अमरीकी पूंजीपतियों के एजेंट भी सक्रिय हुए। उन्होंने भीतरघात करके समाजवादी व्यवस्था का नाश किया। जो प्रचार अमरीकी पूंजीवादी लेखक स्तालिन और रूस के खिलाफ करते थे, वही प्रचार 'न्यू टाइम्स' जैसे रूसी पत्रों ने किया। वही प्रचार गोर्बाचोव और उनके अनुयायियों ने किया। भारत के बहुत-से बुद्धिजीवियों ने यह सब सोचे-विचारे बिना स्वीकार कर लिया। पर इससे भारत का अहित हुआ है। सोवियत संघ भारत का बहुत बड़ा मित्र था। कश्मीर के मामले में वह भारत का समर्थन बराबर करता रहा था। साम्राज्यवादी गुट और सोवियत गुट में यह फर्क था। तीसरी दुनिया के देशों को सोवियत संघ से बहुत सहायता मिली। सोवियत संघ के नाश हो जाने के बाद अमरीकी पूंजीवाद सर्वशक्तिमान हो गया। पर यह याद रखना चाहिए कि इस पूंजीवाद का अंतर्विरोध स्वयं अपने देश की जनता से है, वहां के काले आदमियों से और वहां के मूल अमरीकी आदिवासियों से है और सारी दुनिया की जनता से है। जापान, जर्मनी जैसे आगे बढ़े हुए पूंजीवादी देशों से है। एक दिन यह अंतर्विरोध उग्र रूप धारण करेगा और निश्चित है कि अमरीकी पूंजीवाद का नाश होगा। भविष्य मार्क्सवाद के साथ है और जो लेखक मार्क्सवाद के साथ आगे बढ़ेंगे, वे संसार के और अपने देश की जनता की सेवा करेंगे। ऐसा मेरा विश्वास है।

सुमन के पत्रों में जहां-तहां मेरी अतिशयोक्तिपूर्ण प्रशंसा है। उसके लिए मैं पाठकों से क्षमा मांगता हूं।

२५ नवंबर १६६८

—रामविलास शर्मा

श्रीराम

गिरगांव
१-१२-४३

प्रिय डॉक्टर साहब,

कृपा पत्र मिला। अनुग्रहीत हुआ।

आज के प्रगतिवाद में मैं तो अपने को स्वयं पिछुड़ा हुआ अनुभव करता हूं। मेरे संस्कार भी अन्य प्रकार के हैं। शरीर भी शिथिल पड़ गया है। आपका अनुग्रह है जो आपने मुझे आमंत्रित किया है। आपकी आज्ञा का पालन करने से मुझे संतोष ही होगा परंतु अपनी असमर्थता का विचार करके नहीं कह सकता, सफल हो सकूंगा या नहीं।

लखनऊ से आप आगरे चले गए। देखिए, कब दर्शन होंगे। लखनऊ में फिर भी आशा कर सकता था।

कृपा रखिए।

आपका
मैथिलीशरण

(मैं उन दिनों 'हंस' के कविता विभाग का संपादन करता था। उसी के लिए गुप्त जी से कविता भेजने को कहा था।)

दिल्ली
१४-२-४५

प्रिय रामविलास,

उस दिन मुझे रात भर तुम्हारी चिंता बनी रही। शिवमंगल सिंह सुमन तो तुम्हारे साथ रात भर रहे होंगे न? खाना वाना कुछ कहीं बचा मिल सका था क्या ? क्या कहूं मुझे मालूम होता कि तुम इस प्रकार अपनी गाड़ी चुका बैठोगे तो शायद अम्बाला जाना ही स्थगित कर देती। अम्बाले की यात्रा तो बुरी नहीं रही पर वहां का सारा वातावरण ही दम घुटा देने वाला था। कल यहां से बनारस और फिर वहां से १७ को सबेरे कलकत्ता मेल से रवाना होकर जबलपुर जाऊंगी। तुम्हें, तुम्हारे बच्चों और पत्नी जिनका नाम भी मैं नहीं जानती मेरा प्यार। और जबलपुर पहुंच तुम्हारा पत्र पाने पर लिखूंगी। तुम्हारा पत्र तो मुझे पहुंचने पर मिलेगा ही।

तुम्हारी जीजी

(सुभद्रा जी और सुमन की बातों में मेरी गाड़ी छूट गई, उस रात मैं जैनेन्द्र जी के यहां रहा। सुमन भी मेरे साथ रहे होंगे, ठीक याद नहीं।)

Subhadra Kumari Chowhan,
M.L.A.

569, Wright Town

JUBBULPORE

४-४-१९४५

प्रिय रामविलास,

ईस्टर की छुट्टियां कब आईं और कैसे चली गईं मुझे मालूम ही न हो सका। उन दिनों मैं दिल्ली थी। ममता (अपनी छोटी बच्ची) को लेकर गई थी डॉक्टर

जोशी को दिखलाने। परिणाम तुम्हें क्या लिखूं जबकि तुम ममता की हालत ही नहीं जानते परंतु मेरे लिए तो दुःखप्रद बात हुई। ख़ैर।

पंत जी फिर से बीमार हो गए हैं। सिस्टर ने उन्हें देख लेने की इजाजत तो दी पर बोलने के लिए कतई मने कर दिया था। और पंत जी बीमार, दुबले, पहले से भी अधिक कमजोर एक पलंग पर ओढ़े हुए लेटे थे। उसी समय उन्हें स्पंज बाथ दिया गया था। और आइसक्रीम का नाश्ता करके लेटे थे। देखा, नमस्ते किया उत्तर में उन्होंने भी हाथ जोड़े। उनकी हालत देख कर हृदय भर आया और आंखें भी। मैं एक मिनट के बाद ही वहां से बाहर चली आई। मेरे साथ जैनेन्द्र और यशपाल जैन भी थे।

सुधा के विवाह की तिथि २६ अप्रैल निश्चित हुई है। तुम्हें आना है इसे तुम तो भूले न होगे अपने साथ यदि सुमन को भी ला सके तो बड़ी सुंदर बात हो। मुकुल को मैं अलग से लिख रही हूं। सुमन का तो पता जानती ही नहीं। और क्या लिखूं। कांतिचंद्र के दो पत्र मेरे पास आए हैं जिसमें उसने मेरठ की उसी बात के बाबत न जाने क्या-क्या पूछा है जिसके लिए तुम्हारा उससे झगड़ा हो गया था पर मैं तो कुछ नहीं जानती मैं क्या लिखूं ! सबको प्यार भरा स्नेह

स्नेह के साथ तुम्हारी
जीजी

(ममता के मुख बनक में विकार था। इससे सुभद्रा जी चिंतित रहती थीं। मुकुल—राजस्थान के कवि मेघवर्मा मुकुल। मेरठ की घटना का वर्णन मेरी पुस्तक 'अपनी धरती अपने लोग'(खंड १, पृष्ठ ११५) में है। वहां मैंने कांतिचंद्र का नाम नहीं लिया। सुधा के विवाह में मैं शामिल हुआ था।)

५६६ राइट टाउन
जबलपुर
२४-४-४५

प्रिय रामविलास,

पहुंचने की सूचना तार से देना जिसमें तुम्हें मेरे घर तक पहुंचने में कष्ट

न हो। स्टेशन पर 'मुकुल' पुस्तक लिये हुए मेरे लड़के तुम्हें मिल जाएंगे। तुम्हारे पत्र से मुझे बड़ा सुख मिला। तुम सुमन और मुकुल को भी लाओ किसी तरह से। मेरे रिश्तेदार तुम्हीं लोग तो हो और तुम्हीं लोगों से मुझे उम्मीद है साथ रहने और साथ देने की...

बच्चों को प्यार

तुम्हारी जीजी

('मुकुल' सुभद्रा जी का कविता संग्रह। सुधा का विवाह जाति प्रथा के बंधन तोड़कर हुआ था, इसीलिए साथ रहने और साथ देने की बात कही गई है।)

५६६ राइट टाउन
जबलपुर
१८-५-४५

मेरे भैया,

तुम्हारा पत्र मिला। मैं तुम्हें क्या बताऊं कि तुम्हारे पत्र से मुझे कितना जीवन मिला। यदि मैं पहले लिखती और तुम उसका उत्तर देते तो यह खुशी न होती। ख़ैर। अपनी यात्रा का हाल क्या लिखूं जबलपुर किसी तरह पहुंच गई यही क्या कम है ? और दूध बादाम का सेवन तो जारी है पर कोई लाभ भी होगा इसमें मुझे संदेह है। आंगन आजकल मुन्ना राजा और उसकी मित्र मंडली सींचा करती है। गर्मी यहां खूब पड़ने लगी है। कल्लू मल्लू (शोभा, सेवा) भुवन, ललित, विजय और मालकिन सबकी फोटो अपने साथ खिंचवा के भेजो। मुझे चाहिए। मैं तो फोटो खिंचवाते डरती हूं कहीं फील्ड मार्शल से तुम्हें भी डर न लगने लगे। मैं एक कहानी लिख रही हूं तुम्हारे पास भेजूंगी। तुम जन-प्रकाशन गृह वालों से मेरी पुस्तक के बारे में बातचीत (लिखा-पढ़ी) करना। भाभी (तुम्हारी मालकिन) और बच्चों को प्यार—

तुम्हारी जीजी

ममता भी तुम्हें बहुत याद करती है।

५६६, राइट टाउन
जबलपुर
४-६-४५

भाई,

तुमने एक पत्र के बाद फिर दूसरा पत्र लिखा ही नहीं। कभी-कभी मुझे बड़ी चिंता हो जाती है। जो केवल बात ही भर करना जानते हैं तुम उन व्यक्तियों में से नहीं हो। इसीलिए तुम्हारी यह लम्बी चुप्पी चिंता का कारण हो गई है। और यहां का हाल क्या लिखूं। सब ठीक ही समझो। जगदीश की शादी में यहां २३ की शाम को मेल से आए थे और २६ को उसी मेल से चले गए जिससे तुम गए थे। मुन्ना राजा प्रायः तुम्हारी याद करके रो दिया करते हैं और कहते हैं 'I love him more than God' ममता भी अपनी भाषा में 'डाक्टर को फिर बुलाओ मां' आग्रह किया करती है। सुधा छोटे, बड़े सभी तुम्हें प्रेम से याद करते हैं। और तुम जिस महिष-नंदन से प्रेम करते हो, उनका अभी कुछ ठिकाना ही नहीं है। जाने कब उनका शुभागमन होगा ? मालकिन, भुवन विजय ललित और कल्लू मल्लू सबको मेरा प्यार कहना। आज शाम को (क्योंकि यह समय ११ बजे रात का है) जीवन नायक आया था। कहता था कि प्रगतिशील लेखक संघ का साहित्य जो तुम भेजने वाले थे उसे तुरंत भेज दो। हम लोग उसके अनुसार कुछ अपने नियम इत्यादि बना कर ढंग से काम करना चाहते हैं।

स्नेह के साथ–

तुम्हारी जीजी

(जगदीश–संभवतः कोई संबंधी। महिष नंदन–सुभद्रा जी के यहां भैंस थी जो ब्याने वाली थी। जीवन नायक–लेखक और राजनीतिक कार्यकर्ता।)

तार (१५ अगस्त '४५)

OK I JUBBULPORE, L 1513 RAMVILAS SHARMA MEHTABMAHAL WAZIRPURA AGRA

GOING DELHI ATTEND GRANDTRUNK SEVENTEENTH

SUBHADRAKUMARI

प्रिय रामविलास,

तुम मुझे पत्र क्यों नहीं लिखते ? क्या बहुत व्यस्त हो, कोई दूसरी पुस्तक लिखना आरंभ कर दिया है ? या 'नया साहित्य' के लिए सामग्री जुटा रहे हो ? मेरा तो लिखना पढ़ना बंद ही सा है। तुमने जो देखा था वही जीवन, सुबह से शाम तक गृहस्थी की चक्की में जुती रहती हूं। कभी-कभी मुझे अपने ऊपर भी तरस आता है। लिखना पढ़ना चाहती हूं पर लिख पढ़ नहीं सकती। इधर सिर दर्द भी पीछा नहीं छोड़ता। तुमने बादाम दूध के सेवन के लिए कहा था और तुम्हारे जाने के बाद से लगातार बादाम दूध का सेवन किए जा रही हूं। पर कोई अंतर नहीं जान पड़ता। पिछले माह २२ मई से दर्द शुरू होकर ३१ मई तक होता रहा। इधर ८, ९ दिन ठीक रहा फिर आज से वही दर्द सिर में उठा है और सात आठ दिन तक जरूर चलेगा। अब क्या कहूं जी तो यह चाहता है कि सिर ही साफ कर दिया जाए। जब सिर ही न रहेगा तो दर्द कहां उठेगा। पर यह सिर भी क्या मेरा अपना है ?

हां मैंने इलाहाबाद के बुकसेलर रामनारायण लाल को १५0 रुपए इलाहाबाद के डॉ. प्यारेलाल श्रीवास्तव के द्वारा भिजवा दिए हैं उन्हीं के द्वारा यह पुस्तकों का सौदा हुआ था। अब तुम लिखो तुमने मेरे कहानी संग्रह के लिए क्या किया है। मुझे आजकल रुपयों की जरूरत है और मैं अपनी पुस्तकें कहीं न कहीं प्रकाशित करवाना चाहती हूं। 'तीन बच्चे' कहानी मैंने हंस में अमृत को दे दी है। पत्र तुम जल्दी लिखना मैं आजकल शरीर और मन से भी अस्वस्थ हूं भाई। कुछ समझ में नहीं आता क्यों। मालकिन और सब बच्चों को प्यार।

प्रगतिशील लेखक संघ का साहित्य जो तुम भेजने वाले थे भेजना।

तुम्हारी जीजी
५६६, राइट टाउन, जबलपुर
७-६-४५

५६६, राइट टाउन
जबलपुर
१६-७-४५

प्रिय भाई रामविलास,

बहुत दिनों के बाद जो यह पत्र लिख रही हूं तो यह मत समझना कि मैं कुछ बीमार थी पर पत्र लिखने का मूड नहीं था और क्या लिखूं। आज भी कुछ वैसी ही तबीयत है पर तुम्हें कुशल समाचार देना है। मेरे लिए तुम हर जगह कुशल ही कुशल समझो। मालकिन और बच्चों को प्यार। मेरी कापी पर कितनी कविताएं लिखी हैं ? भैंस अभी नहीं ब्याई पर कल्याणी को (गाय) छोटी बछिया हुई है। और घर में खूब दूध दही होने लगा है। बोलो तुम कब आओगे ? भैंस के दूध से ही तो विशेष प्रेम नहीं है न ?

तुम्हारी जीजी

प्रिय भाई,

१६-७-४५ को यह पत्र लिख कर रखा पर पोस्ट नहीं कर सकी। फिर २० तारीख को वकील साहब छूट कर आ गए। तब से आज कल करते करते आज ३१ तारीख आ गई और तब कहीं यह पत्र जल्दी जल्दी में लिख रही हूं। लोकयुद्ध में तुम्हारी निराला परिषद वाली योजना (अस्पष्ट-किसी पत्र) में पढ़ी। अमृत यहां सात तारीख को आ रहे हैं। कुछ दिन रहने के बाद सुधा के साथ जाएंगे। तुमसे बहुत सी बातें करनी हैं। मैं अगस्त के तीसरे सप्ताह शायद सिरसा (पंजाब) जाऊंगी, तब कुछ घंटो के लिए आगरा जरूर उतरूंगी।

तुम्हारी जीजी

(वकील साहब–सुभद्रा जी के पति)

५६६, राइट टाउन
जबलपुर
७-६-४५

प्रिय रामविलास,

मैंने जो सोचा था वही हुआ। घर से तो मालकिन ने तुम्हें ठेलठाल के भेजा होगा। पर तुम्हारी पार्टी आफिस में तो मुझसे सहानुभूति रखने वाला कोई भी न था न। इसीलिए तुम वहां से उठकर न आ सके। आगरा स्टेशन पर बिस्तर वगैरह बांध कर मैं उत्सुकता से बाहर देख रही थी न जाने क्या क्या मन में आ रहा था पर तुम्हारे न आने से बड़ी निराशा हुई। ख़ैर तुम्हारे पास ठहरने का दिन मैंने दिल्ली में बिताया। पर तुम्हारी इस लापरवाही के लिए मैं तुम्हें कभी क्षमा न करूंगी अर्थात् अब कभी आगरा न आऊंगी।

तुम्हें चिट्ठियां न लिखा करूं ? तुमने उस दिन लिखा था कि यदि मेरा पत्र न आता तो तुम मेरी कापी पर बहुत सी कविताएं लिख जाते और पत्र मिलने से न लिख सके। वैसे ही शायद अब पत्र न लिख सकूं करीब १५ दिन तक लगातार भयंकर सिर दर्द के बाद कल से दर्द सहने लायक हुआ है। अभी तक गया नहीं है। यही हालत रही तो लिखना पढ़ना हो भी कैसे सकेगा ? बादाम दूध अब पीना संभव नहीं है। दूध घर में ही होता है पर बादाम जरा समस्या हो गई है। पर कोई चिंता की बात नहीं है। ललिता शंकर और उनकी पत्नी प्रायः यहां आ जाया करते हैं। उनकी दवा से मुझे सिर दर्द में लाभ हुआ है। तुम जबलपुर कब आओगे ? क्या मेरे लिखने मात्र से ही आ सकोगे ? तुमसे मिलने को कभी कभी बहुत जी चाहता है। ख़ैर, यह सब व्यर्थ की बातें हैं। आजकल लोकयुद्ध की जबान बड़ी तीखी हो रही है। सुभाषचंद्र जी के (की) मृत्यु के बाद भी उनके खिलाफ लिखना और 'पंडित नेहरू' सरीखी कविताएं छापना मुझे केवल पीड़ा ही पहुंचाती है। क्या इसका कोई उपाय नहीं है ? सब को प्यार।

तुम्हारी जीजी

(जहां तक याद है, मैं राजामंडी स्टेशन गया था। ग्रांट ट्रंक एक्सप्रेस लंबी गाड़ी थी और इस स्टेशन पर बहुत थोड़ी देर रुकती थी। कुछ दूर ढूंढा होगा और

गाड़ी चल दी होगी। इसलिए उनसे भेंट न हो सकी। राजामंडी से पहले आगरा कैंट स्टेशन पड़ता है। संभव है, वह वहां मेरी प्रतीक्षा करती रही हों। 'आगरा स्टेशन' आगरा कैंट ही होगा। 'मेरी कापी'—कविता लिखने के लिए उन्होंने एक कापी मुझे दी थी।)

हिमालय

पुस्तक भंडार
बांकीपुर (पटना)
१६-२-४६

प्रिय डॉक्टर साहब,

यहां हिमालय नामक मासिक पुस्तक का प्रकाशन आरंभ हुआ है। अंक सम्मत्यर्थ आपकी सेवा में जा रहा है।

हमारी इच्छा है कि आप हिमालय के लिए लिखें। आप जो कुछ लिखेंगे, वह (कार्ड का कुछ अंश फट गया है) पाठ्य होगा। अतएव प्रार्थना है, आगामी अंक के लिए कोई लेख अवश्य भेजने की कृपा करें।

शेष कुशल है। आशा है आप प्रसन्न होंगे।

आपका
दिनकर

कनूलाल रोड, मीठापुर, पटना
१८-१२-४६

प्रिय शर्मा जी,

अब तक न तो पुस्तकों की पहुंच ही आई और न मेरे पत्र का उत्तर ही। आशा है अब तक आप पुस्तकों को देख चुके होंगे। दूसरी पुस्तक में विज्ञप्ति के तौर पर आपकी सम्मति छपवाना चाहता हूं। आशा है आप समय निकाल कर दस-पांच पंक्तियां लिख भेजने की कृपा करेंगे। श्री शिवदान सिंह का पता

आजकल क्या है ?

आठ दिनों के भीतर आपकी सम्मति आ जानी चाहिए।

आपका
दिनकर

कनूलाल रोड, मीठापुर, पटना
२८-१२-४६

प्रिय डाक्टर साहब,

आपका २४/१२ का पत्र मुझे कल शाम को मिला। कुरुक्षेत्र का नाम भी नहीं पा कर उत्साह टूट गया। जब आपको पसंद नहीं, तब और किससे पूछूं ? गद्य तो यों ही शगल है। आत्मा तो मेरी कुरुक्षेत्र में ही बसती है। अगर कुछ भी पसंद आया हो तो, एक छोटी-सी सम्मति लौटती डाक से अवश्य भेजिए।

मैं मार्क्सवाद का विद्वान् नहीं हूं, न पुस्तक सामने रख कर ही लिखा करता हूं। यों ही वातावरण ने जो संस्कार दे दिया है, उसी के बल पर गद्य और पद्य दोनों चलते हैं। फिर भी, आपकी आज्ञा के अनुसार सुयोग पाने पर अपना मन्तव्य मैं स्पष्ट करूंगा। कुछ जरूरी भी हो रहा है।

हिमालय से मेरा संबंध इतना ही है कि मेरे दो मित्र उसके संपादक हैं। आरंभ में जिस शर्त पर मैं सहयोग देना चाहता था, वह चली नहीं। लिहाजा, मैं भी केवल शामिल बाजा की तरह बज रहा हूं। मेरा पत्र हिमालय के पते पर मत भेजा जाए।

आपका लेख तो हिमालय के लिए गौरव होना चाहिए।

कृपा करके कुरुक्षेत्र पर अपना Reaction अवश्य, अवश्य और शीघ्र लिखिए।

विश्ववाणी में आलोचना निकलवा दें।

आपका
रामधारीसिंह दिनकर

(विश्ववाणी संभवतः सोशलिस्ट पार्टी के लोग निकालते थे और बैजनाथ सिंह विनोद उसके संपादक थे।)

११, केनिंग लेन
नई दिल्ली
४-५-६१

प्रिय शर्मा जी,

उदयाचल को प्रेषित आपका कार्ड आज मुझे यहां मिला। पहुंच की सूचना देने के लिए धन्यवाद। अवकाश कब तक मिलेगा ?

एक शुद्धिपत्र परिशिष्ट के लिए भेजा गया था। उसे सटवा देंगे।

आपका
दिनकर

११, केनिंग लेन
नई दिल्ली
८-८-६१

प्रिय रामविलास जी,

कार्ड मिला। यह जानकर बहुत चिंतित हुआ कि आपकी बच्ची बीमार है और आप इस व्ययसाध्य रोग के चक्कर में हैं। माफ कीजिए, मैंने आपको असमय टोक दिया। क्षय की असाध्यता तो अब नहीं रही, किंतु रोगी और अभिभावक, दोनों को अत्यंत मनोयोगपूर्वक इलाज की प्रक्रिया पूरी करनी पड़ती है। सो, लिखने-पढ़ने की बात तो अभी भूल ही जाइए। भगवान करे कि बच्ची स्वस्थ हो जाए और आप धीरज से उसकी देख-रेख कर सकें।

मैं अब अच्छा हूं, किंतु स्वास्थ्य एक बार उन्मूलित हो चुका है। कुशल ही समझिए। परिशिष्ट का संशोधन जा रहा है।

आपका
दिनकर

(मझली बेटी सेवा की बीमारी का उल्लेख है। कुछ दिन बाद वह स्वस्थ हो गई थी।)

२, साउथ एवेन्यू लेन
नई दिल्ली
१८-१०-६६

प्रिय रामविलास जी,

शुद्ध कविता की खोज नामक मेरा नया ग्रंथ आपको मिल गया होगा। पढ़ कर अपनी प्रतिक्रिया बताने की कृपा करें।

आपका
रामधारीसिंह दिनकर

(यह आलोचना पुस्तक थी।)

५, सफदरजंग लेन,
नई दिल्ली-११
जुलाई, १३, १९६९

प्रिय रामविलास जी,

निराला की साहित्य-साधना पढ़ी, पढ़ी ही नहीं, कई दिनों तक उसमें डूबा रहा। आपने वह काम किया, जो कोई नहीं कर सकता था। ऐसा लगता है, मानो आरंभ से ही आप एक-एक घटना को जुगाते रहे थे। केवल रिसर्च के बल पर इतना सुंदर ग्रंथ तैयार नहीं हो सकता था। यह आपकी जीवन-व्याधिनी सतर्कता और सावधानता का परिणाम है। निराला जी धन्य हैं कि उन्हें आपके समान जीवनी-लेखक मिला। और धन्यवाद के पात्र आप भी हैं कि आपने निराला जी के समान चरित-नायक के जीवन-वृत्त पर आरंभ से ही इतना ध्यान रखा था। निराला जी और आप, दोनों लेखक अपनी-अपनी कृतियों के बल पर अमरता के अधिकारी थे। किंतु इस ग्रंथ ने आप दोनों की अमरता को और भी पुष्ट कर दिया। बहुत दिनों के बाद हिंदी में एक ऐसी पुस्तक निकली है जो सभी साहित्यिक-केंद्रों में उत्साह से पढ़ी जाएगी।

पंतजी ने तो निराला जी की साधना की ओर संकेत किया ही है, मैं भी बराबर यह अनुमान लगाता था कि निराला जी किसी न किसी साधना के दौर से गुजरे थे। आपकी पुस्तक पढ़ कर यह प्रत्यक्ष हो गया कि उनकी साधना का रूप क्या था। इस वर्णन में आपने अपनी तर्क-बुद्धि का उपयोग भी किया

और उसे तटस्थ भी रखा, इससे बड़ी खुशी हुई।

पुस्तक में कई वाक्य ऐसे हैं, जो डायरी में दर्ज कर लेने के योग्य हैं। एक वाक्य मैंने भी दर्ज किया है जो मेरे अपने जीवन का अप्रिय निचोड़ है। वह छोटा-सा वाक्य यह है कि "कलाकार के लिए भी गृहस्थ-जीवन भार है।"

इतनी सुंदर पुस्तक लिखने के लिए मेरी हार्दिक बधाई स्वीकार करें।

आपका
रामधारीसिंह

प्रोफेसर डाक्टर रामविलास शर्मा
राजपूत कालेज
आगरा (उ.प्र.)

डॉ. हरिवंश राय बच्चन,
एम.ए., पी.एच.डी. (कैन्टब)

विदेश मंत्रालय
नई दिल्ली
५-११-५८

आदरणीय डॉ. रामविलास शर्मा जी,

नवंबर के 'समालोचक' में जनगीता की आलोचना के लिए आभारी हूं।

अनुवाद शब्दशः नहीं किया गया। मौलिक के शब्द छूटने फिर अनुवाद में नए शब्द जुड़ने की संभावना है। भावों को ग्रहण करने का प्रयास भी है—भावों को ग्रहण करने में मेरी सीमा तो है ही। अनुवाद में आदर्श तुलसीदास रहे हैं। गीता की न जाने कितनी पंक्तियां मानस में अनुदित हैं। अनुवाद में उन्हीं के सिद्धांतों को पकड़ने का प्रयत्न किया गया है।

चौपाई का अर्थ ? दयानिधि साईं, सब ताईं माहिं गुरुजन-रुधिर-सरन्ह आइहि—सबसे (सब लोगों से) मुझे गुरुजनों के रक्त की सरन्ह (सड़न-सड़ांध-दुर्गंधि) आएगी। आइहि क्रिया का कर्त्ता आप चाहें तो 'सरन्ह' मान लें।

जनगीता की कुछ और त्रुटियों की ओर आप मेरा ध्यान आकर्षित करेंगे तो आपका आभार मानूंगा।

आशा है आप स्वस्थ एवं प्रसन्न हैं।

भवदीय
बच्चन

विदेश मंत्रालय, नई दिल्ली
२५-११-५८

प्रिय रामविलास जी,

पत्र के लिए धन्यवाद।

मेरा ऐसा ख़्याल है कि खड़ी बोली में जो 'सड़न' है उसे अवधी में 'सरन्ह' कहेंगे। शायद ऐसा प्रयोग कभी सुना भी है। नहीं तो क्या कहेंगे ?

जनगीता की त्रुटियों पर विस्तार से आप प्रकाश डालें इससे बढ़कर मेरा सौभाग्य नहीं हो सकता। मैं गर्मियों तक प्रतीक्षा करूंगा।

मैंने गत वर्ष मैकबेथ का अनुवाद प्रकाशित किया था। इस वर्ष उसे रंगमंच पर ला रहा हूं। मेरी पत्नी को अभिनय का शौक है। वे लेडी मैकबेथ का पार्ट कर रही हैं। अभिनय १८,१९,२०,२१ दिसंबर को फाइन आर्ट्स हाल, ओल्ड मिल रोड पर कल शाम से होगा। क्या ऐसा संभव हो सकता है कि आप आकर एक शो देखें ?

हिन्दी के इस नाटक के अभिनय का यह पहला अवसर है। आप इस पर अपनी सम्मति देने के अधिकारी होंगे। मुझे प्रसन्नता होगी यदि आप आकर देख सकें और अपनी मूल्यवान सम्मति दे सकें। मैकबेथ यदि सफल होता है तो मैं ओथोलो भी रंगमंच पर लाना चाहूंगा। नाटक समाप्त हो चुका है। हमें इस प्रयोग के लिए प्र.स. से सम्पूर्ण आर्थिक सहायता मिली है। १८ दिसंबर को वे हमारा अभिनय देखेंगे भी।

खेद है कि समालोचक के लिए कुछ न लिख सका। मंत्रालय के कार्य के अलावा अपने समय-योग्यता के परिधि में कुछ नियमित नहीं कर पाता हूं। अगले वर्ष एक काव्य संग्रह, एक शेक्सपियर का अनुवाद और अपना जीवन संस्मरण लिखने का plan है। शेष कृपा।

भवदीय
बच्चन

विदेश मंत्रालय, नई दिल्ली
७-३-६०

प्रिय डॉ. रामविलास जी शर्मा,

एक कष्ट देने के लिए यह पत्र।

राजपाल एंड संज हिंदी के लोकप्रिय कवि सिरीज़ में सुमित्रानंदन पंत पर एक पुस्तक मुझसे लिखाना चाहते हैं।

इसमें मैं एक परिशिष्ट में ऐसी पुस्तकों की सूची देना चाहता हूं जो पूर्णतः अथवा अंशतः पंत जी पर लिखी गई हों। आप वहां अधीत हैं। पुस्तकालय भी आपको सुलभ है। मेरी कुछ सहायता कर सकें तो बहुत आभारी हूंगा। मैं निम्नलिखित सूचनाएं चाहता हूं।

पुस्तक का नाम, लेखक का नाम, प्रकाशक का नाम, नगर, प्रथम प्रकाशन की तिथि (सन् में)

अंशतः लिखित पुस्तकों में निबंध विशेष का संकेत।

सहयोग सहायता के लिए अग्रिम धन्यवाद।

पत्रोत्तर की प्रतीक्षा कर रहा हूं।

भवदीय
बच्चन

१३, विलिंगडन क्रिसेंट, नई दिल्ली-११
२-४-६३

सम्मान्य बंधु,

मैंने आपकी पुस्तक 'निराला' वी.पी. से मंगाने के लिए आपके प्रकाशक को लिखा था।

पर उन्होंने आपके आदेशानुसार पुस्तक भेंट स्वरूप भेज दी।

कृपया मेरा आभार स्वीकार करें।

मैं पूरी पुस्तक को ध्यान से पढ़ गया हूं और इससे निराला संबंधी मेरा ज्ञान बढ़ा है। मेरे निराला संबंधी लेख के संबंध में आपने जो लिखा है उसके

लिए मैं कृतज्ञ हूं। निराला के प्रसंग में स्मरण किया जाना किसी के लिए भी स्पृहणीय है। फिर आप जैसे सुधी के द्वारा।

न जाने किसने मुझे समाचार दिया कि आजकल आप बांह की किसी चोट के कारण कष्ट में हैं।

मेरी शु.का. कि आप जल्द अच्छे हों।

मेरा एक काव्य संग्रह निकला है—चार खेमे, चौंसठ खूंटे—यदि रुचि हो तो भेज कर प्रसन्नता होगी। यथा सुविधा सूचित करें।

सविनय
बच्चन

विदेश मंत्रालय, नई दिल्ली-११
१३-४-६३

सम्मान्य बंधु,

कृपा पत्र के लिए धन्यवाद। 'चार खेमे, चौंसठ खूंटे' की प्रति आज रजिस्ट्री बुक पोस्ट से आपकी सेवा में भेज रहा हूं।

यदि इससे आपका यत्किंचित मनोविनोद हो सके तो मुझे प्रसन्नता होगी।

संतोष है कि आपका हाथ ठीक हो रहा है। 'हिन्दी टाइम्स' में आपके पत्र से भी आश्वस्त हुआ था।

साभिवादन,

बच्चन

KENILWORTH
SHILLONG
The 30th June, 1943

To

Dr. Ramvilas Sharma,

प्रिय रामविलास जी,

Thank you for your letter. I am glad to be forgiven the loss of the manuscripts. I hope, however, that your promised duplicates will come by the promised date, i.e., early in July.

By the way, the poems you had sent to Didi in Meerut were forwarded to me rather late and so did not get lost with the rest of the manuscript. Below I am giving a list of first lines to remind you. All these together will make about two pages of print, so you are still to send me matter enough for fourteen pages. और वक्तव्य भी।

I have not been keeping very good health lately, but I am carrying on anyhow.

Please remember me to our friends-good, bad and indifferent.

अस्वस्थ होने के कारण टाइप की सुविधा का प्रयोग कर रहा हूं, क्षमा करें।

आशा है सानंद हैं।

स्नेही
वात्स्यायन

जो मेरे पास हैं :
१. वह सहज बिलम्बित मंथर गति–(शीर्षक 'कवि')
२. संस्कृति के स्वर्णरथ (शीर्षक 'रेत' : दधाति ओषधीषु गर्भम्)
३. चांदी की झीनी चादर सी (शीर्षक 'चांदनी')

Kenilworth, Shillong
१७-१०-४३

प्रियवर,

आपकी कविता, वक्तव्य और जीवन कथा की अभी तक प्रतीक्षा कर रहा हूं। सप्ताह गए और महीने भी हो गए; आशा है आप अब निश्चित मायने में काम कर रहे हैं और इसलिए मेरी प्रार्थना की ओर ध्यान दे सकेंगे। मैं आठ दस दिन में कलकत्ते जा रहा हूं जहां दो चार दिन की छुट्टी लूंगा; इस अवकाश में पुस्तक को प्रेस में दे देना चाहता हूं। मेरी साधना और तपस्या की ओर आपको कुछ तो ध्यान देना चाहिए।

आशा है आप सानंद हैं। यहां कुछ नई बात नहीं है—सब कुछ ज्यों का त्यों—अफीमचियों का देश है !

सस्नेह
वात्स्यायन

रेल में, दिल्ली
११-११-४३

भाई,

कलकत्ते से तार किया था। पुस्तक आधी छपी रखी है, अतः आपको अवश्य ही शीघ्रातिशीघ्र सब सामग्री भेजनी चाहिए। जीवन तथ्य, वक्तव्य, कविताएं—कुल सामग्री लगभग २० पृष्ठ अथवा १000 लाइन। तुरंत ही इस पते पर भेज दीजिए :

स.ही. वात्स्यायन
C/o Bharat Bhushan Agrawal
203, Chittaranjan Ave., Calcutta

मैं १६ ता. को कलकत्ते और २० को शिलंग पहुंच रहा हूं। १६ को पुस्तक का शेषांश प्रेस में चला जाए तो दिसम्बर के पहले सप्ताह में पुस्तक निकल जाएगी।

स्नेही
वात्स्यायन

Kenilworth
Shillong
Assam

प्रियवर,

रात यहां पहुंचा। आपकी कविताएं मिलीं। पर ये तो बहुत कम हैं—कुल सामग्री ४ पृष्ठ की है और हमें कम से कम १० पृष्ठ चाहिएं अर्थात् आपने अभी आधी भी कविताएं नहीं भेजीं। और पहली बार जो भेजी थीं वे इसमें हैं भी नहीं। वे क्या हुईं ?

कृपया लौटती डाक से और सामग्री भेजिए। और साथ ही कविता के विषय में कुछ वक्तव्य भी—पिछली बार जो आपने लिखा था वह ठीक था, वैसा या नया कुछ लिख दीजिए—१000 से लेकर २५00 शब्द तक। और साथ में कुछ biographical सामग्री दीजिए—जन्म कब कहां, शिक्षा कब कहां, लिखा-छापा क्या, रुचियां इत्यादि। पुस्तक आधी छप गई है और अब और देर की गुंजाइश नहीं है, अतः निवेदन है कि तुरंत ही सामग्री भेज दीजिए, यह न सोच बैठिएगा कि "अब क्रिसमस की छुट्टी में करूंगा—" क्योंकि उन छुट्टियों से पहले हम पुस्तक आप तक पहुंचा देना चाहते हैं।

अभी इतना ही।

सस्नेह,

आपका
वात्स्यायन

२२-११-४३

Kenilworth
Shillong
५-१२-४३

भाई,

आपका २६-११ का कार्ड अभी मिला है। आज ५-१२ है—सप्ताह हो गया। आशा है आप लिपि आज भेज चुके होंगे। प्रेस वाले मगज चाट रहे हैं मेरा। और मैं स्वयं भी सोच रहा हूं कि पुस्तक को काफी देर हो गई—बड़ा depressing असर होता है।

सस्नेह,

वात्स्यायन

Kenilworth
Shillong
१४-१२-४३

भाई,

आपकी प्रेषित काव्य सामग्री अभी मिली है। धन्यवाद। किंतु उसके साथ न वक्तव्य है और न परिचय। निश्चय ही आप जंजाल समझ कर मेरा काम निपटा रहे हो ? पर जब आपने इतना कष्ट किया है तो उतना और कीजिए। मैंने पहले ही आग्रहपूर्वक कहा था कि ये दोनों चीजें न भूलिएगा...अभी उनके लिए फिर तार दिया है—पत्र के आने जाने में भी पंद्रह दिन लग जाते हैं और काम आगे ही ऐसा पिछड़ा है कि बस।

सस्नेह,

वात्स्यायन

(वक्तव्य २००० शब्द तक हो सकता है, परिचय ३५0 शब्द तक। पिछले हंस में से 'सत्यं शिवं सुंदरम' भी दे रहा हूं—आशा है आप चौकेंगे नहीं।)

ए ७५/डी २, मोती बाग
नई दिल्ली

प्रियवर,

आपको तार सप्तक के पुनः मुद्रण के बारे में एक पत्र लिखा था। उत्तर की प्रतीक्षा में हूं।

आशा है आपको यह विचार पसंद आएगा और आपका सहयोग समय पर मिल जाएगा।

आपका
वात्स्यायन

१२-६-५८

१४, हेस्टिंग्स रोड
इलाहाबाद
१८-६-४७

भाई,

नमस्कार।

प्रतीक की योजना की बात आपने इससे पहले सुनी ही होगी। अब वह योजना कार्यान्वित हो रही है। पहला संकलन प्रेस में जा रहा है। हम लोग इलाहाबाद आकर जम गए हैं—पता ऊपर दिया है। नेमिचंद जी भी आ गए हैं, और दो चार दिन में भारतभूषण के भी आने की आशा है।

पहला संकलन अप्रैल में निकाल देना चाहते हैं, उसके बाद नियमित रूप से निकलेगा ही।

इस अंक के लिए आप से अनुरोध है कि कुछ न कुछ अवश्य भेजें। एकाध अंक निकलने के बाद तो आप on merits ही तय कर सकेंगे कि 'प्रतीक' सहयोग का पात्र है कि नहीं, पर अभी तो आपको केवल अनुरोध मान कर ही लिखना होगा। जो आपकी इच्छा हो भेजें—अगर कुछ व्यंग्यात्मक हो तो और भी अच्छा—social satire कुछ दें तो हमारी एक कमी पूरी होगी। और भविष्य के लिए भी जो सुझाव आप पेश करें। दूसरे तीसरे अंक के लिए क्या लिख सकेंगे, यह अभी

से सूचित कर सकें तो हमें बहुत मदद मिलेगी।

'प्रतीक' के लिए समय-समय पर आलोचनाएं लिख सकेंगे ? पुस्तकें हम भिजवाएंगे—(एक अंक के लिए एक से अधिक पुस्तक नहीं !) और समालोचना पर भी पारिश्रमिक दिया जाएगा। सभी रचनाओं पर स्वीकृति के बाद पारिश्रमिक देने की व्यवस्था कर रहे हैं।

आशा है कि आपका सहयोग हमें मिलता रहेगा—अभी परिचिति के नाते और फिर 'प्रतीक' की intrinsic पात्रता के।

सस्नेह,

आपका
वात्स्यायन

'प्रतीक'

१४, हेस्टिंग्स रोड
इलाहाबाद
१९४७

प्रियवर,

आपका कार्ड मिला।

आपकी आज्ञानुसार 'लामकाने' लौटाए दे रहा हूं। 'संप्रति' और 'प्रतीक' के लिए सुविधानुसार कुछ भेजेंगे, यह प्रार्थना है।

पत्रसंग्रह भी लौटा रहा हूं। जैसा कि मैंने लिखा, संग्रह महत्व का है, और पूरा हो जाए तो उसे हम सहर्ष छापेंगे—यदि आप हमें प्रकाशक के रूप में इस लायक समझें कि हम उसे ले सकें।

जब तक वह संग्रह तैयार हो, तब तक मैं यह उचित और हितकर ही समझता कि कुछ फुटकर पत्र छपते, पर आगे आप मालिक हैं। मैं तो एक बार फिर कहूंगा कि आप कुछ पत्र छापने दें—निराला जी का आपके नाम, पंत जी के निराला जी के नाम। मैंने तो अनुमति मांगने के लिए पंत जी को लिख भी दिया था।

आपके आदेशों की प्रतीक्षा करूंगा।

सस्नेह,

वात्स्यायन

पता : A 75-D II Motibagh
New Delhi 3
२-६-५८

प्रिय रामविलास जी,

मेरा पत्र पाकर आपको आश्चर्य तो होगा—पर क्या आशा करूं कि वह सर्वथा अप्रीतिकर न होगा, और यह भी कि पत्र द्वारा जो अनुरोध मैं करने जा रहा हूं वह भी अमान्य न होगा ?

'तार सप्तक' काफी अर्से से अप्राप्य है, और समय-समय पर उसे फिर से छापने के लिए लोग आग्रह करते रहते हैं। इस विषय में कई प्रकार के प्रश्न उठते रहे—कि उन्हीं कवियों का नया संकलन होना चाहिए, या यह भी और नया भी कुछ : बहुत सोच विचार और प्रकाशकों से विवाद के बाद यह ठीक जान पड़ता है कि संग्रह को ज्यों का त्यों छापा जाए पर साथ ही परिशिष्टरूपेण कवियों का एक-एक नया वक्तव्य भी हो। पंद्रह वर्षों में बहुत संभव है कि उनके विचार या प्रतिमान बदले हों, वे नया कुछ कहना चाहें या पहले कहा हुआ काटना या सुधारना चाहें। पाठक को तो इसमें दिलचस्पी होगी ही।

और सभी से मैंने पूछा है; दो-एक से तो साक्षात् ही संभव था और उनका अनुमोदन मिल गया। आशा है कि सभी के वक्तव्य भी शीघ्र आ जाएंगे। आपसे अनुरोध है कि आप भी एक वक्तव्य (जो १५00 शब्द के आसपास हो तो ठीक है, यों कम या ज्यादा भी हो सकता है) शीघ्र भेज दें। दो सप्ताह तक में भेज दें तो बहुत ही उपकृत हूंगा।

अब की प्रकाशन का आधार पहले सा नहीं होगा; व्यवसायी प्रकाशक ही इसे छापेगा। अतः लेखकांश भी कुछ होगा ही। सातों संगृहीत कवियों के भाग में २-२ प्रतिशत रायल्टी आएगी। आप उचित समझें तो इसकी व्यवस्था मुझ पर छोड़ सकते हैं; या आपका आग्रह हो तो प्रकाशक से अलग आपका अनुबंध हो जाएगा।

उत्तर शीघ्र पाने की आशा रखता हूं। इधर आपका लिखा नया कुछ देखने को नहीं मिला है। हो सकता है कि मेरी ही दृष्टि सजग न रही हो और मैं बाहर भी रहता रहा हूं। मैंने अंग्रेजी में एक त्रैमासिक पत्रिका 'वाक्' नाम से निकाली है, दूसरा अंक प्रायः तैयार है। इसे चलाना अत्यंत कठिन है, पर व्यर्थ है ऐसा नहीं मान पाता हूं...देखें आगे क्या होता है।

आशा है आप प्रसन्न हैं।

आपका
स.ही. वात्स्यायन

A 75-D II Motibagh
New Delhi
28-10-58

प्रियवर,

आपका पत्र मिला था। 'तार सप्तक' के नए वक्तव्य तथा एक कविता के लिए, जिन्हें आपने अक्टूबर के आरंभ तक भेजने का आश्वासन दिया था, मैं समझता हूं अब स्मरण दिलाना धृष्टता न होगी। आशा है आप शीघ्र ही ये दोनों चीजें भेज सकेंगे, मैं दीवाली तक पांडुलिपि प्रेस को दे देना चाहता हूं।

'समालोचक' के अस्तित्व का पता तो तब लग गया था जब आपका पता पाया था, पर अंक अभी तक देखने को नहीं मिला, यद्यपि विज्ञप्तियों से जान पड़ता है कि उसमें अच्छी सामग्री निकलती रही है।

भविष्य में इसके लिए कुछ भेज सकूंगा अवश्य, यह नहीं कह सकता कि आपके सुझाए हुए विषय पर ही। गालियां खाने का जब मन होता है, तब खा लेता हूं; पर निमंत्रित होकर गालियां खाना अच्छा नहीं लगता। इसलिए 'नयी कविता और यथार्थवाद' पर तभी लिखूंगा जब स्वतंत्र रूप से उसकी प्रेरणा होगी।

सुनिए, 'निराला' के कुछ अच्छे अंग्रेजी अनुवाद प्राप्त हो सकते हैं ? या हिंदी से और भी कोई ? दिलाइए, या अनुवादकों का पता दीजिए। मैंने निराला से दो चार किए हैं, पर एक संकलन के लिए सामग्री चाहता हूं और नहीं चाहता कि सब अनुवाद मेरे किये ही हों।

साभिवादन आपका,

वात्स्यायन

वाक्-१ भी भिजवा रहा हूं। आपका कालेज क्या ग्राहक न बन सकेगा ?

२३/डी-१, सत्य मार्ग, चाणक्यपुरी
नई दिल्ली-२१
२४-१२-१९६३

प्रियवर रामविलास जी,

अनेक प्रकार की बाधाओं के बाद अब 'तार सप्तक' के नए संस्करण की बात भारतीय ज्ञानपीठ से तय हुई है। मुझे 'मासान्त तक' पांडुलिपि प्रेस को दे देनी है। ऐतिहासिक कारणों से मैं सोचता हूं कि ग्रंथ का मूल रूप तो अविकल रहना चाहिए, पर उसके साथ ही यह भी उचित समझता हूं—सम्भाव्य पाठकों की भी राय यही जान पड़ती है कि नए संस्करण में प्रत्येक कवि का एक नया वक्तव्य और परवर्ती रचना का प्रतिनिधित्व करने वाली एक कविता भी होनी चाहिए। पहला संस्करण सन् १९४३ में निकला था; इन बीस वर्षों में निश्चय ही कवि को अपने पुराने वक्तव्य में कुछ संशोधन या परिवर्तन करना आवश्यक जान पड़ा होगा। 'पुनश्च' के रूप में वही नया वक्तव्य मुझे चाहिए। आवश्यक नहीं है कि यह वक्तव्य लंबा हो। एक पृष्ठ—४००-७०० शब्द तक—भी चलेगा। यों आप इससे अधिक कुछ लिखना चाहें तो उसकी छूट है। नई एक कविता आप या अपने मन से चुन दें, या तीन-चार मेरे पास भेज दें जिसमें से मैं एक चुन लूं।

मूल संस्करण में जो जीवन-तथ्य दिए गए थे उनमें भी कुछ जोड़ने की आवश्यकता है ही। सन् १९४३-६३ की अवधि में जो भी नया उल्लेख्य घटित हुआ हो उसके बारे में ८-१० पंक्ति की एक टिप्पणी भी भेज सकें तो अनुगृहीत हूंगा। इस अवधि के अपने प्रकाशनों के नाम भी दे दें।

आपकी सुविधा के लिए—और सच कहूं तो स्मरण-पत्र के रूप में भी ! जवाबी लिफाफा साथ भेज रहा हूं। सचमुच चाहता हूं कि यह काम समय से हो जाए। और जानता हूं कि मेरे चाहने के अलावा समय की मांग भी है।

आशा है आप प्रसन्न हैं।

सस्नेह आपका
स.ही. वात्स्यायन

एक बार आप यह काम कर चुके हैं, पर वह लिपि अमेरिका से भेजे गए मेरे सामान के साथ ही खो गई है। और भी कई आवश्यक चीजें खोयी हैं—अभी कुछ आशा बाकी है कि भविष्य में कभी उनका पता लग जाएगा। ख़ैर, अभी

ता खोयी हुई ही हैं। मिल गईं तो इस दुबारा कष्ट देने के लिए दुबारा क्षमा मांग लूंगा। आप तक पहुंचने का एक अवसर और मिल जाएगा।

आपका
वा.

(पत्र टंकित है। अंतिम अंश हाथ से लिखा है।)

२३/डी-१, सत्य मार्ग, चाणक्यपुरी
नई दिल्ली-२१
३१ जनवरी, १९६४

प्रिय रामविलास जी,

आपका पत्र पाकर जान में जान आई। लेकिन अभी आधी ही, क्योंकि चैन की सांस तो तब लूंगा जब वक्तव्य और कविता मिल जाए। मैं ५ फरवरी को विदेश जा रहा हूं और उससे पहले 'तार सप्तक' की पांडुलिपि प्रेस को दे जाना चाहता हूं। बाकी सब काम तैयार है।

आशा है आप प्रसन्न हैं।

आपका
वात्स्यायन

(टंकित)

२३-डी-१, सत्य मार्ग, चाणक्यपुरी
नई दिल्ली-२१
१६-३-६७

प्रियवर,

तार सप्तक के नए संस्करण में आपके योगदान का आभारी हूं।

इस पत्र के साथ का चेक स्वीकार करें, उसकी पहुंच देने की कृपा करें। आशा है प्रसन्न हैं।

आपका
वात्स्यायन

२०३, चितरंजन एवेन्यू
कलकत्ता
२-२-४४

भाई रामविलास जी,

अगस्त में आपसे मिलने के बाद कुछ भी परस्पर पत्र व्यवहार के बिना इतना लंबा समय बीत गया है कि अब आपको लिखने की हिम्मत नहीं पड़ती। पिछले पांच छह महीनों में एक से अधिक बार यह साहस बटोरने का प्रयत्न करने के बाद भी आज तक कभी भी सफलता नहीं मिली। इसीलिए आज जब एक बहाने से आपको कुछ लिखना अपरिहार्य हो गया तो एक तरह से संतोष की सांस लेकर यह पत्र लिखने बैठा हूं।

पहले सबसे आवश्यक बात ही कहूं। 'तार सप्तक' आखिरकार छप कर तैयार हो गया। उसकी बारह प्रतियां आपके पास आज ही अलग से दो पार्सलों में भेजी हैं—दो में इसलिए कि पोस्ट ऑफिस दो सेर से अधिक वजन नहीं लेता। वैसे यह उम्मीद है कि पुस्तक आपको पसंद होगी। छपाई की कुछ भूलें रह ही गई हैं। मैं इस काम में बिलकुल अनाड़ी था। इसलिए काम कुछ बढ़िया नहीं हो पाया हो तो कोई अचरज नहीं। तो भी पुस्तक एक interesting प्रयोग है यह बात शायद आप भी स्वीकार करेंगे।

आपका वक्तव्य बहुत देर से मिला। तब तक आपकी कविताओं वाला फर्मा छप चुका था इसलिए वह दिया नहीं जा सका। मुझे इस बात का व्यक्तिगत भाव से और भी अधिक खेद है। आपके परिचय को ही वक्तव्य के रूप में इसी से प्रकाशित करना पड़ा, और इसी से उधर परिचय भी अधिक सुंदर न हो सका। आपकी एकाध कविता आपकी बिना सम्मति के शायद छपी है। किंतु उसे पढ़ कर आप चाहे भले ही खीझें, पुस्तक के अन्य पाठक प्रसन्न होंगे यह ख्याल किया जाता है।

पुस्तकों की पहुंच की सूचना और अपनी सम्मति उसके विषय में भेजिए। साथ ही कुछ ऐसे नाम Suggest कीजिए जिन्हें पुस्तक को आलोचना के लिए भेजी जा सके। अर्थात् जिनकी आलोचना का कोई महत्व हो। महत्व केवल पुस्तक की बिक्री की दृष्टि से नहीं, बल्कि उसकी सही कीमत आंके जा सकने की दृष्टि से।

बीच में मुझे एक बार सूचना मिली थी कि आप मुझे गालियां देकर याद कर लिया करते हैं। अभी तक यह तय नहीं कर पाया कि इसे क्या मानूं : compliment ! पर अबसे यह प्रयत्न करूंगा कि आपको इस कष्टप्रद स्मरण की आवश्यकता न पड़े।

'आगामी कल' के लिए आपके साथ बैठकर बनाई हुई योजना अभी तक वैसे ही मेरे पास पड़ी है। पर उधर प्रभाग चंद्र शर्मा का रुख भी कुछ अधिक inviting नहीं लगा था। वह भी मुझसे रुष्ट हैं। अब उन्हें भी पत्र लिखकर प्रसन्न करने का प्रयत्न करने वाला हूं। अब भी शायद वह योजना कार्यान्वित की जा सके।

आगरे को अभी तक आप पसंद कर पाए या नहीं ? बड़े लोग कह गए हैं कि सब 'अच्छी' चीजों के लिए रुचि होने में समय लगता है। कलकत्ता तो वैसा ही है—व्यस्त और एक तरह से रसहीन। कभी कभी सोचता हूं कि यहां लोग लिखते पढ़ते कैसे हैं। पर शायद अन्य सब वस्तुओं की भांति साहित्य भी यहां commodity है जो चाहे जितने परिमाण में manufacture हो सकती है !

आप उत्तर अवश्य दीजिए। मैं अभी लगभग पंद्रह दिन यहीं हूं। फिर शायद कलकत्ते से चला जाऊं। निश्चित स्थान की सूचना आपको दूंगा। तब तक आपका समाचार एक बार मिल जाए तो अच्छा है।

आशा है आप सानंद हैं।

स्नेह सहित

नेमिचन्द्र

लखनऊ
७ जनवरी, ४७

प्रियवर,

पहिले तो नववर्ष की बधाई और तत्पश्चात कुछ गालियां—इस कारण कि हम तो खत लिखते हैं लेकिन उत्तर नदारद। यह क्या बात है। जनाबेमन, मेरी दो पुस्तकें ले गए हैं इसका अब तक ध्यान ही नहीं। और हम कहेंगे तो शायद यह सोचो कि बस इसी कारण यह पत्रादिक हैं। ख़ैर...भाईजान, क्यों कान पर जूं नहीं रेंगती। क्यों समाधिस्थ से हो रहे हो। कोई विशेष कारण ?

तुम्हारा ही
गिरिजा कुमार

1 Frampton Square
Lucknow
July 7th, 47

प्रिय डाक्टर,

तुम्हें कोई पत्र उसके बाद नहीं लिख सका। तुम्हारे जाने के बाद मैं पूरी तरह पड़ गया और अब तब बीमार हूं। पेट में दर्द और Glands के इलाज जारी है—पर कोई नुमाया फायदा नहीं। छुट्टी without pay- सख्त तंगी। इधर श्रीमती जी भी बीमार। बीच में ठीक हो गया था पर १ जुलाई से दर्द फिर उठ आया। इसी को सोच कर तुम्हारे यहां apply नहीं किया न मुझे advertisement का पता लगा।

तुम्हारा लेख निकल गया। बड़ी धूम है। मेरे लिए इससे कितना क्या हुआ और आइंदा होगा यह लिखने की बात नहीं है। जनवरी हंस में मेरी कविता '३ जून' पढ़ना। विप्लव में 'दंगा' शायद पढ़ा होगा। 'एशिया का जागरण' पूरी हो गई बड़ी लंबी और अच्छी बन पड़ी है। मेरे पास तुम्हारी प्रेरणा से रमेश सिन्हा का पत्र आया है। अनुवाद यदि तुम करो तो कैसा !

तुम्हारा ही
गिरिजा कुमार माथुर

षट्कोण : अष्टपंक्ति
(शाईलविक्रीडित छंद)

गीतात्मा गिरिजा कुमार, गुरुजी वात्स्यायनाज्ञेय ये,
भाई रामविलास, भारत तथा नेमी, (स्वयं माचवे)
बेचारे कवि मुक्तिबोध न रहे। दिल्ली सभी आ जमे
काहे मल्ल लठैत एक इकले शर्मा रहे आगरे ?

यों ही 'तार' चढ़ा दिया असल में था मंद्र या मध्य ही
नाना नाम प्रयोगवाद गढ़ की चर्चा व शल्यक्रिया
नागेन्द्रादि रसघ्न नामवर जी को दें सदा शुक्रिया
वर्ना पुस्तक एक जीवित रही पच्चीस वर्षों कहीं ?

प्रभाकर माचवे

३० जून, १९६८
(शीला संधू के घर 'तार सप्तक' के छप्तक मिलन के अवसर पर।)

रूपाभ
युग का प्रतिनिधि मासिक पत्र

सम्पादन-विभाग

कालाकांकर (अवध)
१७-५-३८

प्रियवर शर्मा जी,

आपका कृपापत्र मसूरी से मिला, धन्यवाद। आपकी कविताओं के लिए मैं कृतज्ञ हूं। कृपया लखनऊ पहुंचने पर श्री नज़रुल इसलाम की कविताओं का अनुवाद भी अवश्य भेजने की कृपा कीजिए। और कोई साहित्यिक निबंध भी रूपाभ के लिए लिखिए। Essay हिंदी में नहीं के बराबर हैं। चाहे Critical Essay हो चाहे General कोई गंभीर सुंदर सी Essay रूपाभ के लिए अवश्य भेजिए। हम लोग सिर्फ कुछ चुने हुए लेखकों को अपनाना चाहते हैं। और आपके सहयोग की रूपाभ को परम आवश्यकता है। निबंध, एकांकी, आलोचनाएं, कविताएं आप रूपाभ के लिए बराबर भेजा करें। रूपाभ शीघ्र ही कोशिश करेगा कि वह अपने लेखकों को प्रीतिमूल्य प्रदान कर सके।

आशा है आप सानंद हैं। और मसूरी के प्राकृतिक सौंदर्य का उपयोग रूपाभ के लिए कर रहे हैं। मैं अच्छा हूं।

कृपा रखिए।

आपका
सुमित्रानन्दन पंत

(मसूरी में प्रो. सिद्धांत मेरा शोध प्रबंध सुनते और सुझाव देते थे और मैं पंजाब विश्वविद्यालय के परीक्षा कार्य में उनका सहायक था। 'पल्लव' के 'भोर' की तरह पंत जी ने Essay को स्त्रीलिंग माना है। 'रूपाभ' के पहले ही अंक में मेरी चार-पांच कविताएं छापी थीं।)

कालाकांकर (अवध)
२१-५-३८

प्रियवर रामविलास जी,

आपका कृपापत्र। धन्यवाद। आपकी कविताएं मुझे बेहद पसंद आईं। इसी अंक में जा रही हैं। हार्दिक धन्यवाद। दूसरे अंक के लिए भी भेजिए। आलोचनात्मक लेख भी भेजिए। रूसी साहित्य निर्माण तथा हिंदी में प्रगतिशील साहित्य, दोनों विषयों पर लिखिए। अपने दृष्टिकोण से लिखकर विरोध पैदा न कीजिए। Impersonally—Scientific S.L. point से लिखिए—तब विरोध के लिए स्थान ही नहीं रहता। ये केवल प्रयोग भर हैं—संभव है सफल हों—संभव है असफल—लिखिए अवश्य। दूसरे अंक के लिए—

(१) कविताएं-२

(२) आलोचना-क्या कामायनी इस युग की आत्मा को वाणी दे सकी है।

(३) रूसी समाजवादी साहित्य निर्माण व हिंदी प्रगतिशील साहित्य।

Thanking you in anticipation. In haste—

Yrs. Sincerely
Sumitra Nandan

(उस समय के प्रगतिशील लेखकों की कई बातों से मैं असहमत था। इस बारे में पंत जी से लखनऊ में बातचीत हो चुकी थी। यह पत्र पंत जी ने उसे याद करते हुए लिखा था।)

कालाकांकर
१४-६-३८

प्रियवर रामविलास जी,

श्री निराला जी पर आपका लेख अभी तक नहीं मिला। चौथे अंक में आ सकता तो बड़ा अच्छा होता। यदि आप २०/२१ ता. तक भी भेज दें तो बड़ी कृपा हो।

आपकी कविताएं तीसरे अंक में नहीं गईं। एक तो Monotony Walk करने के लिए भी दूसरा भगवतीचरण जी की कविता २/१ महीने से रुकी थी, उसे भी देना था। चौथे अंक में जाएंगी। Satires और प्रहसन भी भेजिए। Sonnets आपके मुझे पसंद हैं।

मेरा स्वास्थ्य इधर अधिक अच्छा नहीं। आशा है आप सानंद हैं। पत्रोत्तर शीघ्र प्रदान कीजिए।

आपका
सुमित्रानंदन

Ps.
(हाल में २/३ रोज के लिए लखनऊ गया था, पर आपके दर्शन नहीं कर सका। अगले महीने मैं फिर आऊंगा। तब आपसे भेंट हो सकेगी—सु.)

कालाकांकर (अवध)
११-११-३६

प्रियवर रामविलास जी,

आपने रूपाभ के लिए इधर अपनी कोई रचना भेजने की कृपा नहीं की। कृपया शीघ्र भेजकर वाधित कीजिए। निराला जी पर आपका लेख मुझे विशेष रूप से पसंद आया। धन्यवाद।

मैं १३ की रात को लखनऊ आ रहा हूं। मेरा पता—Mankapur House,

Kaisar Bagh--वहां होगा। आप यदि उस ओर आएं तो मुझसे अवश्य मिलिएगा। मैं १४/१५ दो रोज वहां रहूंगा। मैं भी १४ Maqbool Ganj खोजने की कोशिश करूंगा।

आशा है आप सानंद हैं। मैं प्रसन्न हूं। शेष मिलने पर।

आपका
सुमित्रानंदन

(कुंवर सुरेश सिंह के साथ पंत जी कैसरबाग में ठहरे थे। मैं निराला जी के साथ उनसे मिलने गया था। मकबूल गंज में घर का नंबर ११२ था, पंत जी को १४ याद रहा।)

२३/१ टैगोर टाउन, इलाहाबाद
२१-१-५३

प्रिय डॉ. रामविलास जी,

दोनों पत्र मिल गए। अपनी व्यस्तता के कारण अभी कुछ नहीं कर सका। २७/२८ ता. तक दिल्ली से लौटने के बाद विस्तारपूर्वक लिखूंगा।

आशा है आप सानंद हैं।

सस्नेह
सुमित्रानंदन

(पंत जी मेरे कविता संग्रह की भूमिका लिखने वाले थे। 'अभी कुछ नहीं कर सका' में उसी की ओर संकेत है।)

टैगोर टाउन, इलाहाबाद
२१-४-५४

प्रिय डॉ. रामविलास,

क्षमा करें, आपके पत्र का उत्तर यथासमय नहीं दे पाया। इधर व्यस्त तथा अस्वस्थ रहा। मैं एक महीने की छुट्टी जून में लेकर पहाड़ जाऊंगा और आपके संग्रह की भूमिका लिखकर ही उसे वापस भेजूंगा। पर आप यदि मेरी भूमिका की आवश्यकता न समझें तो पत्र आने पर भेज दूंगा। वैसे आपका वह संग्रह मुझे पसंद होने के कारण मैं उस पर भूमिका लिखना पसंद करूंगा। आशा है आप प्रसन्न हैं। बड़ी देर उत्तर देने में हुई। फिर से क्षमा मांगता हूं।

सस्नेह
सुमित्रानंदन

(पंत जी भूमिका नहीं लिख पाए और मैंने संग्रह मंगा लिया।)

१८/७ बी स्टैनले रोड
इलाहाबाद
१८-१२-५४

प्रिय डॉ. रामविलास,

आपकी रचनाओं का संग्रह कल सोमवार रजिस्टर्ड पोस्ट द्वारा भेजवा रहा हूं।

आशा है आप प्रसन्न हैं।

आपका
सुमित्रानंदन

१८/बी-७, के.जी. मार्ग
इलाहाबाद-२
२६-११-६६

प्रिय डॉ. रामविलास,

आशा है आप सपरिवार प्रसन्न हैं। आपको एक विशेष प्रयोजन से यह पत्र लिख रहा हूं। १९६७ की होलियों में महादेवी जी ६0वें वर्ष में प्रवेश करेंगी। उस अवसर पर उन्हें एक सुंदर सा संस्मरण ग्रंथ भेंट करने की योजना यहां बनाई गई है। आपसे अनुरोध है कि आप उसके लिए अपना कोई अमूल्य संस्मरण, या उनके साहित्य, कृतित्व पर कोई लेख भेजकर आभारी करें। समय बहुत कम है, इसलिए १0/१५ दिसंबर तक यदि अपने व्यस्त समय से कुछ क्षण निकाल कर लेख भेज दें तो बड़ी सुविधा होगी। आपके लेख बिना ग्रंथ अधूरा रहेगा।

मैं इधर विशेष स्वस्थ नहीं रहा। इसलिए देर से लेखकों को लिख रहा हूं—वैसे यह योजना शुरू नवंबर में बन चुकी थी। आशा है आप विलंब से सूचना देने के लिए क्षमा करेंगे।

वैसे प्रकाशचंद्र जी ने कहा था कि आप विवेचना के लिए जब आए थे तब मुझसे भी मिलने आएंगे। पर व्यस्तता के कारण वैसा संभव न हो सका हो। संकोच भी रहा हो। पर ऐसी कोई बात नहीं है।

आशा है आप स्वीकृति भेजकर आश्वस्त करेंगे।

आपका
सुमित्रानंदन

(विवेचना गोष्ठी में भाग लेने के लिए बालकृष्ण राव ने बुलाया था। लौटने की जल्दी में पंत जी से मिल न पाया था।)

१८-बी ७, के. जी. मार्ग
इलाहाबाद-२
१३-१२-६६

प्रिय डॉ. रामविलास,

१५ दिसंबर तक आपका लेख मिल जाएगा, यह जानकर बड़ी प्रसन्नता हुई। उससे उस ग्रंथ की श्रीवृद्धि होगी।

'रूपाभ' बंद हो गया, अन्यथा आपके प्रगतिशील आलोचना संबंधी जितने भी लेख उसके बाद निकले उन्हें प्रकाशित करने का गौरव रूपाभ को प्राप्त होता।

मेरा स्वास्थ्य अब प्रायः ठीक है, पर सावधान रहना पड़ता है। आपके घर का पता मुझे नहीं मालूम था, इसीलिए कालेज के पते पर पहला पत्र भेजना पड़ा।

आशा है आप सपरिवार सानंद हैं।

आपका
सुमित्रानंदन

(रूपाभ में लेख छपने पर मैं भी गौरव का अनुभव करता। जिस पत्र के संपादक सुमित्रानंदन पंत थे और जिसमें उनके सहयोगी नरेन्द्र शर्मा और शमशेर थे, जिसके लेखकों में निराला भी थे, वह बंद हो गया, यह हिंदी का दुर्भाग्य था।)

१८-बी ७ स्टैनले रोड
इलाहाबाद
१६-१२-६६

प्रिय डॉ. रामविलास जी,

आपके लेख के लिए अत्यंत आभारी हूं। आपने अल्प समय में ही इतना अच्छा लेख लिखकर भेज दिया, बड़ी प्रसन्नता है। अब कभी इलाहाबाद आएं तो दर्शन अवश्य दें। आपसे मिल कर प्रसन्नता होगी।

मंगल कामना स्वीकार करें। लेख आप ही के अनुरूप है। बहुत धन्यवाद।

आपका
सुमित्रानंदन

१८/बी-७, के.जी. मार्ग
इलाहाबाद
२-५-६८

प्रिय डॉ. रामविलास,

आप २० से २५ मई तक प्रयाग में रहेंगे यह जानकर बड़ी प्रसन्नता हुई। प्रकाशचंद्र जी से भी कहलाया था। मैं उन दिनों यहीं रहूंगा। आप अपने सत्संग से वंचित न रखिए।

२६ की रात को हम लोग पहाड़ को प्रस्थान करेंगे। आशा है आप सपरिवार प्रसन्न हैं।

आपकी प्रतीक्षा में—

सुमित्रानंदन

28, West View Hotel
Ranikhet
Distt. Nainital (U.P. Hills)
(जून ६८)

प्रिय डॉ. रामविलास,

मैं आपको लिखने ही जा रहा था कि आपका कार्ड मिला। मैं लिखना चाहता था कि प्रयाग में आपसे मिल कर मुझे बड़ा अच्छा लगा। आपके स्वस्थ देह-मन के व्यक्ति कम देखने को मिलते हैं। मेरा एक कविता संग्रह संभवतः सितंबर तक प्रेस में जाएगा जिसे मैं इस नए परिचय के स्मृति स्वरूप आपको समर्पित करने का विचार कर रहा हूं। आशा है आपको स्वीकार होगा—संग्रह का नाम होगा संभवतः – 'पतझर—एक भाव क्रांति'।

आपने जोशी जी का पता पूछा है। वे आजकल राजगढ़ में हैं। हम सब लोग साथ ही प्रयाग से चले थे—मैं, शांता, महादेवी जी तथा जोशी जी। उनका

पता होगा C/o श्रीमती महादेवी वर्मा, Ramgarh, Distt. Nainital, (U.P. Hills) शांता को आपका नमस्कार पत्र द्वारा पहुंचा दूंगा।

आशा है निराला जी पर आपकी पुस्तक जुलाई तक प्रेस में चली जाएगी। शांता अपनी स्नेह भाषा से प्रेरित जो मेरी जीवनी लिख रही है, उसमें निराला जी के संबंध में नहीं है—एक तो उसने उन्हें कभी देखा नहीं—दूसरा वह हमारे संबंधों को समझ नहीं सकती।

यहां कल से पानी बरस रहा है। काफी सर्दी है। आप तो शीतोष्णजित् लगते हैं।

आशा है स्वस्थ और प्रसन्न हैं।

आपका
सुमित्रानंदन

(जोशी जी इलाचद्र जोशी; शांता दर्शन शास्त्र की अध्यापिका, पंत जी की निकट संबंधी, उन्हीं के साथ रहती थीं।)

१८-बी ७, के.जी. मार्ग
इलाहाबाद-२
२४-६-६८

प्रिय डॉ. रामविलास,

आपका पत्र पाकर प्रसन्नता हुई। आपकी शीतोष्ण की धारणा बड़ी मनोरंजक है। मैं भी अब पंचाग्नि सेवन करके शीघ्र ही प्रयाग पहुंच जाऊंगा।

यहां से २६ को अल्मोड़ा जाऊंगा—वहां से २ ता. जुलाई को चल कर ३ ता. की शाम को इलाहाबाद। आप अब अवसर मिलने पर प्रयाग ही के पते पर लिखें।

'श्रद्धावान्ल्लभते ज्ञानयू' मुझे भी अनुकूल पड़ता है। सत्य के प्रति जिज्ञासा ही श्रद्धा है—श्रद्धा में प्रणहि अपने आप ही आ जाती है। तुलसीदास जी ने 'श्रद्धाविश्वास रूपिणौ भवानी शंकरौ, की वंदना की है—भवानी को उन्होंने

भी जिज्ञासापूर्ण अंकित किया है। वह राम का वास्तविक स्वरूप जानने को उत्सुक है—सही रूप में उनकी परीक्षा भी लेती है—ख़ैर, यह जो हो, इस युग में तो श्रद्धा का बड़ा अभाव है।

मेरी कविता पुस्तक संभवतः अक्तूबर तक प्रकाशित हो जाएगी। आप जब भी प्रयाग आएं, मुझे अवश्य सूचित करें।

शेष ठीक है।

आप प्रसन्न होंगे।

आपका
सुमित्रानंदन

१८-बी ७, के.जी. मार्ग
इलाहाबाद
२८-६-६८

प्रिय डॉ. रामविलास,

आपकी पुस्तक का प्रथम अध्याय 'सुर्ग कुमार' 'आलोचना' में पढ़ने को मिला। उपन्यास सारा रोचक लगा। आपने जिस छानबीन के साथ निराला जी के संबंध में सामग्री इकट्ठी की है, वह सबके लिए संभव नहीं। मेरी हार्दिक बधाई लीजिए। लोग आपकी लेखकी का लोहा तो मानते ही रहे हैं अब आपकी लेखकी के जादू से और परिचित हो सकेंगे।

प्रकाशचंद्र जी से आपका संदेश मिल गया था—पर जान पड़ता है अत्यधिक व्यस्तता के कारण न आप पत्र ही लिख सके, न प्रयाग ही आ सके। आशा है आजकल दूसरे खंड को तैयार करने में जुटे हैं। मेरी शुभकामनाएं लीजिए।

आप स्वस्थ और प्रसन्न होंगे। मैं भी ठीक ही हूं। पानी न बरसने के कारण अब के मौसम कष्टप्रद ही रहा।

शेष फिर।

आपका
सुमित्रानंदन

१८-बी ७, के.जी. मार्ग
इलाहाबाद
११-१०-६८

प्रिय डॉ. रामविलास,

आपका ३/१० का पत्र मिला। धन्यवाद। मैं शिष्टतावश ही केवल पत्र लिखा करता हूं यह निर्णय आपका पूर्वाग्रहपूर्ण है, ऐसा प्रतीत होता है।

अब तो मौसम भी बदल गया है। आशा है आप दूसरा भाग निराला जी की जीवनी का शीघ्र ही प्रारंभ कर सकेंगे। इलाहाबाद आप जब भी आएं प्रतीक्षा रहेगी। बंधु नागर जी आजकल एकदम नैमिषारण्य में दो हजार वर्ष पीछे विचरण कर रहे हैं—प्रथम दो अध्याय मैंने सुने थे बड़े अच्छे लगे—कर्मठ जीव हैं।

आशा है सपरिवार प्रसन्न हैं—इस पत्र में अवश्य ही कुछ ऐसा नहीं कि आपके लिए उत्तर देना आवश्यक हो।

आपका
सुमित्रानंदन

(नागर जी—अमृतलाल नागर)

इलाहाबाद
१४-११-६८

प्रिय डॉ. रामविलास,

आपका 'सतसैया के दोहरे' का छोटा अप्रकाशित लेख पाकर अच्छा लगा। निराला जी संबंधी दूसरे तीसरे खंड की प्रतीक्षा रहेगी। इस बीच आपका लेख भी पढ़ने को मिल सकेगा, जानकर प्रसन्नता हुई।

प्रकाशचंद्र जी से इधर भेंट नहीं हो रही। आज से विश्वविद्यालय तो बंद

हो ही गया है—संभवतः इस बीच वे आगरा जाएं। मैं ठीक ही हूं। दिसंबर में अपने भतीजे लेनिन की शादी में १0 ता. तक दिल्ली जाऊंगा। अभी तो लेनिन अस्पताल में है—पता नहीं क्या हो गया है। डाक्टर लोग निमोनिया बताते हैं—और E.S.R. High—पर निमोनिया में तो E.S.R. कभी भी high नहीं होता सुना गया है—जब तक कि lung में कोई और infection न हो—इसलिए चिन्ता है—कल तक शायद दिल्ली के ठीक समाचार मिलें।

आशा है आप स्वस्थ और सपरिवार प्रसन्न हैं।

सस्नेह आपका
सुमित्रानंदन

इलाहाबाद
१६-२-६६

प्रिय डॉ. रामविलास,

राजपाल एंड संस दिल्ली को आपके पास 'पतझर : एक भाव क्रांति' की प्रति भेजने को लिख दिया है। आशा है आपको मिल जाएगी। आपको समर्पित होने के अतिरिक्त भी उसका कोई आकर्षण है कि नहीं— नहीं जानता।

आशा है स्वस्थ प्रसन्न हैं।

आपका
सुमित्रानंदन

१८-बी ७, के.जी. मार्ग
इलाहाबाद
१-३-६६

प्रिय डॉ. रामविलास,

आशा है 'पतझर' आपको अब तक मिल गया होगा। आज ही २ बजे के करीब आपकी पुस्तक निराला जी पर मिली। मेरी बहिन ने सरसरी तौर पर पंत और निराला वाला अंश सुनाया। आपका दृष्टिकोण तो स्पष्ट ही है। पतझर की प्राप्ति स्वीकृति अवश्य भेजें।

आपका
सुमित्रानंदन

११-३-६६

आ. पंत जी,

आपका १/३ का कार्ड कल ही मिला। आपकी पुस्तक नहीं मिली, मिलते ही सूचित करूंगा।

'पंत और निराला' सत्य को देखने का एक प्रयास है। अंतिम सत्य वही हो, ऐसा कोई दावा नहीं है। मेरा दृष्टिकोण ग़लत साबित हो तो मुझे खुशी ही होगी। मैं नहीं, कोई और सत्य के अधिक निकट पहुंचेगा।

आशा है, आप स्वस्थ और प्रसन्न हैं।

आपका
रामविलास

१८-बी ७, के.जी. मार्ग
इलाहाबाद
१६-४-६६

प्रिय डॉ. रामविलास,

मैं इधर अस्वस्थ था—हां कां फ्लू से पीड़ित। बड़ी देर में तबियत संभली। महादेवी जी तो अभी भी पूर्णरूपेण स्वस्थ नहीं हो पाईं।

आपका पत्र मिल गया था, 'पतझर' आपको मिल गया, प्रसन्नता हुई। निराला जी पर आपकी पुस्तक पढ़ डाली। बड़ा ही परिश्रम आपने किया है और बड़ी लगन से। मेरी बधाई लीजिए। मेरे निराला जी के संबंध में आपने अतिरंजना से काम लिया है जो आपके लिए स्वाभाविक था—कभी समय मिलने पर उसका निराकरण कर सकूंगा।

आशा है स्वस्थ और प्रसन्न हैं और दूसरा भाग प्रारंभ कर दिया है।

आपका
सुमित्रानंदन

(हां कां फ्लू संभवतया हांगकांग फ्लू है।)

१८-बी ७, के.जी. मार्ग
इलाहाबाद
१७-४-७०

प्रिय डॉ. रामविलास,

आपने मेरे पत्र का उत्तर नहीं दिया। क्या आप नव वर्ष पर viva के लिए आ रहे हैं? आएं तो मुझ से अवश्य मिलें।

आशा है नि. सा. साधना का दूसरे भाग पर काम कर रहे होंगे और स्वस्थ और प्रसन्न होंगे।

आपका
सुमित्रानंदन

(पंत जी का पत्र मुझे मिला न होगा, इसीलिए उन्हें उत्तर नहीं मिला।)

१८-बी ७, के.जी. मार्ग
इलाहाबाद
२८-१-७१

प्रिय डॉ. रामविलास,

कल रेडियो से आपको सा. अ. के पुरस्कार मिलने की घोषणा सुनी, मेरी हार्दिक बधाई स्वीकार करें। आशा है दूसरा भाग भी अब पूरा होने को होगा।

यहां कुंभ के कारण बड़ी सर्दी और भीड़ है।

आपका
सुमित्रानंदन

BHARATRATN
INDIRA GANDHI
ABHINANDAN GRANTH SAMITI

19-A, Theatre Communication
Bdg., Connaught Circus
NEW DELHI-1

142, Azad Square
ALLAHABAD-1

१७-४-७२

प्रिय डॉ. रामविलास,

आशा है प्रसन्न हैं। कृपया श्रीमती इंदिरा गांधी अभिनंदन ग्रंथ के लिए अपना महत्वपूर्ण लेख भेजकर मुझे कृतार्थ करें। विषय जो आप चाहें चुन लें। साहित्यिक, सांस्कृतिक, सामाजिक, राजनीतिक आदि जिस विषय पर आप चाहें इस ग्रंथ के लिए अपनी कृति अवश्य भेजकर उसे गौरव प्रदान कीजिए। समिति के अनुसार लेख २000 शब्दों से अधिक न हो और १५/२0 मई तक मिल जाए जिससे श्रीमती की जन्मगांठ के अवसर पर उन्हें भेंट किया जा सके।

आशा है आप अपने व्यस्त जीवन से समय निकाल कर अवश्य ग्रंथ की शोभा बढ़ाने से संपादक मंडल को कृतार्थ करेंगे।

मैं इधर अधिकतर अस्वस्थ ही रहता हूं–Enlarged Prostate के कारण कष्ट है–Bcolai का infection भी है। आशा है धीरे धीरे सब ठीक ही होगा।

आपका
सुमित्रानंदन

१८/बी ७, के.जी. मार्ग,
इलाहाबाद

(मैंने लेख भेजने में असमर्थता प्रकट की। २८-४-७२ के उत्तर में से पंक्तियां मैंने नोट कर ली थीं– हमारे मोहल्ले में चारों तरफ गुलमोहर की लाल पीली लपटें उठ रही हैं। आपका परिवेश सुखद हो।)

१८/बी ७, के.जी. मार्ग
इलाहाबाद-२
१-२-७७

प्रिय डॉ. रामविलास जी,

आपके पास कालजयी निराला पर देवेन्द्र शर्मा चंद्र की एक रचना भेज रहा हूं, जो मुझे बहुत अच्छी लगी। आपको भी पसंद आएगी। 'नवनाद' नामक नए साप्ताहिक में जिसका पता साथ में भेज रहा हूं, यह रचना छपी है। नीचे 'क्रमशः' लिखा है। आप संपादक को लिखकर पूरी रचना मंगवा लें– उन्हें पुस्तकाकार छपवाने का भी सुझाव भेज दें। रचना तुलसीदास के छंद में है।

मेरे पत्र कुं. सुरेश सिंह के नाम मैंने देख लिए हैं–वे जैसे के तैसे छप जाएंगे–४/५ पत्र अधूरे हैं–कुंवर साहब से पूछ रहा हूं। आप उन्हें Date wise arrange करना चाहें तो मंगवा लें। मैं उन्हें कालाकांकर भेज दूंगा। उनमें कहीं पर काटछांट करने की आवश्यकता नहीं। एक छोटी सी भूमिका कुं. सुरेश सिंह

लिख देंगे तो ठीक रहेगा। दो शब्द मैं भी दे दूंगा।

आशा है आप प्रसन्न हैं।

आपका

सुमित्रानंदन

(मैंने कुंवर सुरेश सिंह को सुझाव दिया था कि अपने नाम पंत जी के पत्र छपवा दें। वह संकलन कुछ दिन राजकमल प्रकाशन के पास रहा, अंत में साहित्य सम्मेलन, इलाहाबाद से प्रकाशित हो गया। तुलसीदास छंद—निराला की 'तुलसीदास' कविता का छंद।)

साहित्यकार संसद

१, एल्गिन रोड

प्रयाग

६-३-१९४५

भाई रामविलास जी,

शुभाशीष।

आपका पत्र मिला—संसद को आपसे पूर्ण सहयोग प्राप्त हो सकेगा यह जानकर प्रसन्नता हुई। यदि हम सबका संगठित प्रयत्न इस संस्था को इसके लक्ष्य तक पहुंचा सके तो साहित्यिक मात्र का कल्याण होगा। वैसे तो जब हमारा सामूहिक जीवन ही इतना छिन्न भिन्न है तब संस्थाओं के भविष्य के संबंध में कुछ निश्चित रूप से कहना कठिन है। संतोष इतना ही है कि सच्चा साहित्यकार आज की परिस्थितियों में भी द्वेष तथा स्वार्थपरता से ऊपर है।

निराला जी की पुस्तक प्रेस में है। वह डिमाई साइज में होने के कारण ३२ फर्मे में समाप्त होगी—उसके लिए ३२ रीम कागज का प्रबंध कर लिया है। अब तो अर्थ-संग्रह का प्रश्न उनका लक्ष्य हो उठा है क्योंकि बिना उसके तो हम लोग आगे बढ़ ही न सकेंगे।

रसीदें तथा संसद् का विधान दो चार दिन में भेजूंगी। आप हमारे उद्देश्य से सहानुभूति रखने वालों से मिलिए। आगरे से हमें १000 से कम मिलने की आशा नहीं है—अधिक मिलना आपके विशेष प्रयत्न पर निर्भर रहेगा। श्री माखनलाल

जी तथा मैं इस मास के अंत तक कलकत्ता जाने का विचार कर रहे हैं। आशा है वहां हमें अपना काम चलाने लायक धन मिल जाएगा। यदि मेरा स्वास्थ्य अधिक खराब न हुआ तो मैं देहली, बंबई आदि की यात्रा भी करना चाहती हूं। संसद् की सफलता के लिए मैं अपनी ओर से कुछ उठा न रखूंगी, क्योंकि यह संभवतः मेरे जीवन का अंतिम कार्य है। मेरी तो यही इच्छा है कि पंत के स्वस्थ होने तक संसद् इस योग्य हो जाए कि उन्हें 'लोकायतन' की योजना को कार्यान्वित करने की सुविधा दे सके। वे हम सबके सौभाग्य से बच गए हैं तो हमारी कृतज्ञता का प्रकाशन यही हो कि हम उनके किसी स्वप्न को सत्य कर सकें।

विज्ञप्ति लौटा रही हूं। आपका प्रयत्न सफल हो ऐसी कामना है। मुझसे आप जो भी सहयोग चाहेंगे प्राप्त हो सकेगा। एक बात ध्यान में रखिएगा—कवियों में जो द्वेष सूक्ष्मतम रूप में नहीं मिलेगा वह उनके प्रशंसकों में स्थूलतम रूप में प्रत्यक्ष है। निराला परिषद् के सदस्य इस दोष से मुक्त न रह सकें तो आपका परिश्रम व्यर्थ हो जाएगा। आशा है आप इस महान् साहित्यकार के नाम का बल लेकर चलने वाली परिषद् को उसके हृदय की उदारता की छाया में रख सकेंगे।

शुभेच्छुका
महादेवी

१, एल्गिन रोड
इलाहाबाद
१७-२-१९४५

भाई रामविलास जी,

शुभाशीष।

आपका पत्र मिला। मेरी आंखें अब तक ठीक नहीं हो सकीं। इसी से लिखने की इच्छा रखते हुए भी अब तक आपको लिख न सकी।

साहित्यकार—संसद् के संबंध में जो विज्ञप्ति पत्रों में भेजी गई है उसे भेजती

हूं। उपसमिति के सुझावों पर विचार करने के लिए अंतरंग संसद् की एक बैठक श्री मैथिलीशरण जी की अध्यक्षता में ८-९ तारीख को काशी में हुई थी। उसमें निश्चय हुआ है कि निराला जी की कविताओं का पल्लविनी के समान एक संकलन प्रकाशित किया जाए। उनकी रचनाओं के कापीराइट के संबंध में हम लोगों ने श्री बिड़ला जी को लिखा है। आवश्यकता होने पर सियाराम जी उनसे मिलने चले जाएंगे। यदि संपूर्ण रचनाओं का कापीराइट लीडर प्रेस से न मिल सके तो संकलन की अनुमति हमें मिल ही जानी चाहिए। आगामी ५ मास तक संसद् निराला जी को १००/- प्रति मास देने का निश्चय कर चुकी है। २ महीनों का दिया भी जा चुका है।

अब संसद् के सामने अर्थ-संग्रह की समस्या है। इस कार्य के लिए हमें सबके सहयोग की आवश्यकता रहेगी। इस संबंध में हम लोगों का विचार है कि १००/- और उससे अधिक देने वालों से चंदा लिया जाए (लेखक वर्ग जो चाहे दे सकता है) और साधारण पाठक से संसद् द्वारा प्रकाशित पुस्तकें तुरंत खरीद लेने का अनुरोध किया जाए। निराला जी की कविताओं का संकलन अप्रैल तक निकल जाएगा। यदि हमें कमीशन लेने वाले पुस्तक विक्रेताओं का सहारा लेना पड़ा तो लेखक के लिए कम बच सकेगा। यदि अर्थ-संग्रह तथा प्रकाशित पुस्तकों को पाठकों तक पहुंचाने के लिए कुछ उपसमितियां बन जातीं तो अच्छा होता। आगरे में तो आप और श्री गुलाब राय जी ऐसा प्रबंध कर ही सकते हैं।

श्री गुलाब राय जी को मैं तीन पत्र लिख चुकी हूं, किंतु उन्होंने अब तक उत्तर नहीं दिया। आप कारण जानकर मुझे लिखने का कष्ट करें।

भाई निराला जी के साहित्य के अध्ययन के लिए आप जैसी परिषद् स्थापित करना चाहते हैं वह उपयोगी सिद्ध होगी। उनके व्यक्तिगत जीवन में उसकी क्या उपयोगिता हो सकती है यह मैं ठीक से नहीं समझी। आर्थिक व्यवस्था ठीक होते ही उनके जीवन की अनेक कठिनाइयां दूर हो जाएंगी, किंतु यह आर्थिक सुविधा उन्हें अपने साहित्य से प्राप्त होनी चाहिए, किसी अन्य प्रकार से नहीं। इसी में उनका तथा हम सबका सम्मान सुरक्षित रह सकता है। अभिनंदन ग्रंथ के संबंध में क्या कहूं ! जब हम उनके लिए घर, भोजन, वस्त्र जैसी सुविधाओं का प्रबंध कर सकेंगे तब अभिनंदन करने के अधिकारी भी हो सकेंगे। यदि अभिनंदन ग्रंथ प्रकाशित करने योग्य निधि आपके पास एकत्र हो जाए तो उससे निराला जी की और दो पुस्तकें प्रकाशित कर देना क्या उचित न होगा। मेरा विश्वास है कि यदि उनकी तीन-चार पुस्तकें भी संसद् प्रकाशित कर सके तो उन्हें २००/- प्रति मास मिल सकना सहज हो जाएगा।

भाई निराला जी १०-५ दिन में आपके पास जाने वाले हैं वे सूरदास पर

एक काव्य लिखना चाहते हैं। उसी संबंध में मथुरा भी जाने का विचार कर रहे हैं। प्रयाग लौटने तक उनकी देख रेख का भार आप पर रहेगा ही। आशा है आप प्रसन्न होंगे।

आपकी बहिन
महादेवी

PRIVATE

Swaraj Bhawan, Allahabad
August 23, 1939

My dear Ramvilas,

I am exceedingly sorry I could not write you all these days even though I so much wished to. Now this is to request you to send at once any almost complete chapter from your book on Prem Chanda and a few of your poems not sex but reflective or satirical. Sex is no taboo to me—I do unite so much in that live but satirical or reflective will go well with this number.

My book प्रवासी के गीत is out at last and I shall send you fair copy with Niralaji. I have not seen him for the last so many days but I shall soon be meeting him.

With loving regards,

Yours affly.
Naraindra

NARENDRA SHARMA

बंबई
२७-३-४५

प्रिय रामविलास,

तुम्हारा पत्र मिला। मुझे अपने अव्यवस्थित पत्र-व्यवहार के कारण सचमुच हार्दिक दुख है। लेकिन इस अव्यवस्था का कारण मेरे जीवन में एक विकृति का प्रवेश कर जाना ही हो सकता है। मैं सदैव सामान्य बने रहने की कोशिश करता हूं, किंतु भीतर ही भीतर विषमता का विष जोर मारता रहता है और अपने मित्रों की ओर से मैं निश्चिंत हूं कि वह मेरी मानसिक अव्यवस्था के लिए मुझे अभी क्षमा करते रहेंगे।

मेरे पास निराला जी का कोई पत्र नहीं है। दो ख़त मैंने (एक पंत जी की ओर से और दूसरा निराला जी की ओर से) पाठक जी को दिए थे। शायद उन्होंने नागरी प्रचारिणी सभा को दे दिए हों। पंत जी का भी कोई उल्लेखनीय पत्र मेरे पास नहीं है। सब matter of fact और साधारण हैं।

पंत जी का नया समाचार अभी नहीं मिला है। मैं अप्रैल के पहले सप्ताह में दिल्ली जा रहा हूं।

'नया साहित्य' के संपादक मंडल में तुम्हारा नाम जा रहा है। इसके बारे में सविस्तार पत्र लिखूंगा दो एक दिन में। 'निराला' जी को सादर सप्रेम नमस्कार कहना।

प्यार और सलाम।

नरेन्द्र

(नवंबर ५०)

प्रिय मित्र,

मैं बंबई से निकल तो पड़ा, लेकिन अभी दिल्ली मेरठ की ही सैर कर रहा हूं। गांव होता हुआ, मैं १४ नवंबर को लखनऊ पहुंचूंगा और फिर इलाहाबाद। तुम्हारा Christmas का क्या कार्यक्रम है ? क्या इलाहाबाद आ रहे हो या आगरा में ही छुट्टी बिताओगे या और कहीं ? मैं तुमसे मिलने के लिए बहुत

उत्सुक हूं, बहुत सी काम की और बेकार बातें करनी हैं और भविष्य के लिए बहुत कुछ स्थिर भी करना है।

आशा है तुम मज़े में हो।

सप्रेम
नरेन्द्र

पुनश्च : अमृतलाल जी आगरा पहुंचे या नहीं ? उनका क्या कार्यक्रम रहेगा ?

डॉ. रामविलास शर्मा
बलवन्त राजपूत कॉलिज
आगरा।

७६, साउथ एवेन्यू
नई दिल्ली
८-३-१६५६

प्रिय मित्र,

तुम्हारी पुस्तक पा कर और पढ़ कर बहुत आनंद हुआ। तुम मुझसे और मेरे जैसे अनेक कवियों से कहीं अच्छे कवि हो, यह बात कहने की नहीं। मुझे तो वह कविताएं याद आईं, जिन्हें पढ़ कर मुझे प्रेरणा मिली थी और उत्साह भी।

कवि-कर्म सबसे सुंदर और सारगर्भित होता है। वही कर्म अपनाओ। जब तक कविता में बात न निकले, उसे मुंह से या लेखनी से निकालो। आशा है तुम्हारी अन्य कविताएं भी शीघ्र ही संगृहीत और प्रकाशित होंगी।

सप्रेम
नरेंद्र

(पुस्तक– रूपतरंग)

(अप्रैल ६३)

प्रिय मित्र,

तुम्हारा सबल दक्षिण बाहु—वाम पथ पर चलने वाले उग्र गतिशील मनीषी का दक्षिण बाहु आहत हुआ, यह सुनकर मन बहुत उदास हो गया। जानता हूं जल्दी ही गैंडे हो जाओगे, पर कुछ दिनों को तो बड़े कष्ट में आ गए हो। इच्छा होती है, तुम्हें देखने एक दिन को आगरा चला जाऊं। किसी से लिखवाना कि बंधुवर सागर जी भी आगरा आने वाले हैं क्या ?

तुम्हें क्या बल दूं—तुम स्वयं समर्थ और बलवान हो। बहुत बहुत प्यार भेज रहा हूं।

तुम्हारा
नरेन्द्र

ए ६/डी २, नेताजी नगर
नई दिल्ली
२२-२-१९६४

प्रिय रामविलास,

सप्रेम। आशा है अब स्वस्थ और सानंद हो। बहुत बार सोच कर भी जयपुर होता हुआ आगरा पहुंचने की इच्छा हुई और दिल्ली से भी आगरा की ओर प्रस्थान करने की ठानी पर न यात्रा में और न अपने इस डेरे से ही आगरा जा सका। बंबई भी गया तो भरतपुर होकर। यों मनचीती हो न सकी। शायद तुम भी इस ओर बहुत दिनों से आए नहीं। मेरा तो बाह्य जीवन ऐसा बिखर गया है कि समेटे से सिमट नहीं पाया। अस्तु।

पिछले दिनों शमशेर यहां आए थे। फिर मैं भी इलाहाबाद गया। शमशेर की मित्र प्रेमलता वर्मा इस वर्ष आगरा से एम.ए. (प्रथम वर्ष) की परीक्षा में बैठ रही हैं। मैंने वचन दिया है कि इस निमित्त उनके ठहरने की व्यवस्था आगरा

में हो जाएगी। तुमसे बिना पूछे ही तुम्हारे बल भरोसे पर मैंने यह वचन दे दिया है, जिसे पूरा अवश्य करना है। मुझे तुरंत लिखो कि क्या व्यवस्था हो सकती है। कहीं शांत, निरापद और सुविधा के स्थान में दस बारह दिन आराम से यह दोनों जन रह सकें, ऐसी व्यवस्था हो जाए, तो काम बने। ज्यादा खर्च उठाने की सामर्थ्य है नहीं, यह ध्यान रखना है। और अधिक मैं क्या लिखूं।

आशा है सपरिवार सकुशल हो।

तुम्हारा
नरेंद्र

पुनश्च : 'निराला' जी पर तुम्हारी पुस्तक की क्या प्रगति है ? नरेंद्र

कमरा नंबर ४, बिड़ला धर्मशाला
सारनाथ (वाराणसी)
१८-५-६३

प्रिय भाई रामविलास,

विष्णु चंद्र शर्मा अभी दिल्ली से मुंशी से मिलकर लौटे हैं। उनसे मालूम हुआ कि तुम्हारे बाएं कंधे और बाजू को एक हादसे में सख़्त चोट आई है। और इसको कुछ अर्सा भी हो गया और वाराणसी में चन्द्रबली सिंह से कई बार मुलाक़ात हुई इधर मगर शायद उन्हें भी, यहां किसी को भी, ऐसा लगता है, इसके बारे में कुछ नहीं मालूम। क्लेश हुआ, जी में दुखी। तुम्हारे यहां, बिटिया, और भी कुछ लोग बीमार थे, काफी अर्से से, और उससे तुम्हें कम परेशानी नहीं रही है, इससे अवगत था। भाई पत्र कभी न लिखने का दोषी, अपने मित्रों और पुराने परिचितों को—मैं बराबर रहा हूं। केदार से जब-तब तुम्हारी क्षेम-कुशल मालूम हो जाती रही है, जब जब भी वह इलाहाबाद आए हैं। इधर कोई तीन महीने से मैं यहीं सारनाथ में रह रहा हूं। हफ्ते एकाध में, इलाहाबाद जाऊंगा। कुछ काम पैसे वाला, यहां ले आया था, सो पूरा किया और कर रहा हूं। एकांत-सी जगह है। कोई हड़बड़ नहीं है, समय खाने वाले लोग नहीं हैं, कमरा भी वैसी

भट्ठी नहीं है (गर्मियों में आजकल) जैसे इलाहाबाद वाला मेरा कमरा है। मैं कोई विचारक या अध्येता (स्कालर) बड़े-बड़े मसलों का नहीं। फिर भी अपनी अद्भुत सीमाओं में—जो बहुत हैं—कुछ सोचने बिचारने का यहां मौका मिला है। बहुत सी बातें इधर ६-७ महीने में हुई ही हैं देश में, जिनसे शायद ही कोई लेखक नामधारी अप्रभावित रह सका होगा। रचनात्मक खोलों में, खोहों में, बीहड़ मैदानों, जंगलों, रेगिस्तानों, या उपवनों या खेतों में, या ग्राम, नगर, परिवेशों में जो भी जहां हो, अपनी-अपनी जगह सबने करवटें लीं हैं, सभी हड़बड़ाए हैं, चौंके हैं, क्षुब्ध हुए हैं—ग़ौर से देखा है, तो पूरी दुनिया एक तरह से बदली हुई लगी है। तुम एक पार्टिजन हो जानता हूं। एकदम पार्टिजन। ऐलानिया पार्टिजन।

That simplifies everything...so much. But does it solve anything?

रचनाकार क्या solution खोजता है ?...बहरहाल, सिपाही के अलावा भी कुछ है वह, या नहीं, वालंटीयर ही है, ख़ुदाई ख़िदमतगार ? उसे एक ही रंग की, लगभग एक ही रंग की वर्दी चाहिए ? बहुत-सी बातों का...एक सीधा जवाब है : मानता हूं। जिंदगी एक सीधा जवाब है, यह नहीं मानता।

रचनाकार—छोटे से छोटा रचनाकार भी, (मसलन् मैं—) कैसे देखता है अपने चारों तरफ के समाज को माफ करना दोस्त, I am very presumptuous to be talking to you in this thoughtful vein. You must be smiling...so I feel like saying to myself...leave it ! Anyway...यह सब लिखने के लिए मैंने कलम नहीं उठाई थी, जो कि दुस्साहस है तुम्हारे समक्ष। लेकिन, यह सच है, कि मेरी अपनी एक छोटे अदना पोएट की छोटी और अदना कठिनाइयां हैं...संस्कार मसलन्। व्यक्ति और समाज के संस्कार हैं अपने : (व्यक्ति के, जब लेखक अपने कैरेक्टर—पात्र, चरित्र, 'हीरो', को देखता है : उसे समझना, शायद कुछ बदलना, चाहता है)—व्यक्ति के, और उसके अपने समाज के...संस्कार हैं, गहरे संस्कार, बीहड़ संस्कार, awfully senacious पर्त पर पर्त, जैसे ''जन्मों-जन्मों के संस्कार'' ''करम गति'' को बाधित करते हों—वो संस्कार कैसे ''बदले जाएं'' शब्दों के माध्यम से—रंगों के माध्यम से ! कला के...

कलाकार स्वयं को बदलेगा, बदलेगा, एक माध्यम बनाने के लिए, अपने को एक अत्याधिक sensitive माध्यम, सक्षम दृष्टा, 'Poet' in the ancient sense, a maker घोर रूप से—तभी...और इसी हद तक वह अपने पाठक को—अपना जितना भी छोटा या बड़ा परिवेश है, उसे—प्रभावित कर सकेगा, कुछ ''बदलने के लिए''; for the better, (not for the worse) !

क्यों मैं यह सब तुम्हें लिख रहा हूं ? बहुत दिनों बाद...तुमसे बातें कर रहा

हूं, शायद इसलिए। You have failed as a critic...as a critic leader, I know. I may have failed as a poet. But I am not an important poet yet. And you are an important critic, all the same. And yet you have failed, by and large. So far... and let's look back a bit...Nirala may not have failed as a poet of his age? For all your brilliant criticism and penetrating analysis of the Man and the Poet. Something has missed his grasp.

नहीं, नहीं, मैं इन सब बातों पर तुमसे बात न करूंगा। मैं कह रहा था... संस्कार...कितने प्रबल होते हैं... हैं—हमारे समाज के : हमारे, तुम्हारे। भारत इतना बड़ा देश है, और हम इतने छोटे हैं। यह युग इतना महान है, अपने अंदर, अपने core में; और हमारी दृष्टियां, हमारी क्षमताएं, हमारे अवयव, साधन, उपादान इतने छोटे, इतने कम, इतने... circumscribed हैं और फिर भी यह age इतना महान है। हम ६0 परसेंट अपनी रचनात्मक शक्तियां ऐसे संघर्षों में व्यय कर देते हैं जो petty हैं, 'caste-ridden' हैं (हर अर्थ में), जो इतने बचकाने लगते हैं अंत में।

मैं यह कहने वाला था कि कहीं न कहीं तुम और मैं, जो दोनों एक दूसरे से इतने भिन्न हैं, निराला से जुड़े हुए हैं, हम दोनों ही, most vitally, यह हक़ीक़त है।

(शायद इसीलिए यह पत्र लंबा हुआ जा रहा है ? बहुत दिनों बाद तुमसे बातें कर रहा हूं।) बहुत सी बातें मेरे दिल में उठती हैं, अपना हल खोजती हैं, dogma में नहीं, 'लाइन' में नहीं...अपने उस इतिहास में जिसका मैं एक अभिन्न अंग हूं, जिसका मैं, और मेरे नीचे की मंजिल में सिलाई की मशीन चलाने वाले शब्बीर मास्टर अभिन्न अंग हैं...और मैं और वह कितने अलग-अलग हैं ! जिसका मैं, और भंते धर्मरक्षितजी, प्रिंसिपल महाबोधि कालेज, अभिन्न अंग हैं; मैं और संघल, लिंक वाले, मैं और नागार्जुन, और त्रिलोचन, और अज्ञेय और तुम और स्वर्गीय राहुल, अभिन्न अंग हैं; डॉ. वासुदेव शरण अग्रवाल और स्वर्गीय मौलाना आज़ाद और डॉ. रघुवीर अभिन्न अंग हैं; जिसके दक्षिण भारत और उत्तर भारत, और नेहरू और मुन्नेत्र कज़गम, अभिन्न अंग हैं। इन प्रतिनिधियों के लघु रूपों से हमारा देश, पूरा देश बसा हुआ है, और जी रहा है। और रचनाकार इसको grasp करना चाहता है उसको समझना और व्यक्त करना चाहता है। सीमाएं तोड़कर अपनी दृष्टि में बहुत कुछ लाना चाहता है। और समय बहुत तेजी से बीत रहा है, और हर चीज बदल भी रही है, और तेजी से, and not all for the better only.

I must stop here. Forgive me this length please.

विष्णु ने एक और भी बात लिखने के लिए मुझसे कहा, और मैं अपनी ओर से भी लिखना चाहता हूं, और वह यह काम है : तुम जरूरी समझो तो :—

तुम्हारे यहां अंग्रेजी के लेक्चरर की एक पोस्ट खाली हुई है, विज्ञापन निकला है। इलाहाबाद युनिवर्सिटी से 'मलयज' यानी भरतजी श्रीवास्तव ने एम.ए. इसी साल किया है। उनके बारे में इतनी बातें मैं निश्चित रूप से कह सकता हूं। वह एक गंभीर विद्यार्थी अंग्रेजी साहित्य के रहे हैं, मितभाषी, निरंतर अध्ययनशील। उन्होंने रामनारायण लाल के लिए एक अंग्रेजी-हिंदी डिक्शनरी revise की है (पार साल)। रामकृष्ण मिशन के अनुवाद-कार्य के सिलसिले में उन्होंने भी कुछ अनुवादों को revise करने का काम किया है। वह अत्यधिक कठिन आर्थिक परिस्थितियों से जूझते हुए अपनी पढ़ाई पूरी कर सके हैं। IInd डिवीजन। मुझे विश्वास है कि उनकी अच्छी पोजीशन आई होगी, आरंभ के ४-६ लड़कों में वह होंगे; मुझे अभी मालूम नहीं हुआ है। विचारों में वह वामपक्षी नहीं हैं, मगर हर विचार को समझने की उत्सुकता है; अभी अभी घोर अध्ययन के क्रम से मुक्त हुए हैं, नवयुवक हैं, निश्चय ही आगे बढ़ेंगे—साहित्य की अपेक्षाकृत स्वस्थ दिशाओं में भी और अकेडेमिक क्षेत्र में भी। चूंकि अध्ययनशील हैं, गंभीर हैं और मितभाषी। मैं उन्हें पिछले पांच साल से जानता हूं। मुझे बड़ी ही खुशी होगी अगर उन्हें तुम्हारे कालेज में जगह मिल सके। वह एक योग्य व्यक्ति हैं, निश्चय ही।

यह मुझे बहरकैफ़ लिखना था; तुम्हें एक अच्छा शार्गिद, भविष्य में, दे रहा हूं : पहलवान वह नहीं हैं अफसोस; आर्थिक दैन्य के अलावा बीमारियों से भी वह जूझे हैं। खूब disillusioned हैं। परिमल में रहे हैं, मगर आज परिमल एक बिखरी हुई 'नाम-की' संस्था है; और मलयज को इस संबंध में भी illusions नहीं हैं, वह स्वतंत्र हैं, फिलहाल। उन्हें वास्तव में जो कुछ होना है, वह अब होना है, विद्यार्थी-जीवन को समाप्त करने के बाद। बहरहाल।

Did not want to write so much about this matter even so—I am sure I have all the reasons to recommend this candidate.

तुम्हारे छोटे से भी पत्र का बहुत इंतजार रहेगा। ईश्वर तुम्हें, प्यारे मित्र, दीर्घायु करे और हमेशा स्वस्थ रखे। मेरी पूरी आत्मा चीख़-चीख़ कर यह प्रार्थना कर रही है।

पत्र की लंबाई के लिए क्षमा करना। बहुत बहुत बहुत बहुत प्यार।

शमशेर

१६३-८ बहादुरगंज
जी.टी. रोड, इलाहाबाद-३
२१-२-६४

प्रिय भाई रामविलास,

मैं कोई दस दिन के लिए आगरे आ रहा हूं। मेरे साथ आगरा युनिवर्सिटी से प्रायवेट इम्तहान (हिंदी MA Prev. का) देने के लिए एक मित्र की लड़की प्रेमलता वर्मा होंगी। तुम्हारे यहां असुविधा हो तो लिखना, अन्यत्र कहां ठहर सकते हैं, उसके लिए प्रबंध तुम्हीं को करना है। मैं तुम्हारे सिवा आगरे में और किसी को नहीं जानता।

पहले सीधे मैं तुम्हारे ही यहां आऊंगा; याद रहे।

आशा है स्वस्थ और प्रसन्न हो।

सस्नेह तुम्हारा
शमशेर

१६३-८ बहादुरगंज
जी. टी. रोड
६-४-६४

प्रिय रामविलास,

अभी-अभी तुम्हारा पत्र मिला। हम ६ की रात को यहां से चल कर १० को सुबह ६ बजे के आसपास राजा की मंडी पहुंच रहे हैं। अगर १० को चले तो कार्ड द्वारा सूचित कर दूंगा। हम अपने खाने-पीने का भार किसी पर डालना न चाहेंगे; यह बात मैं लिखना भूल गया था। होटल में ही अच्छा रहेगा, शायद, मगर ऐसे होटल में जिसे तुम तजवीज करो; यानी कायदे का हो।— यह उस सूरत में कि महज़ ठहरने का प्रबंध अन्यत्र न हुआ हो।

कविताएं नहीं लाऊंगा। — बड़े आए हैं हमारी कविताएं सुनने वाले !! xx अच्छा कुछ लेता आऊंगा। मैं तुम्हारी आलोचना से नहीं डरता हूं, क्योंकि तुम मुझसे बढ़कर मेरे सख्त आलोचक नहीं हो सकते; मगर सच पूछो तो मुझे अपनी बहुत कम कविताएं अच्छी लगती हैं। उनमें...और बहुतों में...कुछ तो है; ऐसा नहीं

कि कुछ भी नहीं है; मगर xxx अच्छा ख़ैर। मिलने पर बातें होंगी। मैं नरेन्द्र पर तुमसे बातें करूंगा। उनकी कविताओं का एक चयन कर रहा हूं– वह जरूर लेता आऊंगा। इधर दिल्ली गया था, दो महीने पहले– नरेन्द्र से काफी बातें होती रहीं !– यह कितना अच्छा है, कि किसी बहाने सही, मैं तुमसे मिल तो लूंगा, इस साल।...मुक्तिबोध–कितना कष्ट हुआ है सुनकर। कैसी अजब स्थिति है स्वतंत्रचेता तगड़े साहित्यकारों की !

बहुत-बहुत स्नेह।

तुम्हारा
शमशेर

("यहां शमशेर आए और गए। साथ में नई कविता लाए थे।"–२-५-६४, मित्र संवाद, पृ. २६२)

(१९६५)

प्रिय डाक्टर,

भई इस साल फिर आगरे में तुम्हारे दर्शन हो रहे हैं। कहां ठहरेंगे बताओ। एक खत राजनाथ जी को लिख दिया था; काफी दिन हो गए। कोई जवाब अभी तक तो नहीं आया। कहीं न कहीं fix करके उत्तर शीघ्र ही–यथासंभव शीघ्र दे सको तो बहुत ही अच्छा हो। आने का कारण राजनाथ जी से मालूम हो गया होगा। वही : प्रेमलता जी की एम.ए. अंतिम वर्ष की परीक्षाएं।

आशा है, स्वास्थ्य इस वर्ष पिछले वर्ष से काफी अच्छा होगा। शेष मिलने पर।

'क ख ग' में दो लेखों में एक तुम्हारा लेख सबसे अच्छा लगा, ख़ैर। (उस लेख को पढ़ने से पहले मेरे विचार कुछ और-से थे–)

तुम्हारा
सप्रेम
शमशेर

पता : C/o डॉ. तोला
ई-४/२२ माडेल टाउन
दिल्ली-६

मार्फत डॉ. फ. तोला
ई-४/२२ माडेल टाउन
दिल्ली-६
८-४-६६

प्रिय भाई रामविलास,

तुम्हारा कार्ड यथासमय मिला। तुम्हारे लेख से पाठकों का विशेष लाभ होगा, और मेरा भी, यह तो निश्चित है। तुम्हारे लेख में मेरी दिलचस्पी है, मगर 'धर्मयुग' में नहीं—और अपना चित्र-वित्र भेजने में तो बिलकुल नहीं। नरोत्तम से इत्तफाकन मालूम हुआ था कि तुम दिल्ली में हो, जिस दिन मैं तुमसे मिलने आना चाहता था, उसी दिन प्रेमलता के पिताजी आ गए जिनसे कुछ समस्याओं पर बातचीत अनिवार्य थी। फिर दोपहर की गाड़ी से तुम्हें चले भी जाना था। ख़ैर—अब आगरे में ही भेंट हो रही है। १२ या १३ को वहां आ रहा हूं। जिस होटल का जिक्र तुमने किया है ठहरने के लिए, वहां एक कमरा १२-१३ तारीख से हमारे लिए निश्चित रखने के लिए कह सकोगे न ?

पंडित रमन्ना शास्त्री को सप्रेम मेरा प्रणाम। और राजनाथ जी को स्नेहाभिवादन।

तुम्हारा सप्रेम
शमशेर

उर्दू विभाग, दिल्ली विश्वविद्यालय
२२-११-६८

प्रिय बंधु रामविलास,

प्रेमा माइग्रेशन सर्टिफिकेट लेने एकाध दिन के लिए आगरे जाएंगी। ठहरेंगी तो टूरिस्ट बंगलों में ही; अगर वहां जगह न हुई तो समस्या हो सकती है। आगरे युनिवर्सिटी को कई पत्र डालने के बावजूद कोई उत्तर वहां से मिला नहीं। अगर माइग्रेशन सर्टिफिकेट दिलवाने में सहायता कर सको, सुविधा से, तो बहुत आभारी

होंगी,—और मैं भी : क्योंकि वह अब बहुत गंभीरता से दिन-रात अपने शोधकार्य में जुट गई हैं : अच्छा है, जल्द से जल्द पूरा हो जाए। उन्हें काफी पढ़ना होगा।—मुझे तो खुशी इसी बात की है कि इस बहाने पालि, संस्कृत और अपभ्रंश से कुछ न कुछ परिचय हो जाएगा जो आज के आधुनिक साहित्यकार के लिए हितकर है।—विषय शोध का, चरियापद का ही साहित्यिक और कुछ भाषागत अध्ययन है। बहरहाल।

तुम्हारी famous भूमिका के संदर्भ में दो जगह मेरा अभी मतभेद है — एक इक़बाल के कवि-रोल के संबंध में, दूसरे कवयित्रियों के सिलसिले में। मैं एकाध महीने में अपने विचार लिपिबद्ध करूंगा। इनके अलावा, मैंने उस भूमिका से कई बातें सीखी हैं। जो भविष्य में मेरे लेखन में सहायक होंगी।

और सब यथावत ही है।

हां, भई, यह बता सकोगे कि तुम्हारी दृष्टि में इधर पिछले साल की सबसे अच्छी दस किताबें, हिंदी साहित्य की, कौन सी प्रकाशित हुई हैं ? और कौन सी तीन विशेष महत्वपूर्ण साहित्यिक घटनाएं घटी हैं ? संक्षेप में लिख सको तो—क्या बात है।

सस्नेह।

तुम्हारा अभिन्न
शमशेर

हां, प्रेमा की कविताओं पर तुम्हारी क्या राय ठहरी। यह तो मैं पूछना ही भूल गया था।

२७-८-६६

प्रिय बंधु,

श्रीमती प्रेमलता तोला ने आगरा युनिवर्सिटी को माइग्रेशन सर्टिफिकेट के लिए रजिस्टर्ड पत्र लिखा, मगर अभी तक कोई उत्तर नहीं मिला। प्रेमलता चंडीगढ़ पंजाब युनिवर्सिटी से हिंदी में रिसर्च के लिए तैयारी कर रही हैं। रिसर्च-विद्यार्थी के रूप में रजिस्टर्ड होने के लिए माइग्रेशन सर्टिफिकेट दाखिल करना पहली जरूरत है।

क्या आप कोई तरीका बता सकते हैं जिससे माइग्रेशन सर्टिफिकेट जल्दी मिल सके ?

आलोचना में तुम्हारी पुस्तक का एक प्रारंभिक अंश देखा। बहुत ही अच्छा लगा। बहुत ठोस चीज़। बहुत ही काम की। इसने सबों के दिलों में पुस्तक देखने की उत्कंठा तीव्र कर दी होगी। निश्चय ही।

और सब ठीक-ठाक है। आशा है स्वस्थ सानंद होंगे। राजनाथ जी, अस्थाना जी, चौहान जी व श्री रमन्ना जी को मेरी सस्नेह याद दिला दिजिएगा –जब मिलें।

तुम्हारा सस्नेह

शमशेर

सी-१२ माडेल टाउन

दिल्ली-६

बी/८१-८२, दयानंद कालोनी

लाजपत नगर-४

नई दिल्ली-२४

११-८-७१

प्रिय रामविलास,

अभी कुछ दिन हुए गिरिधर राठी से मुलाकात हुई : उन्होंने तुम्हारा वह लेख जो तुमने मुझ पर लिखा था, पढ़ा था (...मुझे तो अभी तक वह लेख पढ़ने को मिला नहीं– अगर्चे पत्रिका 'तटस्थ-६' संपादक का एक पत्र भी मिला था कि वह अंक मुझे भेज दिया गया है !...); और वह तुम्हारे निष्कर्षों से सहमत नहीं, विशेषकर 'भुवनेश्वर' के दोनों versions के तुलनात्मक पहलू से। यह सुनकर मेरी प्रतिक्रिया हुई कि मैं तुम्हीं से सहमत होऊं; मगर मेरी दिक्कत यह है कि मैंने वह लेख अभी तक नहीं पढ़ा है; मिला ही नहीं। तो, संपादक महोदय को, भई, फिर लिख दो कि एक प्रति उस अंक की मुझे भेज दें। मेरा सही पता उन्हें लिख देना :–

बी-८१-८२, दयानंद कालोनी,

लाजपत नगर ४, नई दिल्ली-२४

अभी-अभी अपने एक भाषाविज्ञानी मित्र डॉ. कृपाशंकर से मुलाकात हुई : भाषा-विज्ञान में मेरी दिलचस्पी को ये जागरित रखते आए हैं ; मुझ layman का ऐसे डाक्टर से संपर्क रखना हितकर ही है ! है न ? of course. तो उनसे मालूम हुआ कि उनकी पत्नी जगन के.डी. तुम्हारे विभाग में पी.एच.डी. में प्रशिक्षण लेने जा रही हैं। मैंने उन्हें एक नेक सलाह दी है—कि भई, इस मौके पर उनसे यानी अपनी पत्नी से कहना कि इतालवी भाषा pick up करें और गुए से दान्ते और शेक्सपियर के संदर्भ में प्रेरणादायक ज्ञान अर्जित करने का कोई मौका चूकें नहीं; और जो भी बातें मालूम हों, चूकें नहीं, नोट करती जाएं। When will you have just enough leisure to write in Hindi a series on Dante and his contemporaries ? हिंदी में और कोई भकुआ है नहीं जो अंग्रेजी क्षेत्र के बाहर के विस्तृत मैदानों की सार्थक सैर हमें करा सके। शेक्सपियर को छोड़कर मैं खुद सारे अंग्रेजी साहित्य से ऊब चुका हूं।...

तुम्हें खुशी होगी, बड़े संकोच से तुम्हें बता रहा हूं, like my non secret कि मैं आजकल E.U.P. की सीरीज़ की 'Greek' ('टीच यौरसेल्फ...') के अद्‍भुत पाठों पर जुटा हुआ हूं। छुट्टी ले रखी है डेढ़ महीने की। और बस यही एक lovely पुस्तिका पढ़ रहा हूं। बहुत-से क्लासिक उद्धरणों से, उसमें, परिचित हो चुका हूं। कितनी मधुर और जानदार भाषा है, और कितनी exact कि हद है !...मेरा अनुमान है कि काम-लायक यूनानी तुम जानते हो, और (संभवतः) यही किताब (ले. F. Kinchin Smith और T.W. Melluish) हो न हो तुम्हारे पास भी तुम्हारी अपनी प्रति, होगी। अगर यह अनुमान मेरा सच है, तो अगले पत्र में एक अद्‍भुत-सी चीज़ तुम्हें भेजूंगा,...हिंदी में अपनी एक पद्यवद्ध कृति, छोटी-सी; जो तुम्हें बहुत पसंद आएगी। उसे मैं 'कविता' नहीं कहता; मगर एक वड़े काम की पद्य-कृति।—अस्तु। अब बस।. पत्र की प्रतीक्षा में।

सस्नेह
शमशेर

पुनः अगले पत्र में दान्ते के 'विता नुओवा' के एक बंद का अनुवाद भी। रॉसेटी के अनुवाद पर आधारित।—श.

(१६७२)

प्रिय भाई रामविलास,

बहुत बार तुम्हें याद किया, अनेक संदर्भों में। अभी अपनी नई पुस्तक भी तुम्हें नहीं भेजी। शीघ्र भेजूंगा। उसमें अशुद्धियां बहुत रह गईं। मैं अस्वस्थ था और प्रकाशक को जल्दी थी...बस, हुआ वही जो होना था। ख़ैर—ultimately इन बातों से क्या फ़र्क़ पड़ता है।

इस 'पत्र' को लिखने का अवसर-सुअवसर यों मिल गया कि बनारस के श्री दिनेश चंद्र शर्मा—पुरानी किताबों के (उर्दू-हिंदी आदि...और पत्र-पत्रिकाओं के संग्रहकर्ता) व महादेव भाई के कृपापात्र—आज आगरे जा रहे हैं, और तुमसे मिलेंगे।

मैं कई बार उन्हें सुझाव दे चुका कि वो तुमसे मिलें। उनके पास हजारों पुरानी पुस्तकें और पत्र-पत्रिकाएं आदि हैं। मगर लोग अभी तक उनको खूब exploit करते चले आए। अब वह दो-एक साल से सतर्क और सावधान हुए हैं। मैंने कहा उनसे—कि हिंदी वालों में किसी का भी विश्वास न करो। (जहां तक मैं जानता हूं—) सिर्फ दो व्यक्ति हैं जिनसे तुम्हें सही सलाह-मश्विरा भी मिलेगा और जिनकी बातों पर पूरी तरह आश्वस्त होकर विश्वास भी किया जा सकता है : वह डॉ. महादेव भाई और डॉ. रामविलास। फिर तुम्हारे विषय-क्षेत्र—भारतेंदु काल—पर दिनेश जी के पास बहुमूल्य सामग्री है;—ख़ैर। किस्सा कोताह, वह तुमसे मिलेंगे। बस।

अब भाभी जी की तबीअत कैसी है ? सुना है अर्से से अस्वस्थ हैं। इलाज तो समुचित हो ही रहा होगा। अगर कुछ हर्ज न समझो तो मेरे भाई डॉ. तेज बहादुर चौधरी को भी पत्र द्वारा रोग के संबंध में लिख देखो। तेज बहादुर बहुत ही अच्छा इलाज करते हैं और पत्र द्वारा भी काफी रोगियों को लाभ पहुंचाते रहते हैं। उनको जरूर लिखो—उनका पता है :—

डॉ. तेज बहादुर चौधरी
पोस्ट—नवागढ़, जिला दुर्ग (मध्य प्रदेश)।
B-IV/89, दयानन्द कालोनी
लाजपत नगर-4
नई दिल्ली-110024

सप्रेम तुम्हारा
शमशेर

A-408 Defence Colony
N. Delhi
(१९७३)

प्रिय भाई,

श्री दस्सानी के माध्यम से यह पत्र (सेसर वाय्येखो भी कुछ कविताओं के अनुवाद के साथ) आपके पास जा रहा है। डॉ. तोला–जो इस समय बोएनस प्रायर्स में हैं–की बड़ी इच्छा है कि डॉ. रामविलास इस कवि और उसकी रचनाओं के अनुवाद के बारे में अपनी राय दें। मैं भी उत्सुक हूं जानने के लिए कि आख़िर तुम्हारी ठीक-ठीक क्या राय है इस कवि के बारे में।

आशा है स्वस्थ सानंद होंगे।

सस्नेह तुम्हारा
शमशेर

प्रेमा का प्रणाम।

१९७४

प्रिय बंधु रामविलास,

दो भारतप्रेमी मित्र, श्री लिओन् और श्रीमती लिओन् आगरे आ रहे हैं; और तुम्हारे बारे में बहुत कुछ सुनकर तुमसे मिलने की उत्सुकता है। श्री लिओन् डॉ. तोला के संस्कृत विद्यार्थी रहे हैं, और श्रीमती ऊते लिओन् जर्मन प्राध्यापिका हैं। बहुत सरल हृदय और स्नेही बंधु हैं और तीव्र बुद्धि। श्री लियोन् डॉ. तोला के ही देशवासी हैं। लगभग ८-१० महीने यहां रह कर पेरू देश जाकर बसने की योजना है। अस्तु।

यहां तुम आए और मैं बावजूद कोशिश के मिल नहीं सका तुमसे। यहां की दूरियां, और समय की तंगियां। एक दिन तो तुम्हारी प्रतीक्षा भी रही। ख़ैर। राजनाथ एवं अस्थाना जी व चौहान जी को अभिवादन। इधर अख़बारों से लगा है कि

आगरा की नागरिक भावना (थोड़ा-सा कागज फट गया है) जागरूक लगी है विशेष रूप से (...)

बहुत स्नेह।

शमशेर

C/o श्री नरेंद्र वर्मा
तिलक चौक
बूंदी (राजपूताना)
१६-८-१६४४

भैया,

पता ऊपर है। मैं बूंदी पहुंच गया। दिल्ली के रास्ते आया। अनेक संकल्प-विकल्पों के बाद आगरा न रुका। दसवीं-ग्यारहवीं अगस्त तक तो तुम लखनऊ ही रहे होगे। यही सोचा और फिर चला आया। आगरा, देखो, मौक़ा पाकर आऊंगा। यहां राजस्थानी साहित्य का अध्ययन करूंगा। राजस्थान का नवीन और अप्रकाशित किंतु जन कंठों में मुखरित साहित्य बड़ा सतेज है। एक कवि हो गया है नेनूराम। यहां के जन-आंदोलन का '१६ और '२० से उद्गाता और प्रचेता था। '४० में उसकी हत्या करा दी गई। वह कलम कागज लेकर लिखने नहीं बैठता था। उत्सवों के अवसर पर सबको नई ज्योति देने वाले गीत और काव्य सिखाया करता था। छपाने की तो उसने कभी सोची ही नहीं। उसकी कविताएं जन-जीवन का संबल हैं। यहां की महिलाएं भी कम सुबुद्ध नहीं हैं। उनके गीत सर्वथा आधुनिक भाव-भूमि पर होते हैं।

मुझे मेरी चीज़ें यहीं भेज दो। शेष फिर लिखूंगा।

नमस्कार।

त्रिलोचन

नागरी प्रचारिणी सभा,
वाराणसी-१
१५-३-६२

प्रिय भाई,

४-३-६२ का पत्र।

३-३-६२ से ११-३-६२ तक बाहर था, इसी कारण उत्तर विलंबित है। श्री रत्नशंकर जी से मिलूंगा। मैं समझता हूं, तुमने केवल जिज्ञासा की है। वैसे तुम्हारा आना आवश्यक दीखता है।

तुम्हारे जैसा आदमी निराला की जीवनी लिखे तो वह आदर्श ठहरेगी। वस्तु-स्पर्श के लिए श्रद्धा का कुहासा कम होना चाहिए तभी कवि प्रत्यक्ष होगा।

'और जो सहायता' का मतलब नहीं साफ हुआ।

तुम्हारा
त्रिलोचन

नागरी प्रचारिणी सभा
वाराणसी-१
२५-७-१९६२

प्रिय भाई,

बेढब जी इस बीच यहां न थे, अब आ गए हैं, अतः पता लिख रहा हूं।
श्री कृष्णदेव प्रसाद गौड़ 'बेढब' बतरस
बड़ी पियरी
वाराणसी।
श्री रत्नशंकर प्रसाद जी,
सुंघनी साहु भवन

गोवर्धन सराय
वाराणसी-१

श्री बैजनाथ सिंह 'विनोद' को बिहार विधान सभा के अध्यक्ष श्री लक्ष्मी नारायण सिंह 'सुधांशु' के मार्फ़त से लिख सकते हो।

आशा है, सानंद हो।

सस्नेह
त्रिलोचन

नागरी प्रचारिणी सभा
वाराणसी-१
८-८-१९६४

प्रिय डॉक्टर,

अमृत लाल नागर पर धर्मयुग में प्रकाशित, बढ़िया लेख के लिए बधाई। संस्मरण के साथ विचार तत्व का दुर्लभ विनियोग किया है तुमने। मुझे नागर पर लिखे अब तक के सारे लेखों में यह अच्छा लगा।

कवि श्री सुमित्रानंदन पंत का लोकायन प्रकाशित हुए अरसा हो गया पर उस पर तुम्हारे विचार कहीं देखने को नहीं मिले। इस किताब में पंत ने फिर निराला वाले विवाद को जगा दिया है। इसमें एक पात्र है वाग्विलास जिसकी छुरी से आहुत होकर हरि की मृत्यु होती है। जब यह घटित होता है तब राजकवि माधव अपने और भी सहायकों के साथ वंशी पर आक्रमण करने के ही इरादे से उपस्थित रहते हैं। यदि 'यह मतवाला निराला' से भी बढ़ा-चढ़ा झूठ यहां छपा दिखता है। ऐसे में तुम्हारा मौन रहना उचित नहीं है।

आशा है, तुम स्वस्थ और सानंद हो। नमो नमः।

सस्नेह
त्रिलोचन

नागरी प्रचारिणी सभा
वाराणसी-१
१८-८-१९६४

प्रिय डॉक्टर,

मैंने कुछ दिन हुए 'राष्ट्रबीणा' में 'नवीन और निराला' शीर्षक एक लेख डॉ. लक्ष्मी नारायण दुबे का देखा, जिसमें 'भावों की भिडंत' के लेखक 'भावुक' को मुंशी अजमेरी बताया गया है और पोषण में श्री मैथिलीशरण गुप्त का हवाला दिया गया है। श्री दुबे को उन्होंने इस आशय का पत्र लिखा है। शायद, दुबे जी का प्रबंध प्रकाशित हो गया हो। जहां तक मुझे ज्ञात है, दुबे जी सागर विश्वविद्यालय से संबद्ध हैं। आवश्यक हो तो उन्हें पत्र लिख सकते हो।

और क्या समाचार हैं ?

सस्नेह
त्रिलोचन

मुक्तिबोध सृजन पीठ
डॉक्टर हरीसिंह गौर विश्वविद्यालय, सागर (म.प्र.)
२३-१-८६

प्रिय भाई,

आपका ३-१-१९८६ का पत्र मिला।

इस छोटे-से पत्र से आपने मुझे जो सहारा दिया है वह मेरे लिए भरोसे का है।

आप अनुभवी हैं अतः आपके शब्दों में शक्ति है।

आपका
त्रिलोचन शास्त्री

श्री रामविलास शर्मा
सी-३५८, विकासपुरी
नई दिल्ली-११००१८

(टंकित)

२० अगस्त, १६७१ ई.
C/o युनिवर्सल बुक हाउस,
लंका, वाराणसी-५

आदरणीय डॉ. साहब,

आपका १८-८ का कार्ड।

बनारस में व्यतीत हो रहा हूं। २६/७ को इधर आकर बीमार हुआ। अब ठीक हूं। रिसर्च के लिए बी.एच.यू. में ही आवेदन किया है। गाइड के नाम पर डॉ. शिवप्रसाद सिंह रहेंगे। जल्दी ही निर्णय होने वाला है। शोध कार्य के दौरान अर्थव्यवस्था भी स्कॉलरशिप के अभाव में मुझे करनी है।

करीब दो हफ़्ते की बारिश के बाद धूप ने अपना रंग आज ही आपका पत्र मिलने पर दिखाया है। बढ़ी हुई गंगा शहर की सैर किया चाहती है। देहात में बहुत नुकसान हुआ है।

आज शास्त्री त्रिलोचन जी ने अपने कड़े जीवन के ५४ वर्ष पूरे किए हैं। मैं जल्दी ही अब उनके काव्य-संकलनों की तैयारी मे जुट जाऊंगा। निराला जी पर आपकी पुस्तक के द्वितीय खंड की मुझे प्रतीक्षा है। शेष—

वाचस्पति
आपका

पंडित जी कल 'कला भवन', बी.एच.यू. में मिले। आजकल वे व्याकरण में व्यस्त रहते हुए स्वस्थ-प्रसन्न हैं।

मान्य अग्रज,

भूयो भूयः नमस्काराः

आपकी प्रकाश्य पुस्तक की प्रतीक्षा है। बाजार में आते ही देखूंगा। 'निराला की साहित्य-साधना' संशोधित-परिवर्धित अभी मेरे देखने में नहीं आई। मिलने पर पढ़कर आपको लिखूंगा।

आधुनिक हिंदी के साथ मैं अपनी अवधी भी लिख रहा हूं, कारण चेतना के विकास में उसका बहुत बड़ा योग है। न लिखना अपनी चेतना का ही काफ़ी कुछ अपने तक ही रोक रखना होता।

आप स्वस्थ और प्रसन्न होंगे।

वशंवद,
त्रिलोचन
२०/८/१९७१

डॉक्टर,

इस कार्ड से लगा कि काम में तुम वैसे ही चुस्त और मुस्तैद हो जैसे पहले। अब दूसरा संस्करण देखने पर, कहने लायक़ कुछ हुआ तो कहूंगा। पहला संस्करण भी कम उत्तम नहीं, दूसरा तो और भी उत्तम होना ही चाहिए, विशेष तब जब लेखक की जगह रामविलास शर्मा छपा हो।

अगर नई कविताएं काफ़ी हो गई हों तो एक संकलन उनका भी शीघ्र आना चाहिए। मैंने कविताओं को जहां कहीं देखा, अच्छी पाकर पसंद किया।

त्रिलोचन

C/o यूनिवर्सल बुक हाउस
लंका, वाराणसी-५

आदरणीय डॉ. साहब,

कल शाम आपका ६/१ का कार्ड किसी प्रकार मुझे मिल सका। शहर कल दोपहर से गोली, अश्रु गैस और ईंटों से अंटा है। आज कर्फ़्यू में आपका समाचार त्रिलोचन जी को दिया है। 'निराला की साहित्य-साधना' उन्हें दुबारा पढ़ने की व्यवस्था

की गई। पर अब वे दूसरे संस्करण को देख कर ही अपनी बात बोलेंगे। यहां जब तक हूं, तब तक हूं। फिर गांव-घर। शेष–

आपका
वाचस्पति उपाध्याय
१२-१-१६७२

अमरूदी, मछुआटोली
बाकीपुर (पटना)
११-५-४६

प्रिय बंधु,

बीस-पचीस कविताओं का संग्रह, 'विशाखा' नाम से निकलवा रहा हूं। यदा-कदा 'यात्री' नाम से इधर-उधर निकलने वाली, और कुछ अप्रकाशित-भी, कविताएं हैं विशाखा में। जून में वह छपेगी और जुलाई में प्रायः प्रकाशित हो जाएगी।

तुमसे चाहता मैं यही हूं कि छोटी-सी एक भूमिका लिख दो। छपे हुए फर्मे जून के आरंभ में ही तुम्हें मैं भेज दूंगा।

जागरूक और समर्थ मीमांसक के रूप में न जाने तुम कब से मेरी अशेष श्रद्धा के पात्र रहे हो ! अधिक कुछ लिखना चाटुकारिता न हो जाए–

तुम्हारा
भिक्षु नागार्जुन

पुनश्चः मैथिली में मेरा पहला उपन्यास छप कर तैयार है। अपनी मैथिली कविताओं का संग्रह (षोड्शी) भी जुलाई में प्रकाशित कर रहा हूं। स्यात् स्वयं मैं आगरा आ रहा हूं जून में। तब ये चीज़ें साक्षात् तुम्हें सुना सकूंगा। ग्रीष्मावकाश में कहीं बाहर जा रहे हो तो सूचित करना। इस पत्र के उत्तर में अभी एक कार्ड डाल देना मेरे नाम।

नागार्जुन

(पता नहीं, 'विशाखा' नाम से कोई संग्रह छपा था या नहीं, 'युगधारा' नाम से एक संग्रह जरूर छपा था। उसमें मेरी भूमिका या सम्मति थी। यात्री प्रकाशन से यह दूसरी बार १९८२ में प्रकाशित हुआ। पुस्तक के अंत में '१९५३ के संस्करण की दो सम्मतियां'—प्रकाशचंद्र गुप्त की और मेरी—दी हुई हैं।)

३-५-५२

प्रिय डॉक्टर,

तुम्हारा ३०/४ का पत्र मिला।

मई-दिवस का अभिनंदन लो !

यहां जगह मिल सकती है। मगर मकान में बिजली और बंबा नहीं है। रामजी के आसरे और सब ठीक है। सामने—पीछे की खिड़कियां खोल दो तो—''गंगा भागीरथी पुण्या'' और छोटी लाईन का पुल बिल्कुल क़रीब है। आओ तो टाईम लिखो, मैं अड्डे पर राह देखता रहूंगा। यों यह मोहल्ला मोरी कहलाता है। यहां पुजारी के परिवार में खाना बनवाता हूं, सो तुम्हारा आटा सीधा दे दिया करूंगा...वहीं बन जाएगा...शीघ्र सूचित करो।

निराला जी से दो दफे मिल चुका हूं। तुम्हारा प्रणाम भी पहुंचा दिया है। दोनों बार मैंने स्वगतोक्ति-मग्न पाया। तुम्हारे बारे में कहने लगा तो उन्होंने अंगुलियों की चतुष्टयी हिलाकर और टुड्डी कुंचित करके निरीह संकेत किया...हरभजन दास कौन थे ? सो अवश्य पूछ लिया !

अच्छा भाई !

तुम्हारा
नागार्जुन

हरभजन दास का मंदिर,
दारागंज
इलाहाबाद

१८-१०-५७

प्यारे विलास,

पिछले कई दिनों से आगरा आने का प्रोग्राम बनाता हूं और वह टूट-टूअ जाता है। नीयत है कि चार रोज़ जमकर तुम्हारे साथ रहूं फिर पांच-सात दिन दिल्ली। और यदि मूड आ गया तो दो-तीन रोज़ झांसी... वृंदावनलाल वर्मा के साथ कुछ वक्त बिताने की लालसा जाने कब पूरी होगी !

आज दारागंज गया था, निराला जी मध्याह्नोत्तर विश्राम ले रहे थे, सोए हुए थे, फिर मैं भाभी से मिलने 'हरभजनदास का मंदिर' चला गया, लौटते वक्त नहीं जा सका निराला जी के यहां। २३ को फिर जाऊंगा।

बांदा-स्मृति और केदार पर कुल मिलाकर ६६ लाइनों की एक लंबी कविता तैयार की है, ख़ूब अच्छी बनी है। मिलने पर सुनाऊंगा।

२८ को रविवार है। एक-आध दिन आगे-पीछे मैं आगरा पहुंच रहा हूं। तुम्हारा होना तो निश्चित है ही। दुर्गापूजा की छुट्टियों में अवश्य खटका था कि मैं आगरा पहुंचूं और जनाब न मिलें तो ताजमहल कैसा मनहूस दीखेगा...

शेष फिर।

नागार्जुन तुम्हारा

और हां,

लौटती डाक से सूचित करो कि मदीया कटरा पहुंच कर तुम्हारे ठिकाने तक यह चोला किस तरह जाएगा। किस स्टेशन पर उतरना होगा ? राजामंडी ? आगरा ? मैं सन् ४१ में गया था, उसकी कोई बात ही नहीं। प्यारे, तुम नए सिरे से अपने नगर और मुहल्ले का भूगोल लिख भेजो।

. नागार्जुन

(८-११-७०)

भाई,

पोस्टकार्ड मिला। हां, गमनागमन की बातें फिलहाल वचनाविलास ही साबित हुईं ! अब, चूंकि, अप्रैल के अंत तक यहां रहना ही है और फिर सितंबर में दिल्ली वापस लौटकर इसी प्रकार दूसरे अप्रैल तक यहां रहना है यानि प्रतिवर्ष आठ महीने के अनुपात में 'दिल्ली निवास' का इरादा...

अरे भाई नहीं !

अरे भाई हां !

दर-असल बात यह है कि यहां प्रकाशकीय सुविधाएं इतनी प्रचुर हैं कि अगले दस-बीस-तीस वर्ष यदि यहीं गुजार सकूं तो जाने कितना 'विपुल वाङ्मय' लोगों के लिए सुलभ कर दूं ! जी, साहब !...आधा दर्जन बड़े प्रकाशक मुझे थिरकाते रहते हैं—"साहब, इत्ता अच्छा आपकी मार्किट है मगर आप तो जाने क्या करते रहते हैं ! लिखते ही नहीं..."आदि-आदि। अब बतलाओ तुम्हीं कि अर्जुन नागा नाम का यह जंतु क्या करे ?

अभी और क्या लिखूं ? दमा का दौरा है, ५-७ रोज़ रहेगा।

नागार्जुन तुम्हारा

'अफ्रो-एशियाई' का बड़ा जोर है इन दिनों...तुम तो नहीं आ रहे ? युवक साहित्यकारों ने १६ वाली मीटिंग में मुल्कराज की बड़ी रगड़ाई की...शिवदान और सज्जाद जहीर भी खींचे गए...अभी गुरुमुखी में एक पंफलेट चंडीगढ़ से निकला है "बुर्जुआ हैडक्वार्टर नुं उड़ा द्यो..." और "राइटर्स फ्रंट" दिल्ली की तरफ से अंग्रेजी में एक परिपत्र प्रसारित हुआ है, कुछ-कुछ इसी किस्म का।

★

यह साफ है कि इंदिरा पंथी और रूसपंथी साहित्य-पुरोहितों की अगवानी में बाहर के काफी मेहमान यहां जुटेंगे। बाहर के गुरिल्ला जन-पुत्रों के बारे में भले ही दो-चार शब्द कह-सुन लिये जाएंगे; मगर श्रीकाकुलम् में, बंगाल में और अन्यत्र सैकड़ों की तादाद में जो धरतीपुत्र मारे जा रहे हैं, उनकी याद तक न की जाएगी ! ठीक है, "सरकारी हिंसा हिंसा न भवति"!

६-१-७२

प्रिय भाई,

आगरा से विदिशा जाते समय तुमसे मिल नहीं सका...मालकिन से मेरा नमस्ते कहना। आयुष्मती स्वाती को आशीर्वाद।

नागार्जुन

F-१४/६ माडल टाउन,
दिल्ली-६

१३-४-८३

प्रिय भाई,

बीच में पता चला कि बनारस गए हैं।

मालकिन की तबीयत के क्या हाल हैं ? वो क्या अभी बनारस ही रहेंगी ?

नागार्जुन तुम्हारा

C-३/१६६ यमुना विहार
दिल्ली-५३

२८-४-८३

भाई,

पहली मई को चार बजे अवश्य पहुंच रहे हैं। राजकुमार सैनी के साथ।

★

इस बार बातें तो होंगी ही, कविताएं भी सुनाएंगे। हिंदी और सस्कृत की ताजा रचनाएं...

वो रात (१.५ की रात) मुझे राजकुमार के निवास स्थान पर गुजारनी है। एतदर्थ उन्हें सूचित कर चुका हूं।

★

हम जनकपुरी तक पहुंचने के क्रम में, रविवार के पूर्वाह्न में, ११ बजे तक राजकुमार के घर पहुंच लेंगे। भोजन एवं विश्राम के बाद साढ़े तीन में उधर से जनकपुरी के लिए रवाना होंगे।

नागार्जुन तुम्हारा

C-३/१६६, यमुना विहार
दिल्ली-५३

यह सब पूर्व-निश्चित प्रोग्राम है, और सब ठीक है। अभी मुजफ्फ़रनगर जा रहा हूं।

नागार्जुन

बांदा
१३-२-७८

प्रिय डॉक्टर,

—इधर पत्र नहीं लिख सका। तुम्हारा भी कोई पत्र नहीं आया।

—वैसे सब ठीक है। आशा है कि तुम भी ठीक होओगे। पुस्तक लिखने में व्यस्त होओगे ही।

—मैं यहां से दोपहर की गाड़ी से २५/२ को झांसी जाऊंगा और वहां से रात जी.टी. १६ up से मद्रास जाऊंगा, सपत्नीक। वहां मार्च और अप्रैल के मध्य तक रहूंगा।

—२३,२४/२५/१ को दिल्ली था। वहां से आगरा न आ सका। मैं जाकर मुंशी से मिला था। ठीक थे।

अब मनःस्थिति यह है :

"गुलाब देखते-देखते
गुलाब हो गया मैं,

सूर्यास्त के चेहरे पर खिला,
पटाक्षेप के पूर्व
कालातीत हुआ प्रमुदित।''

सस्नेह तुम्हारा
केदारनाथ अग्रवाल

बांदा
२०-२-७८

प्रिय डॉक्टर,

—१६/२ का पत्र आज मिला।

—मेरे प्रकाश का पत्र मुझे जब मिला था तो मैंने उन्हें लिख दिया था कि वह तुम्हारी शरण में जाए और पारिश्रमिक देने का प्रबंध करें। उन्होंने मेरा पत्र पाकर मुझे सूचना दी है कि वह प्रबंध कर रहे हैं।

—मैंने उन्हें अपनी सभी पुस्तकें भेजने को लिख दिया था। वह मिल गई होंगी।

—एक बात कहूं। निःसंकोच होकर लिखना भूमिका। मुझे अपनी कमजोरियां जान कर बहुत अच्छा लगेगा। अपने को ऊपर उठाने की सूझबूझ मिलेगी। सूफी है। चलो यह स्वीकार है। यह तो चेतना और भावना का क्षेत्र है। वहां पहुंच कर जो रचना बन जाए वह ग्राह्य है मुझे। सब कुछ स्कीम बनाकर नहीं लिखा जाता। अपनी-अपनी क्षमता होती है। मेरी क्षमता जो है वही मुझसे लिखवा लेती है।

काल की सवारी शब्द और अर्थ ही मिल कर करते हैं। तभी अपने गंतव्य पर उस बिगड़ैल घोड़े को ले जा पाते हैं। मैंने तो उस पर जो सवारी की है वह सहज-सरल भाव से, पुचकार कर, की है। वह दुलत्ती मारता तो मैं धराशायी हो जाता। बस।

सस्नेह तुम्हारा

केदार

(१६/२ का पत्र; मित्र-संवाद, पृ. ४०६)

मद्रास
१८-३-७८

प्रिय डॉक्टर,

—१६/२ का तुम्हारा पोस्टकार्ड सामने है। देर से पत्र लिख रहा हूं। यहां २१/२ को आ गया था। १४/४ को बांदा पहुंचूंगा। पत्नी यहीं रहेंगी। फिर ३/६ तक बांदा से मद्रास की यात्रा करूंगा।

—एक दिन शाम हो गई थी तब सागर-तट पर गया था। अब किसी दिन फिर जाऊंगा सवेरे। सूर्योदय देखने। शायद कोई कविता पकड़ लाऊं।

—गेंदों का खरा सोन-चम्पई रंग तुम्हें भी मुग्ध कर रहा होगा। तुम्हारे लेखन में उसकी ताज़गी और उसका रंग भर जाएगा, ऐसी मेरी धारणा है।

—मेरे प्रकाशक ने तुम्हारे पास पुस्तकें भेजीं या नहीं?—तुम्हें फिर पत्र लिखकर सूचना दे सका या नहीं? मैंने पत्र तो बांदा से भेज दिया था।

—हम लोग सपरिवार ठीक हैं।

—मद्रास की माउंट रोड रात में, मुझे बेहद ख़ूबसूरत लगती है। प्रकाश में जैसे सौंदर्य सजीव हो जाता है। मन पर एक मायावी भाव छा जाता है।

—यहां आकर अभी कुछ लिख नहीं सका। डॉ. आशा गुप्त के प्रकाशित होने वाले संकलन की कविताओं का मर्म समझ कर भूमिका लिख रहा हूं। पूंजीवादी लोकतंत्र की तथाकथित व्यक्ति-स्वातंत्र्य की अभिव्यक्तियां देखता हूं और उनके उत्स तक पहुंच कर कवयित्री की मानसिकता की पकड़ करता हूं और उसी को भूमिका में व्यक्त करता हूं ताकि पाठक पढ़ें और समझें कि नई कविता किस तरह वैयक्तिक होकर निजी—निस्संगता की—अनुर्वरता पा रही है और वह कोई सामाजिक दायित्व नहीं निभा रही। कविताएं कैसे-कैसे रूप धारण कर लेती हैं। यह इस बार इन कविताओं के पढ़ने-समझने से मालूम हुआ।

आशा है कि तुम सपरिवार ठीक होओगे। लेखन चल ही रहा होगा। एक लेख रणधीर सिन्हा को पहले ही भेज चुका हूं :—

'अऽऽआस्था का देनदार मेरा दोस्त रामविलास।'

—अमृतलाल नागर को बांदा से पत्र भेज चुका हूं, तब जब मैंने उनका उपन्यास 'मानस का हंस' पढ़कर समाप्त किया था। अच्छा लगा था। तुलसीदास बोले तो जैसे नागर बोले। दोनों के जीवन जुड़ कर एक हो गए हैं।

आगरा कैसा जा रहा है? मालकिन को नमस्कार।

सस्नेह

केदारनाथ अग्रवाल

16, Thirumoorthy Street
"T", Nagar
MADRAS 17
२५-३-७८

प्रिय डॉक्टर,

—२२/३ का तुम्हारा पत्र आज सबेरे मिला। होली का दिन है। उत्तर प्रदेश के यहां आए लोग, तो रंग-अबीर और गुलाल से लाल हो रहे हैं और मद्रास के कोरे मौसम में भंग-बूटी छानकर भोले बाबा की जय बोल रहे हैं। मथुरा की होली को साकार कर प्रसन्न हो रहे हैं। अभी तो हम रंग से बचे सफेद बैठे पत्र लिख रहे हैं। पर बेटे की ससुराल में आज दोपहर का भोजन है इसलिए तब तो बच पाना संभव न होगा और रंगीन हो जाएंगे। मज़ा तो आता ही है, इस बुढ़ौती में भी जब तन-मन दोनों रसिया उठते हैं। भला कोई बात है कि परिवेश में फूल रंग मारें और हवा नाचे और धूप गुदगुदाती रहे और आदमी ठूंठ की तरह बेजान खड़ा रहे;

—तुम ठीक कहते हो कि महाबलीपुरम् का समुद्र-तट मद्रास के समुद्र-तट से अधिक काव्यमय है। यहां परसों शाम गया था। आदि तत्व हिलोरे ले रहा था—चंद्रमा रोशनी भर रहा था न। पानी—अथाह नीला पानी—तरल तन से पारा-पारा हो-हो कर उछल-बिछल रहा था और आदिम बोल-बोलकर तट पर पसर-पसर जाता और तत्काल अपने अहं में पहुंच-पहुंच जाता था। फिर-फिर देश और काल को पानी-पानी किये हरहरा रहा था। देखता रहा—सुनता रहा—जल की विवशता मुझे द्रवित करती रही और मैं अपनी चेतना में इसके आदि तत्व की पुकार-पुकार में शताब्दियों का इतिहास खुलते-मुंदते, प्रस्तुत होते भोगता रहा। आदमी के संपूर्ण विकास-क्रम को इसी संदर्भ में, फिर-फिर दुहराता रहा और आदमी होने के गौरव से और उसकी गरिमा से गूंज-गूंज उठता रहा। सच्च, आदमी सबसे श्रेष्ठ है। श्रेष्ठ है इसकी चेतना जो प्रकृति और परिवेश को बदल-बदल कर मानव मूल्यों के अनुरूप बना रही है और हम एक उज्ज्वल भविष्य की ओर जा रहे हैं। इसमें संदेह नहीं है।

—प्रसार-व्याख्यान दे रहे हो। चलो यह बड़ा अच्छा काम कर रहे हो। पाश्चात्य आलोचना सब तो एक जैसी नहीं है। वह भी पूंजीवादी लोकतंत्री व्यवस्था की सांठ-गांठ में बहुत कुछ बिगड़ी है और उसकी मानसिकता को बिम्बित करती रही है जो व्यक्ति को estranfil करती चली गई है और जो लेनिन वाले cognition के सिद्धांत के विपरीत ही सत्य को पाने का प्रयास करती रही है। सत्य तो

वह पा नहीं सकी। जो कुछ उसने पाया वह उसने आदमी का आदिम अस्तित्व ही पाया और भाषा तो खो ही बैठा। उसे अवरोध मानने लगा। यह मैं सोचता हूं। सत्य चाहे जो हो।

अपने विचार से अवगत कराना।

सस्नेह तुम्हारा

केदारनाथ अग्रवाल

(२२/३ का पत्र मित्र-संवाद, पृ. ४०७)

बांदा (उ.प्र.)
१७-७-७८
६ १/२ बजे सुबह

प्रिय डॉक्टर,

—इस बार भी मैंने मद्रास जाते समय बांदे से तुम्हें सूचित किया था। पता नहीं तुम्हें मेरा वह पत्र क्यों न मिल सका। वहां रहा तो तुम्हारे पत्र की प्रतीक्षा दिन की 'खलरी' उधेड़ता रहा और रात को नींद में डूबा खोजता रहा। वह सीप ही न मिली जिसमें मोती होता है। वैसे जो सीपियां मिलीं वह आबदार मोतीयों वाली न थी। १५/७/७८ को १ बजे दिन जब वहां से यहां बांदा घर आया तब जनाब का २६/६ का पोस्ट कार्ड मिला। इसमें भी जनाब का मोटा कलम, भारी-भरकम गज-पद रखते हुए फासला-फासला से शब्द लिखते हुए, थोड़ा ही चला है और लघु-यात्रा के बाद, तमाम जगह छोड़ कर, रुक गया है। इसके लिए मेरा मन खीझा है। पर बेबस है।

—वहां रहा, ठीक रहा। बेटा काम पर मद्रास से बाहर था इससे घर पर ही 'पल्थी मारे' नहीं, हैंडपाइप से पानी भरते, व बच्चों से लड़ता-झगड़ता रहा। इस बार कुछ लिख नहीं सका।

—जनता पार्टी खोखले राजमार्गियों की पार्टी है। यह जो चरण सिंह-देसाई कांड की नौटंकी हमने-तुमने देखी है 'दिलचस्प' जरूर है पर नतीजा कुछ भी

नहीं निकलता। ढहते मकान की बुनियाद से भूत निकले हैं। वह नया क्या बनाएंगे?

बस हमने तुम्हारे नाम की माला जप ली। दिन ठीक बीतेगा।

केदारनाथ अग्रवाल

बांदा (उ.प्र.)
२७-७-७८

प्रिय डॉक्टर,

—कल मेरे घर के पंडित जी ने ख़बर सुनाई और अखबार लाकर दिखाया कि हिंदी संस्थान ने १५,000/- रु. का पुरस्कार तुम्हें दिया है। मैंने तो अखबार लेना बंद ही कर रखा है। यह बढ़िया रहा। बहुत-बहुत बधाई। तुमने अपने पत्र में कुछ भी इशारा नहीं किया। अरे भाई, कभी-कभी तो सहज-साधारण आदमी बन कर जी की जैसी कह दिया करो। ऐसा नहीं है कि भीतर हवा पहुंचे और चिंतन की धारा न टूटे और तुम्हारा मन सोंठ ही बना रहे। आख़िर आदमी तो हो और सूक्ष्म संवेदनशील भी हो। शिकायत नहीं, यह तुम्हें झकझोर रहा हूं। बोलो, थोड़ी देर को विद्वान न रहो, हम जैसे खुले बन जाओ और सब-कुछ अनाप-सनाप लिख भेजो। मार्क्स वाली किताब क्या हो गई उसने तो तुम्हें बंदी बना लिया। ख़ैर, जल्दी ही उससे मुक्ति मिलेगी। शुभ समाचार दिया है तुमने। पर यार, तुम इतनी मशक्कत से, सब कुछ छोड़ कर, न जुटते तो इतनी किताबें कौन मेरे लिए लिखता और मैं विवेकी कैसे बनता। इस सबके लिए बधाई। सब मजाक एक तरफ।

क्रांति तो लोग होने न देंगे। यह सब 'चभुआ' जमात के लोग उसे होने ही न देंगे। अपने लोग भी तो धर्म-धुरीण हैं न। सब सहते रहेंगे।

सस्नेह,

केदारनाथ अग्रवाल

बांदा
१७-८-७८

प्रिय डॉक्टर,

—पत्र मिल गया था। इधर कचहरी के पुराने मुकदमों में व्यस्त था इससे अब आज पत्र लिख रहा हूं।

—कृष्ण मुरारी पहाड़िया से अभी ८ बजे सुबह मालूम हुआ कि तुम बीमार हो। क्या बात है? अवश्य सूचित करो। चिंता हो गई है। अनुवाद क्या रुका होगा।

—मैं ठीक हूं।

—इधर पानी झमाझम बरस रहा है। मौसम बादल-बिजली का है।

सस्नेह तुम्हारा

केदारनाथ अग्रवाल

(जो पत्र मिला, वह ३१/६ का था; मित्र-संवाद, पृ. ४०६)

बांदा
११-६-७८

प्रिय डॉक्टर,

—पोस्टकार्ड मिल गया था।

—आगरा बाढ़ की चपेट में आ गया है। रेडियो से पता चला। चिंता हुई। तुम्हारा मकान पानी से बचा रहा या वहां भी पहुंच गया। अब क्या हालत है। दैनिक जीवन अस्त-व्यस्त हो गया होगा। मालकिन की तबियत अब कैसी है? तुम्हारा मन चंगा होगा। आशा यही है। उत्तर की प्रतीक्षा।

सस्नेह तुम्हारा

केदारनाथ

(पोस्टकार्ड—२३/८ का; मित्र-संवाद, पृ. ४१०)

बांदा
३-६-९१

प्रिय डॉक्टर,

—१५/५ का पोस्टकार्ड मिल तो गया, पर न जाने कैसे उस पर स्याही के दाग़ जमे बैठे हैं और पढ़ने नहीं देते। बड़ी कठिनाई से कुछ पढ़ सका।

—राजस्थान में तब बहुत बढ़िया कविताएं लिखी गईं। तुमने ऐसा लिखा है—हम कैसे जानें? होगा शानदार लोकगीत—हमने तो न उसे पढ़ा है—न सुना है। साम्राज्य और सामंतों के विरुद्ध तो सदैव ही आम जन में चेतना रही है। हां, वह पढ़े-लिखे नहीं होते, इसलिए सोच-समझ कर चुप रह जाते हैं। जो लेखक होता है वही तब लिखता है या तो जब उस विरुद्ध मानसिकता का होता है या कि जब कोई उससे लिखवाता है। निजाम रहे हों—चाहें अंग्रेज—चाहे महंत—मठाधीश, सभी तो गुलछर्रे उड़ाते रहे हैं। यह आदमी की नैतिक वृत्ति होती है। विश्व में जो रवैया चल रहा है, वह भी ठीक से न चला तो 'झाड़ी' का जंगल उगेगा और आदमी न बचेंगे—सब शेर-चीते-लोमड़ी-सुअर और भेड़-बकरी हो जाएंगे।

—डॉ. अशोक त्रिपाठी आए होंगे? पत्र आया था—काम बहुत है, ऐसा लिखा है।

—चुनाव का चक्कर तो पूरी तरह से चक्कर के माहौल में चल रहा है—सभी तरह के जीव जी उठे हैं। देखो कौन देश को हथियाता है।

सबको यथायोग्य।

सस्नेह तुम्हारा

केदारनाथ अग्रवाल

यो जागार तं ऋचः कामयन्ते—जो जागता है, उसे ऋचाएं चाहती हैं।

यो जागार तं उ सामानियन्ति—जो जागता है, सामगीत उसके पास आते हैं।

यो जागार तं अयं सोम आह—जो ... उससे यह सोम कहता है :

तव अहं अस्मिसख्ये निओकः—तुम्हारी मित्रता में मेरा घर है। (ऋग्वेद ५.४४.१४) तीन बार योजागार की आवृत्ति से वक्तृत्व कला का प्रदर्शन। जागार की अर्थगरिमा पर ज़ोर। जागार=inspired कवि की मनोदशा। कवि है, योगी भी है। दूसरों के लिए जो रात है, उसके लिए वह दिन। उधरहिं विमल विलोचन ही वह दशा है। वह ऋचाओं के पीछे नहीं दौड़ता। ऋचाएं उसे चाहती हैं। सामगीत उसके पास आते हैं। कहीं मूर्ख राजाओं से दक्षिणा पाने वाले पुरोहित भी inspired

होते हैं ? ऋग्वेद के ये कवि कविता तो करते ही हैं, अपने मन को भी देखते हैं, वह क्या कर रहा है जैसे हजारों साल बाद वर्ड्स्वर्थ और शेली करते थे। inspiration का स्रोत है सोम—मनुष्य की चेतना में अपृक्त का निर्झर सच्चा कवि एक बार inspired हो कर फिर जड़ हो गया, ऐसा नहीं होता। inspiration से उसकी दोस्ती हो जाती है। इस दोस्ती में ही सोम का निवास है। सोम घोट कर पीने वाली पत्ती नहीं है, मानव की अंतर्तम चेतना का केंद्र है। कवि का अहं इस इद्रं के संपर्क में रहता है। संपर्क से नशा तो होगा ही। सबेरे जब से यह मंत्र पढ़ा, हमें भी नशा है। इसलिए यह कार्ड। तुम्हारा कार्ड मिल गया था।

रा. वि. २१ जून ६१

बांदा
२७-६-६१/Pin २१०००१

प्रिय डॉक्टर,

'मित्र-संवाद' की भूमिका ? (डॉ.) अशोक त्रिपाठी ने, जेराक्स करा कर भेज दी, मुझे वह उनके पत्र के साथ २५/६/६१ को मिल गई। मैंने उसे पढ़ा। पढ़ कर प्रसन्न हुआ। तुमने इतनी मेहनत और धैर्य से सभी पत्रों को पढ़ा, यही क्या कम बड़ी बात है। मैं तो ऐसा कभी न कर पाता। तुमने बड़ा अच्छा काम कर डाला। यह संवाद हिंदी के हित का है। लिखने में कष्ट हुआ होगा। संभाल कर लिखा है तुमने प्रत्येक शब्द और पंक्ति को। मैं पढ़ सका—कष्ट न हुआ।

आज ही अशोक को भी इसके पाने की सूचना दे रहा हूं।

सहाय साहब भी दिल्ली—२२-२३/६ को—गए होंगे तो मिले भी होंगे—पुस्तक वहीं दिल्ली से छपाने की बात लिखी है। मद्रास से बेटे ने जुलाई में आने को लिखा है।

तुम्हारे घर में सभी ठीक होंगे। यथायोग्य कहना।

मैं ठीक हूं। गर्मी ख़ूब है। कूलर से रक्षा होती है।

केदार

नई दिल्ली-१८
११-७-६१

प्रिय केदार,

तुम्हारा २७/६ का कार्ड मिल गया था। तुमने आधी भूमिका पढ़ी है। उसमें एक 'पुनश्च' और है। अशोक त्रिपाठी ने वह तुम्हें अभी नहीं भेजा। हम अपने साथ मित्रों को सुनाने के लिए कुछ पत्र बांदा ले गए थे। पहले वे मिले न थे, बाद में मिल गए। उन्हीं को लेकर भूमिका में 'पुनश्च' जोड़ा है। सहाय से भेंट नहीं हुई। अशोक से ही उनके समाचार मिल गए थे। अशोक कहते तो हैं, सितंबर में निकाल देंगे पर अभी प्रेस कापी तैयार नहीं हुई। बड़ा मोर्चा वही है। संग्रह दिल्ली में छपेगा, इसलिए शायद काम कुछ जल्दी हो जाए। इधर लेनिन के लेखों का संकलन बनाया है। विश्व कम्युनिस्ट आंदोलन की वर्तमान स्थिति को देखते हुए जो लेख बहुत प्रासंगिक लगे, उन्हीं को लिया है। आजकल उसी संकलन की भूमिका लिख रहा हूं। और सब ठीक है।

सस्नेह,

रामविलास

बांदा (उ.प्र.)/Pin-२१०००१
२४-७-६१

प्रिय डॉक्टर,

—११/७ का पोस्टकार्ड मिल गया था।

—'पुनश्च' भी लिख कर तुमने अपना काम पूरा कर दिया। अब अशोक त्रिपाठी व्यस्त हो गए होंगे, टाइप कराने में। उन्होंने लिखा कि बुढ़ौती की पोल खुल रही है—ख़ूब डूब-डूब कर पत्र लिखे हैं। उन्हें रोमांच हो जाता है।

—मुझे नया काव्य संकलन को भेजने की बात भी लिखी है कि सहाय जी उसे भी वहां छाप लें ताकि वह भी Sept.. में प्रकाशित हो जाए। पर अभी इतनी कविताएं नहीं हैं कि संकलन तैयार कर भेज दें। मैंने यह बात उन्हें आज

ही लिख कर भेज दी।

—खोये पत्र मिल गए, यह भी उपलब्धि रही। वह भी छपें।

—सितंबर तक सामने आएगा ही 'मित्र-संवाद'।

—लेनिन के लेखों का वह संकलन तैयार कर लिया है तुमने जो आज के लिए अत्यावश्यक है। बढ़िया उपलब्धि होगी यह। ठीक हूं। अच्छे होओगे।

सस्नेह तुम्हारा

केदारनाथ

नई दिल्ली-१८
१-८-६१

प्रिय केदार,

२१/७ का तुम्हारा कार्ड मिल गया था। 'बुढ़ौती की पोल खुल रही है'—गलत। अपना तो खुला खेल फरुक्काबादी है। पोल है ही नहीं तो खुलेगी क्या? 'ख़ूब डूब-डूब कर पत्र लिखे हैं'—यह बात सही है। 'उन्हें रोमांच हो आता है'। हमने अशोक से कहा है, पत्रों पर अपनी प्रतिक्रिया लिखकर पुस्तक में एक नोट दे दें। अगस्त आज से शुरू। सितंबर में नई कविता संकलन कैसे निकलेगा? तुम्हारे पत्रों की कुछ कविताएं हमने बांदा में अशोक को लिखा दी थीं। उन्हें दे सकते हैं। पर वे शायद पत्र संग्रह में वैसे ही आ जाएं।

हां, खोए पत्र मिलने से बड़ी प्रसन्नता हुई। तुम्हारे कुछ बहुत अच्छे पत्र इन्हीं में थे। आजकल एक लेख लिख रहा हूं : 'संगीत का इतिहास और हिंदी नवजागरण की समस्याएं'। मूल सूत्र : मध्य देश के लोकनृत्यों से जुड़ा था ध्रुवपद गायन। उसे भक्तों ने अपनाया। फिर वह दरबार पहुंचा। इस-काल में उससे खयाल पैदा हुआ। बाकी हाल ठीक है।

सस्नेह,

रामविलास

बांदा
५-६-६१

प्रिय डॉक्टर,

—मैं इधर पत्र नहीं लिख सका। चिंता न करना। ठीक हूं।

—अशोक त्रिपाठी वगैरह यहां आए थे—२/६ को वापस गए। वह एक पुरस्कार के निर्णय के लिए आए थे—सहाय सा. भी आए थे—हैदराबाद के डॉ. विजेंद्र भी थे, ठीक हैं।

—मेरी बड़ी बिटिया श्याम (हेमा) कल वापस इलाहाबाद गई। कुछ दिन रही—अच्छा रहा।

—अब कुछ-कुछ कभी-कभी अधिक शिथिल महसूस करने लगता हूं। पर आशा करता हूं कि शरीर को सम्हाले रहूंगा।

—यहां तो रोज ही मेघ महाराज बरसते हैं।

—तुम्हारी याद तो रोज ही करता हूं। तुम्हारी कोई न कोई पुस्तक उलट-पलट लेता हूं। सबको यथायोग्य।

सस्नेह तुम्हारा

केदारनाथ अग्रवाल

बांदा/१६-६-६१
सवा ग्यारह बजे दिन

प्रिय डॉक्टर,

—१३/६ का तुम्हारा पोस्टकार्ड डाकिए ने लाकर दिया। पढ़ते-पढ़ते उल्लसित होने लगा—उत्तर लिखने लगा।

—तुम सब लोग 'अलकापुरी' पहुंच गए। मुझे कालिदास याद आ गए। मेघदूत के यक्ष का स्मरण हो आया। वह बिरही था। उसने वहां से प्रिया को संदेश भेजा। संदेशवाहक मेघ था। तुम सब लोग तो यक्ष नहीं हो। पर कारण बन गए यक्ष की भाव-विह्वलता के। मैंने काव्यानुभव से अपने को धन्य किया। फिर इस

'अली' ने याद दिलाई–'अली-कली में ही रम्यो, आगे कौन हवाल'। ख़ूब मज़ा आया हां, तुम राम हुए। तुम्हारी 'शरण' में मुंशी हुए। वह अब सकुशल 'विलास' करेंगे। यह भी ख़ूब रही मेरे मन की भीतरी बात। लखनऊ तो लक्ष्मणपुरी भी कहा जाता है। सो मुंशी हो गए तुम्हारे छोटे भाई। नए नाम से लक्ष्मण। अच्छी बनक बनी। और चौबे तो पुष्टांग शिखर शरीर हैं। वही तो बन गए वह स्थान जहां मेघ उमड़ आया था और उसे ही, वहां से, यक्ष ने, अपना संदेश-वाहक बनाया था। सच मानो जैसे-जैसे यह सब सोचता रहा मारे खुशी के फूल कर कुप्पा होता रहा। यह हुआ और मैं अकेले में भी अप्राप्य सुख भोगता रहा। दिन जी भर प्रफुल्लित जिऊंगा और एक क्षण को भी विचलित न होऊंगा। और तो और, रात को भी इसी आनंद से सराबोर, दुनियाबी तटबंध तोड़ता रहूंगा। बड़े भाग्य से यह सुयोग मिला। यह सुख-योग अधिकाधिक मिलता रहे, यही हार्दिक कामना है।

–तुम लोग वहां 'गपशप' करते रहोगे, शायद गप्पों के दौरान लखनऊ के गोलगप्पे भी खाते रहोगे। मज़ा तुम सब लोगों को मिलेगा। यहां, यह मज़ा, मुझे भी, बिना खाए, मिलता रहेगा। बहुत-बहुत बधाई इस 'आई-पाई' चिट्ठी के लिए।

–मैंने 'तुम्हारे साक्षात्कारों' वाली पुस्तक इधर फिर से पढ़ी। फिर से अपने को पुष्ट पाया।

–कल रात (यानी १८/६ को) दस बजे दिल्ली रेडियो के 'साहित्य-दर्पण' कार्यक्रम के अंतर्गत मेरा वह वक्तव्य रिले हुआ जो, डॉ. अशोक त्रिपाठी, यहां आकर, टेप कर ले गए थे। निवेदिका थी डॉ. इंदु जैन। उन्होंने मुझे 'सूर्य' कहा। चलो अच्छा हुआ कि दर्पण के दौरान सूरज-चांद एक ही समय में एक हो गए।

–पता नहीं कि मैंने तुम्हें लिखा या कि नहीं कि मेरे पुत्र ने मद्रास से मेरा एक गीत–दलवंधा मृद्युकोष गंधी–पं. जसराज से गवा कर टेप किया है। एक और गीत–मांझी न बजाओ बंशी–बंबई में गवा कर टेप कराया है। बाकी २ गीत और कराएगा। कोई 'सामना' फिल्म डाइरेक्ट कर रहा है। उसी के लिए। अभी टेप मेरे पास नहीं पहुंचे। भेजने की बात लिखी है।

–बस, एक ही कसक है मेरे मन में जो सालती रहती है। वह है बेटी किरन की स्थिति। वह गाजियाबाद में अकेले हैं। पहले पति काले के बेटे टोनी की दयनीय दशा से चिंतित रहती है।

सस्नेह तुम्हारा

केदारनाथ अग्रवाल

बांदा (उ.प्र.)
पिन २१०००१
१५-१०-६१

प्रिय डॉक्टर,

—६/१० का पत्र डाक से ११ ए.एम. प्राप्त हुआ। चुप्पी टूटी। खुश हुआ।

—इधर शिथिल रहता हूं, कभी-कभी। अभी यह पूरी तरह से नहीं कह सकता कि मैं भी तुम्हारे साथ काशी चल सकूंगा। इच्छा तो प्रबल है। इलाहाबाद में ही कह सकूंगा कि शरीर चल सकेगा या नहीं।

—कैसेट अवश्य लेता आऊंगा। भला तुम्हें न सुनाऊंगा तो और किसे सुनाऊंगा।

—अशोक का पत्र दिल्ली से आया था। तुम्हारे यहां जाने पर हाल़ भी लिखा था।

—दो कविताएं और आज अपने बेटे की मांग पर भेज रहा हूं। एक : 'इसी जनम में इस जीवन में', दूसरी : 'वह जन मारे नहीं मरेगा'।

—मिलने की तीव्र लालसा है। स.म. कहिए और नई कविताएं लाऊंगा।

सस्नेह तुम्हारा

केदार

बांदा/उ.प्र./पिन २१०००१
Dt. ८-११-६१/प्रातः ६:३० ए.एम.

प्रिय डॉक्टर,

—काशी से लिखा, तुम्हारा दि. ३१/१०/६१ का पोस्टकार्ड ४/११/६१ को मिला। तुम्हारी योजना बढ़िया है। मैं अपनी जीवनी—आत्मकथा—लिखूं। प्रयास अवश्य करूंगा। कई दिन से सोच रहा हूं कि कैसे शुरू करूं। वैसे मैंने पहले ४३ पृष्ठ—अपने गांव व वहां के घर की भौगोलिक स्थिति के बारे में एवं अपने परिवार के सदस्यों के विषय में—उनके जन्म से लेकर मृत्यु तक की तारीखें

लिख डाली थीं। वह मेरे व्यक्तित्व के मूल तत्वों का आधार हैं। उन्हीं से अब आगे अपने निजी जीवन-क्रम को आगे तक ले जाना है। प्रयत्न करूंगा कि जैसा भी—जिस तरह जीता रहा हूं वह सब व्यक्त हो जाए। पता नहीं पूरा कर सकूंगा या नहीं।

—श्री चंद्रबली सिंह अवश्य ही समय निकाल कर अवश्य ही लिख सकेंगे। वह भी तो मुझे पहले से जानते हैं। बनारस से दिल्ली पहुंच गए होओगे। घर में ठीक-ठाक होगा। सबको यथायोग्य। मुंशी को भी।

सस्नेह तुम्हारा

केदारनाथ अग्रवाल

बांदा—४-१२-६१

प्रिय डॉक्टर,

—१५/११ का पत्र २३/११ को मिल गया था।

—श्री विद्यानंद मुद्गल से मेरी भेंट वहां हाल में हुई थी। बड़े नम्र स्वभाव के थे—सहज भाव से मिले थे। मैं उनके बारे में कुछ न जान सका था। उन्हें मेरी ओर से स्नेहाभिवादन भेज देना। बांदा आने में उन्हें कष्ट होगा।

—इधर लिख नहीं पा रहा।

—२५/११+२६/११ की रात को मेरे पिछवाड़े से चोर आकर मेरा दस हजार रुपया+मेरी जेब घड़ी+सो.लैंड का मेडल चुरा ले गया। सबेरे पता चला। मैंने रिपोर्ट कर दी थी—पता नहीं कौन था। पीछे के पड़ोसी का पुत्र ही होगा। ख़ैर।

—प्रियसेवा और स्वाती आ गई होंगी। उन्हें मेरी शुभकामनाएं। मुंशी मौन हैं।

—मैंने मद्रास चोरी की सूचना दे दी थी—मिल गई थी। वह यहां १३/१२ को दिल्ली की एक शादी में शामिल होकर एक दिन को आएगी।

—कुछ उदास हुआ हूं—पर फिर जीवंत हो रहा हूं।

—चिंता न करना।

सस्नेह तुम्हारा

केदारनाथ अग्रवाल

नई दिल्ली-१८
६-१२-६१

प्रिय केदार,

यह जान कर दुःख हुआ कि तुम्हारे यहां चोरी हो गई थी। संतोष की बात इतनी है कि तुम्हारे शरीर को क्षति नहीं पहुंची। दिल्ली में यह आम बात है। हर महीने ऊंचे दर्जे की कालनियों में दो-चार बूढ़ों और बुढ़ियों की हत्या करते ही रहते हैं। बांदा के लिए चोरी, डकैती, कत्ल नई चीज़ नहीं हैं। समय ऐसा है, पैसे के लिए लोग कुछ भी कर सकते हैं। अच्छा हो कि तुम किसी भरोसे के आदमी को सुलाया करो। इस उम्र में अकेले रहना निरापद नहीं। यहां विजय, संतोष कभी बाहर जाते हैं तो रात में मुकुल सोने आ जाते हैं या हम घर बंद करके शोभा के यहां चले जाते हैं। सेवा पिछले महीने दो दिन को आई थी, फिर बड़ौदा चली गई। स्वाति के पति आस्ट्रेलिया गए थे, अपने प्रशिक्षण के सिलसिले में। बाद को स्वाति भी वहां पहुंच गईं। अब ये लोग वापस आने वाले हैं। आज स्वाति ने सिंगापुर से टेलीफोन किया था। इन दिनों आस्ट्रेलिया-वेस्टइंडीज-भारत के क्रिकेट मैच चल रहे हैं। हमें मैच देखने की बीमारी है। लड़कपन में मैदान में देखते थे, अब टी.वी. पर देखते हैं। टी.वी. पर नहीं आता तो रेडियो से कमेंटरी सुनते हैं। पढ़ना-लिखना बंद है।

जान है तो जहान है, यह सोच कर अपनी सुरक्षा का ध्यान रखना।

सस्नेह

रामविलास

बांदा/उ.प्र./पिन २१०००१
२५-१२-६१

प्रिय डॉक्टर,

—६/१२ का पोस्टकार्ड मिल गया था।

—इधर मौसम खराब चल रहा है। बहू भी आई थी—२१/१२ को इलाहाबाद गई—अब मद्रास पहुंच गई होगी। वह ठीक है। मद्रास में सब ठीक है।

—बेटा 'पतवार' फिल्म बना रहा है। मेरे कई गीत रेकार्ड कराए हैं। हिंदी में है फिल्म—कैंसर को लेकर कहानी लिखी गई है, ऐसा बहू कह रही थी—कर्ज़ लेकर बना रहा है। मैंने पत्र लिख कर मना किया है। किसी कम्पनी के साथ यह काम करेगा। बड़ा खर्च होगा : न चली तो कहीं का न रहेगा। देखो, क्या करता है।

—दिल्ली के समाचार से अवगत हुआ। आतंक ही आतंक है चारों ओर, क्या देश—क्या विदेश—सभी जगह।

—ठीक हूं। चिंता न करना। ठीक से रहना।

—अब तक स्वाती लौट आई होगी। सबको यथायोग्य।

सस्नेह तुम्हारा

केदार

सी-३५८, विकासपुरी
नई दिल्ली-११००१८
१०-१-९२

प्रिय केदार,

तुम्हारा २५/१२/९१ का कार्ड यथासमय मिल गया था। २६/१२ को टी.वी. पर तुम्हें देखा, तुम्हारी बातें सुनीं, सारा प्रोग्राम घर के लोगों ने बहुत पसंद किया। फिल्म बनाने के बारे में तुमने पुत्र को उचित सलाह दी है। कर्ज़ लेकर ऐसा धंधा करने की बात मेरी समझ में भी नहीं आती। चार दिन हुए अजय तिवारी आए थे। गृहस्थी के झंझटों से परेशान हैं। कल चंद्रबली सिंह आए थे, उनके पुत्र का आपरेशन होना है। पेशाब की नली में तकलीफ है। अन्य पारिवारिक चिंताएं भी हैं। मैंने उन्हें पुस्तक लिखने की याद दिला दी थी। तुमने २५/१२ के कार्ड में मेरे घर का नंबर ३५४ लिखा है। सही नंबर मैंने इस कार्ड के ऊपर लिख दिया है। शीत लहर की चपेट में नाक काफी बही, थोड़ी खांसी भी आई। सवेरे का घूमना जारी है। ठीक हूं। अपनी सुरक्षा का ध्यान रखना।

सस्नेह

रामविलास

बांदा
२०-१-६२

प्रिय डॉक्टर,

—१०/१ का पोस्टकार्ड मिला।

—मैं यहां से ११/२ को अपने पुत्र के भेजे आदमी व सहाय साहब इत्यादि सनेहियों के साथ शाम की गाड़ी से झांसी जाऊंगा—वहां से भोपाल—फिर १३/२ को भारत भवन में ६½ बजे शाम मुख्यमंत्री से पुरस्कार लूंगा। फिर १५/२ को ४५ मिनट तक चुनी कविताओं का पाठ, ११ ½ बजे दिन तक करूंगा। मैंने पहले ही स्वीकृति भेज दी थी। वह वहां पहुंच गई। श्री एस.के. मिश्र, सांस्कृतिक मंत्री का पत्र उपरोक्त आशय का मिला है।

अब फरवरी के अंत तक मद्रास से पत्र लिखूंगा। चोरी का कोई पता न लगा।

—अब ठंड का क्या हाल है? नाक बहना रुक गया होगा। खांसी मिट गई होगी। मैं तो जैसे-तैसे ठीक चल रहा हूं। अब श्री चंद्रबली के प्रिय पुत्र का आपरेशन ठीक से हो गया होगा ? अजय तिवारी परेशान हैं—मिलें तो मेरी नमस्ते कह देना। तुम सब लोगों को टी.वी. कार्यक्रम पसंद आया। मेरा सौभाग्य है।

—बेटे का फोन आया था कि चिंता न करूं। वह ठीक से कर रहा है।

—प्रिय मुंशी को सलाम। कार्ड मिला। सबको यथायोग्य।

सस्नेह तुम्हारा

केदार

बांदा—उ.प्र.—पिन २१०००१
दि. २६-१-६२

प्रिय डॉक्टर,

—कल रात, राष्ट्रीय प्रसारण के 'विविधा' कार्यक्रम को सुनकर मुझे यह जानकर हार्दिक प्रसन्नता हुई कि तुम्हें 'व्यास' पुरस्कार दिया गया है, भाषा की पुस्तक पर। लाख-लाख बधाई स्वीकार करो।

—आशा है सानंद होओगे।

—परिवार के सभी लोग भी कुशल-क्षेम से होंगे।

—एक पत्र कई दिन पूर्व, लिख कर भेज चुका हूं—मिला होगा।

—श्री अजय तिवारी का पोस्टकार्ड भी इधर बहुत दिनों पर आया कि अब घर के बीमार लोग ठीक हैं। वह अब तुम्हारे कहे मुताबिक लेखन कार्य में लग गए हैं। उनका एक लेख 'साम्य' में आया है। मैंने पढ़ा। बढ़िया विवेचन किया है। और भी लेख लिख रहे हैं।

—मौसम उतार पर है। ठंडक कम हुई है।

—ठीक हूं।

—प्रिय मुंशी अब इधर चुप हैं ! क्या कर रहे हैं ?

—'सचेतक' मिला था। पढ़ा। राय साथ ले गए।

सस्नेह तुम्हारा

केदार

17, Thirumoorthy Street
'T' Nagar
Madras 17
Dt. २०-२-६२

प्रिय डॉक्टर,

—भोपाल से पुरस्कार लेकर—काव्य-पाठ करके यहां १७/२ को पहुंच गया—ठीक रहा कार्यक्रम।

—यहां खैरियत है। मैं भी ठीक हूं।

—सबको यथायोग्य।

—हाल लिखना।

सस्नेह तुम्हारा

केदारनाथ अग्रवाल

19, Thirumoorth Street,
'T' Nagar
Madras 17
दि. २५-२-६२

प्रिय डॉक्टर,

—मैं, दि. १७/२ को २ पी.एम. यहां आ गया—भोपाल से १६/२ को सदर्न से चल कर—वहां ठीक रहा सब। लेखकों-साहित्यिकों से भेंटवार्ता हुई।

—यहां परिवार के सभी लोग पाकर खुश हैं। बेटा कल बंबई गीत रेकार्ड कराने गया है। कल रात वापस आएगा।

—ठीक हूं। चिंता की कोई बात नहीं है। अभी काफी समय तक, यहीं रहूंगा।

—घर के सभी सदस्यों को शुभकामनाएं।

—पुरस्कार की समिति राष्ट्रीय साहित्यिक समिति बने और वह प्रांत-प्रांत में भी हो। चयन वहीं से हो कृतित्व के आधार पर। उसके अतिरिक्त सरकार अपनी साक्षरता अभियान चलाए। स्वीकृति बनाए।

पुरस्कार की राशि से वह अभियान नहीं चल सकता।

पुरस्कार तो नाममात्र की धनराशि से दिया जाता है। लेने वाला उपयुक्त हो तो सब ठीक है, वरना नहीं।

—मैं अभी घर से बाहर मद्रास घूमने नहीं गया—जाऊंगा कार में ही।

सस्नेह

केदारनाथ अग्रवाल

•

१६, थिरुमूर्ती स्ट्रीट, टी नगर
मद्रास
११-४-६२

प्रिय डॉक्टर,

—आज ११/४ को तुम्हारा ७/४ का पत्र मिला। पहली को यहां भी बेटे ने मुझे ५६०/- का कुरता पायजामा पहना कर मुझसे केक कटवाई और 'हैप्पी बर्थ डे टु बाबा' का डंका बजाया और भी लोग थे। बांदा में भी मेरे ही घर में

वही सब जमा हुए और जमकर जन्म दिन मनाया—पत्र भेजे हैं।

—यह जानकर मुझे हार्दिक प्रसन्नता हुई कि बेटी स्वाती ने जयपुर में मेरे जन्म दिन पर खूब याद किया मुझे सबने। अब उससे ज्यादा खुशी मुझे हुई कि वह आत्मीयता से मुझे अपनाए हुए हैं। उन्हें मेरी शुभकामनाएं और शुभाशीष और बच्चों को प्यार।

वाचस्पति ने भी वैसे ही पत्र की प्रतिलिपि मुझे भी भेजी थी। वह मिली थी। मैंने उन्हें उत्तर दे दिया है। श्री हरिपाल त्यागी का पत्र भी था। उन्हें भी उत्तर दिया।

मैं तो तुम्हें पत्र लिखकर डाल चुका हूं। मुंशी के पत्र में भी तुम्हें याद किया था। अब अभी अरसे तक यहीं रहूंगा। ठीक हूं। बेटा शूटिंग में राजस्थान गया है—आया नहीं। यहां घर में ठीक हैं।

सस्नेह तुम्हारा

केदार

केदारनाथ अग्रवाल
C/o Ashok Kumar
56, Venkatnarayan Road
'T' Nagar, Madras 17
अप्रैल ६२

प्रिय डाक्टर,

—पत्र मिला। पुस्तक मिल गई। तुमने पढ़ भी लिया और मुझे अपनी बातें भी लिख भेजीं। प्रसन्न हुआ मैं भी।

अब ऊपर लिखे पते पर ही पत्र भेजना—मुंशी से भी, मिलने पर यही पता बता देगा। बेटा ढाई माह के लिए शूटिंग पर यहां से बाहर जा रहा है। ऑफिस बंद रहेगा।

ठीक हूं।

सस्नेह तुम्हारा

केदारनाथ अग्रवाल

मद्रास
१३-५-६२

प्रिय डॉक्टर,

—२/५ का पत्र मिला। बेहद खुशी हुई। वाचस्पति के पत्र से भी हाल मिले—तुम्हारे हस्ताक्षर थे उसमें।

—अपने दफ्तर की चाभी पंडित रामसजीवन पांडे को दे आया था कि कमरा में रात सोयें और झाड़ू लगवा दिया करें। हां, अभी तो यहीं रहूंगा। जाड़े में शायद बेटे वगैरह वहां चलें, तब मैं भी वहां पहुंचूंगा।

—एक दिन सागर के दर्शन करने गया था—फिर नहीं—गरमी बहुत पड़ती है, घर में ए. सी. में रह कर सोचता रहता हूं।

पांडुलिपि सहाय को भेजी है। भूमिका भी भेजी है। नाम है—'खुली आंखें—खुले डैने'?

—अरे, सुमन तो नाम है उनका। वह तो भटकटैया के पेड़ हैं—सदा से ही उलट-पलट कर जाते हैं। नई बात नहीं है।

—परिवार में तुम सभी लोग सकुशल सानंद होंगे। गरमी तो खौलाने वाली पड़ रही है। काम में लगे हो। यही जीवन है।

मैं यहां नया नहीं लिख सका।

सस्नेह तुम्हारा

केदार

19, Thirumoorthy Street
'T' Nagar, Madras 17
८-७-६२

प्रिय डाक्टर,

—कल तुम्हारा ३/७ का पोस्टकार्ड मिला। पाकर—समाचार जानकर मन शांत हुआ। हां, मद्रास पहुंचने की तारीख के दिन और एक दिन बाद तक हम तुम्हारी प्रतीक्षा करते रहे। जब न आए तो समझ गए कि ट्रेन को पकड़ने के लिए ऐसा

होना स्वाभाविक रहा। कोई बात नहीं। मुंशी के सचेतक की प्रतियां मिल गई थीं। पढ़ लिया था। फिर मन मस्त हो गया था। मैंने तुम्हें तब पत्र लिखा था कि नहीं, यह याद नहीं। बड़ौदा में बेटी सेवा और दामाद सब पहले से स्वस्थ हैं—यह शुभ समाचार है। घर में धूमधाम रही—यह सब तुम्हें बांधे रहा—लिखा-पढ़ी के 'जंगल' में नहीं खोए, यह तो शुभ समाचार रहा। हम भी ऐसे ही रह रहे हैं। विजय वगैरह को मेरी शुभकामनाएं। कभी मुंशी—कभी तुम्हारे यहां गोष्ठियां जमीं, और भी सुख मिला होगा।

अब पूर्ववत् आंखें गड़ाए—कलम रगड़ रहे होओगे। यह भी तो अत्यावश्यक है। ठीक हूं। अभी यहीं रहूंगा।

सस्नेह तुम्हारा

केदार

19, Thirumoorthy Street
'T' Nagar, Madras 17
२०-६-६२/शाम

प्रिय डाक्टर,

तुम विजयी हुए। प्राणघातक आक्रमण ध्वस्त हुआ। यह सबसे महत्वपूर्ण उपलब्धि रही। तुम्हें अभी हमारे बीच बने रहना है ताकि हम सत्यदर्शी जीवन जीते रहें और दायित्व निर्वाह करते रहें। तुम्हें मेरी हार्दिक बधाई और परम आत्मीय शुभकामनाएं। उन सबको भी बधाई जिन्होंने तुम्हारी सेवा-सुश्रुषा की और रात-दिन लगे रहे। स्वास्थ्य की कामना करते रहे।

मैं तो सूचना पाकर घबड़ा गया था। बाद को प्रिय मुंशी के पत्र से सुधार होने की बात जानकर जी में जी आया था।

कल ही अशोक त्रिपाठी के पत्र से पता चला कि अब कुछ चल-फिर लेते हो, खाना भी खा लेते हो। बेहद खुशी हुई। रोक न सका अपने को तो अब पत्र लिख रहा हूं।

सस्नेह तुम्हारा

केदार

Kedar
19, Thirumoorthy Street
'T' Nagar, Madras 17
२-१०-६२ (गांधी जयंती)

प्रिय डाक्टर,

—२५/६ का पत्र २८/६ को मिल गया। मैं सोचता था मेरा पत्र ७ दिन में पहुंचेगा और तुम्हारा उत्तर ७ दिन में आएगा। पर कमाल हो गया कि मेरा पत्र ३ दिन में दिल्ली पहुंचा और तुम्हारा पत्र भी ३ दिन में आ गया।

—पत्र पाकर, वह भी तुम्हारे हाथ का लिखा देखकर, बेहद खुशी हुई। मैं तो हर्ष से विभोर हो गया। शरीर में भी ताकत आएगी। समय तो लगेगा ही। बड़ी तकलीफ उठाई तुमने। अब चिंता से मुक्त होकर स्वास्थ्य-लाभ कर लोगे। संगीत अवश्य सुनो—बड़ी मानसिक शांति मिलेगी। कर्नाटक संगीत तो विशेष प्रभाव का होता है। प्रिय विजय ने बहुत ठीक किया जो कैसेट—उस संगीत के—ले आए।

बांदा में भयंकर विनाश लीला हुई—पानी बहाव—फिर बांध का पानी छूटा। दोनों ने मिल कर कहर ढा दिया। पत्र वहां से आए थे। हाल मिले थे।

अरे, मैं अभी न मरूंगा। वहां भी होता तो भी नहीं। प्रकृति मुझ पर कृपालु है।

सस्नेह तुम्हारा

केदार

56, Venkatnarayan Road
'T' Nagar
Hill Crest, Madras 17
१-१-६३

प्रिय डॉक्टर,

—नए वर्ष की शुभकामनाएं स्वीकार करो। गया वर्ष तो साम्प्रदायिकता का माहौल दे गया।

पत्र का उत्तर तभी भेज चुका हूं।

यह तो नववर्ष की हार्दिक अभिव्यक्ति का है।

बेटा मनाली से २८/१२ को वापस आ गया है। सकुशल है। एक महीने जाड़े की वहां की ठंड में रहा।

घर में सब ठीक है। आशा है तुम सपरिवार आनंदपूर्वक होओगे।

हां, यहां परसों डॉ. विश्वनाथ त्रिपाठी, डॉ. नामवर सिंह, डॉ. रामजन्म शर्मा, निर्मला जैन और एक सज्जन मेरे घर आए। डॉ. अशोक त्रिपाठी पहले ही मिल गए थे। सबको देख कर मन को प्रसन्नता मिली। ये लोग आई.टी.आई. के कार्यक्रम में आए थे।

मैंने २८/१२ को द.भा.हि.प्र. सभा में 'समकालीन साहित्य' पर भाषण दिया। ठीक रहा। यह महेंद्र कार्तिकेय का आयोजन था। तबियत का हाल लिखना। सबको यथायोग्य।

सस्नेह तुम्हारा

केदार

मद्रास
२-२-६३

प्रिय डॉक्टर,

—तुम्हारा ६/१ का पत्र, आज नहीं कल, दि. १/२ को मिला। इसके पहले ही दि. २६/१ को तुम्हारा दि. २६/१ का पत्र मिल गया था। दोनों से हाल मालुम हुए। मुंशी को मैंने एक पत्र लिखा था। पता नहीं, क्यों न मिला। विश्वनाथ त्रिपाठी के हृदय में हम दोनों के लिए जगह तो है कि अपने आप तुम्हारे पास पहुंचे और हालचाल बता कर अपना दायित्व निबाहा। और लोग भी आए पर वे तुम तक न गए। ख़ैर, अपनी-अपनी रुचि है। मैंने 'सचेतक' के मुद्रक के चल बसने की खबर उसी के अंक में पढ़ी थी और मुंशी को अपनी समवेदना भेजी थी। उलझन वाजिब है। दूर होगी। भद्दर जाड़ा से दिल्ली जड़ा रही है। यहां तो सुबह शाम कुछ ठंड रहती है—दिन तो नार्मल रहता है।

शोरि राजन 'मित्र-संवाद' की प्रति ले गए हैं। बड़े उत्सुक थे पढ़ने को।

रामायण मेला में चित्रकूट म उन्हे २ दिन को रहना भी है। लौटने को कह गए हैं।

—जानकर खुश हुए कि तुम शरीर के कष्ट से मुक्त हो, और सुधार हो, यही कामना है। मैं तो उसी तरह हूं। कमजोर तो हो ही रहा हूं। चिंता न करना। सबको यथायोग्य।

सस्नेह तुम्हारा

केदार

५६, वेंकटनारायण रोड
हिल क्रिस्ट, टी नगर
मद्रास १७
२०-२-६३

प्रिय डॉक्टर,

मैं यहां से १७/३ को ट्रेन से झांसी होता हुआ दिनांक १६/३ को दोपहर को बांदा पहुंचूंगा। एक आदमी यहां से मुझे वहां भेजने भी जा रहा है। आरक्षण हो गया है।

एक पत्र मैंने लिखा था मिल तो गया ही होगा।

इस पत्र पाने की सूचना दे सको तो देना।

सबको यथायोग्य।

ठीक हूं। सपरिवार ठीक से होओगे। लिख-पढ़ रहे होगे।

सस्नेह तुम्हारा

केदारनाथ अग्रवाल

२६-४-६३

प्रिय केदार,

पहली अप्रैल से कुछ पहले तुम्हें कार्ड लिखा था। तुम्हारे पते पर अशोक त्रिपाठी को भी लिखा था। मुंशी के नाम तुम्हारे कार्ड से जाना, पहली अप्रैल का आयोजन अच्छा रहा। इधर डाक की बहुत गड़बड़ी थी। संभव है, तुमने पत्र लिखा हो और वह गुम हो गया हो।

बांदा में जीवन-क्रम पहले जैसा बन गया होगा।

मेरा हाल ठीक है। अपना हाल देना।

सस्नेह

रामविलास

बांदा (उ.प्र.)
पिन २१०००१
दि. ४-५-६३

प्रिय डॉक्टर,

—तुम्हारा २७/४ का पोस्टकार्ड मिला। इससे पहले तुम्हारा कोई लंबा पत्र मुझे नहीं मिला। डाक की गड़बड़ी के कारण ही ऐसा हुआ होगा। वैसे प्रिय मुंशी के पत्रों से तुम्हारे हालचाल की जानकारी होती रहती है। डा. अशोक त्रिपाठी इस समय इलाहाबाद में होंगे। ६/५ तक दिल्ली वापस पहुंचेंगे।

—मैं, घर पर ही—अपने दफ्तर वाले बड़े कमरे में—दिन-रात रहता हूं। गरमी ४४° तक पहुंच गई है—बेहद गरम दिन-रात होते हैं। दिन में दोनों दरवाजे भीतर से बंद कर लेता हूं। बिजली रही तो पंखा हवा देता है—पलंग पर लेटा-लेटा हवा खा लेता हूं—न रही तो हाथ का—बांस का बरसों पुराना पंखा घुमा-घुमा कर हवा खा लेता हूं। परंतु दिन को पानी वाला कूलर नहीं चलाता—बस रात को ६ बजे से एक-दो बजे तक चलने देता हूं और मसहरी लगाए सोता रहता हूं। गरमी

को इस प्रकार झेल लेता हूं। चिंता न करना। ठीक ही हूं। शिथिल शरीर को सम्हाले हूं।

—सुबह ४ या ५ बजे उठ जाता हूं। नित्य कर्म करता हूं। फिर वही पुरानी आदत का पालन करता हूं और सब जगह की धूल—कपड़े से—झाड़ देता हूं। फिर भजन-स्नान-शेव करता हूं। हाथों को ठीक रखता हूं। कष्ट नहीं महसूस करता।

—नास्ता में, ८ ए.एम. तक, एक चाय-पोहा-दो पीस सेंकी ब्रेड-मिर्चे का अचार (थोड़ा-सा), पना, वगैरह ले लेता हूं। फिर कमरे में पसर कर सुसताता हूं। सबको याद करता रहता हूं। बिजली हुई तो कुछ इधर-उधर का पढ़ लेता हूं—लिखने का मन नहीं होता। जब मन हुमसेगा तब वह भी कर लूंगा।

—आजकल बड़ी बिटिया (प्रिय श्याम) इलाहाबाद से आई हुई है। बातें होती रहती हैं, अच्छा लगता है। वह ठीक है। साठ की तो हो ही गई होगी। शरीर से ठीक है।

—मद्रास में सब कुछ ठीक ही होगा। बेटे को एक महीने की शूटिंग के लिए 'डलहौजी' जाना था। गया होगा। दोनों बड़े पोते बंगलोर अपनी मौसी के यहां गए हैं। समीर को बहू ऊटी के किसी स्कूल में भरती कराने जाने वाली थी। गई होगी या अब जाएगी। घर में वह पढ़ता नहीं था। आकाश को आर्ट्स कालेज में भरती कराने की बात थी। भरती हुआ हो या न हुआ हो, कुछ पता नहीं। और सब कुछ पूर्ववत् ही हो रहा होगा।

—'इंडिया टुडे' का 'सृजन अंक' परसों पुंडरीक दे गए। देखा। इधर-उधर पलटा। वह तो आधुनिकता और उत्तर आधुनिकता का प्रतिपादक है। वहां अशोक वाजपेयी का प्रभाव काम कर रहा है। चाहे कोई कितना ही उछल-कूद करे, साहित्य का सृजन इस सबसे अच्छा-श्रेष्ठ नहीं बन सकता। श्रेष्ठ साहित्य का सृजन चेतना की—मानवीय बोध की—जीवन दर्शन के सत्य की सृष्टि होती है। वह दैनिक जीवन की इंद्रिय बोधी रचना नहीं होता। लिखने को चाहे जो लिखे सब कूड़ा का ढेर हो जाएगा। ख़ैर।

—तुम अपने पढ़ने-लिखने में पूर्ववत् जम कर लगे होओगे। यही चाहिए। जो दोगे वह मानवीय जीवन का सत्य ही होगा।

—पत्र देना। सबको यथायोग्य।

सस्नेह तुम्हारा

केदारनाथ अग्रवाल

नई दिल्ली-११००१८
१६-५-९३

प्रिय केदार,

बहुत दिनों बाद, लंबी प्रतीक्षा के बाद, तुम्हारा ४/५ का पत्र पाकर परम आनंद प्राप्त हुआ।

गर्मी यहां भी काफी है पर वहां और ज्यादा होगी। बिजली यहां भी जाती है, कभी-कभी घंटों के लिए। तुम्हारे पास बांस का बरसों पुराना पंखा है, हमारे पास उससे कुछ कम पुराना खजूर का है। जरूरत पर उससे काम लेते हैं। कूलर दोपहर तक हम नहीं चलाते। कुछ देर दिन में तीसरे पहर, रात में दूसरे पहर चलाते हैं : मसहरी हम भी लगाते हैं। चार-पांच बजे हम भी उठ जाते हैं। थोड़ी कसरत करते हैं, फिर घूमने निकल जाते हैं। लौटने पर थोड़ा आराम, फिर लिखने-पढ़ने का काम करते हैं।

'भारतीय नवजागरण और यूरुप' पुस्तक आधी हो गई है, बाकी आधी साल के अंत तक पूरी हो जाएगी। यूरुप के रैनेसेंस से तुलना के लिए एक अध्याय हम तमिलनाडु के नवजागरण पर लिख रहे हैं। भारत की जातियों में, आधुनिक भाषाओं के माध्यम से, सबसे पहले सांस्कृतिक विकास तमिल जाति का हुआ। इटली की तरह साहित्य के साथ वह कलाओं में भी समृद्ध है। इटली से भिन्न यहां नृत्य कला का भी ख़ूब विकास हुआ। नटराज की मूर्तियों में शिल्पियों ने नृत्य की गति को बांध दिया है, वह अद्भुत है।

बंगलौर में तुम्हारे दोनों बड़े पोते मौसी के यहां गए हैं। हमारा बड़ा पोता तन्मय वहां स्थायी रूप से है—टाटा-आई.बी.एम में, अभी संतोष ने बताया, महीने भर बाद वह दिल्ली आ जाएगा। उसका छोटा भाई चिन्मय होटल मैनेजमेंट की शिक्षा पूरी करके यहां आ गया है। मुंशी सोना के पास टनकपुर गए थे, लौटने वाले होंगे।

'जनसत्ता' वाले शमशेर पर हमारे संस्मरण ले गए थे। आज उसमें शायद छपे होंगे। रंजना अरगड़े ने उनकी बड़ी सेवा की।

शेष कुशल। सस्नेह

रामविलास

नहीं छपे—रा.वि.

बांदा/२१०००१
दि. ८-६-६३

डियर,

—बेहद गरमी है। जानलेवा है। बांदा तो भट्टी हो गया है। धधक रहा है। पर हम भी तन और मन से पुष्ट और प्रवीन हैं कि ठीक ठाक हैं और सब कुछ ही सहज ही झेल लेते हैं। चिंता न करना। अपने को ठीक रखना। दिल्ली भी बिना बिजली-पानी की हो जाती है। वह भी बांदा जैसी है। यहां तो बिजली कई दिन से गायब रही—फिर आई तो फिर चली गई। कोई लिहाज नहीं करती, किसी भकुवे का।

—इधर कुछ भी नहीं लिख सका। मन ही नहीं होता।

—शरीर ठीक है साधे रहता हूं। नित्य कर्म उसी तरह चलता है।

—कुबेर दत्त का पत्र केरल से आया था। तुम्हारा पत्र उन्हें मिल गया है, यह लिख भेजा है। अब तो दिल्ली वापस होने-होने को होंगे। मुंशी का पत्र मुझे मिला था। उन्होंने लिखा था कि तुम अब पहले जैसे स्वस्थ हो गए हो।—पत्र देना।

सस्नेह तुम्हारा

केदार

नई दिल्ली-११००१८
२१-६-६३

प्रिय केदार,

कार्ड मिला। गर्मी बेशक बहुत पड़ी। बांदा, झांसी, जयपुर आदि तो उसके प्रमुख्र लक्ष्य थे। ललित आजकल यहां हैं, वर्ना सीकर में तापमान ५०° तक पहुंचा था। यहां दो दिन पहले थोड़ा पानी बरस गया है, इससे तापमान कुछ नीचे आ गया है। विजय ने हमारे कमरे में एयरकंडीशनर लगवा दिया है, सो रात में चादर तान कर सोते हैं, दिन में हम नहीं चलाते; दोपहर तक काम करते हैं, फिर आराम

करते हैं। भारतीय दर्शन वाली हमारी पुस्तक लिखाई की आखिरी मंजिल में है। आशा है अगले दो-तीन महीने में समाप्त हो जाएगी। आजकल बेटे-बेटियां, बहुएं, नाती-पोते सब यहीं हैं। ख़ूब चहल-पहल है। स्वाति आने वाली है। मुंशी शोभा के यहां से लोग आ जाते हैं। स्वास्थ्य ठीक है।

सस्नेह

रामविलास

बांदा

२१-७-६३

प्रिय डॉक्टर,

—विलंब से उत्तर दे रहा हूं। घर की परेशानी—बेटी किरन के बेटे टोनी की बीमारी—थी। वह गाजियाबाद में है—बीमार था। अस्पताल में था। बेटी वहां से इलाहाबाद होती हुई यहां आई थी—उसकी बीमारी का पता यहां फोन से आया तो वह दूसरे दिन ही झांसी होती हुई दिल्ली चली गई थी। अब बेटे की सेवा में गाजियाबाद में होगी।

—यहां तो मेघराज बरसते नहीं : न रोते हैं। दूसरों को—हम सबको रुलाते हैं 'गरमी के मारे'। दर्शन वाली किताब अब पूरी हो गई होगी। शरीर साथ देता रहे, यह देखते रहना। अब घर में भीड़ न होगी। नाती-पोते, बेटियां सब चले गए होंगे। प्रिय ललित भी चले गए होंगे। उन्हें मेरी शुभकामनाएं भेज देना। वह सपरिवार सकुशल होंगे। प्रिय भुवन व प्रिय विजय व शोभा व सेवा व जयपुर का परिवार ठीक होगा। सबको यथायोग्य।

—पत्र देना।

—११-१२/६ को इलाहाबाद रहना होगा सहाय सा. के कार्यक्रम में।

सस्नेह तुम्हारा

केदार

नई दिल्ली-१८
३०-७-६३

प्रिय केदार,

२१/७ का तुम्हारा कार्ड मिला। तुम्हारा नाती बीमार था, यह जानकर दुख हुआ। आशा है, गाजियाबाद में इलाज की उचित व्यवस्था होगी। वहां बहुत पानी बरसा, इससे जन-जीवन अस्त-व्यस्त रहा। यहां वर्षा थमी हुई है। और लोग चले गए हैं, तन्मय और चिन्मय यहीं हैं। विजय यूरुप गए हैं सरकारी काम से। १५-२० दिन में लौटेंगे। मैं काम थोड़ा-थोड़ा ही करता हूं। इसीलिए दर्शन वाली पुस्तक में अभी और समय लगेगा। सन् ४२ के आंदोलन पर दूरदर्शन वाले एक छोटी-सी बातचीत रिकार्ड कर ले गए थे। शायद ६ अगस्त को प्रसारित करेंगे। और सब ठीक है।

सस्नेह

रामविलास

नई दिल्ली-११००१८
१३-६-६३

प्रिय केदार,

२३/८ का कार्ड मिल गया था। विजय लौट आए थे। उसके बाद हम लोग चेक अप के लिए अस्पताल गए। डाक्टर ने पांच महीने तक और दवा खाते रहने को कहा है। वैसे शरीर ठीक है। 'समय काटे नहीं कटता दोपहर के बाद', किसी को बुलाकर जो मन में आए, बोल दिया करो, वह टेप कर लिया करे। निबंधों का संकलन तैयार हो जाएगा। नाम रखना—'समय काटे नहीं कटता'! यहां एक प्रकाशक हमारी आत्मकथा छापना चाहता है। वह एक आदमी भेजेगा, प्रतिदिन बातचीत टेप करने के लिए, अभी तो हम अपनी दर्शन वाली पुस्तक पूरी करने में लगे हैं। दो-तीन महीने बाद आत्मकथा के बारे में सोचेंगे। पानी यहां भी अच्छा बरस गया।

सस्नेह

रामविलास

नई दिल्ली-११००१८
२३-१२-६३

प्रिय केदार,

कैसे हो ? इधर डाक में बहुत गड़बड़ रही। तुमने पत्र लिखा हो तो हमें मिला नहीं, जाड़े में तेजी आ गई है। घर के पीछे वाले हिस्से में हम तीन-चार घंटे धूप में गुजार देते हैं। घुटनों में कभी-कभी दर्द होता है। घर में घूम लेते हैं। कोई खास परेशानी नहीं है। थोड़ी लिखाई-पढ़ाई भी कर लेते हैं। मुंशी सर्दी से थोड़ा अनमने हैं। बाकी लोग ठीक हैं। अपना समाचार देना।

सस्नेह

रामविलास

न.दि. ११००१८
१३-१-६४

प्रिय केदार,

४/१ का कार्ड मिला। मैंने तुम्हें २३-१२-६३ को कार्ड लिखा था। लगता है, वह डाक में गुम हो गया। आगरा में चार दिन ख़ूब गोष्ठीबाजी में बीते। ब्याह काज सब ठीक निपट गया। शरीर ठीक है। तुम्हारा घर चमाचम है—जानकर बड़ी प्रसन्नता हुई। साहित्य अकादेमी में परसों मेरा भाषण था। कल के 'जनसत्ता' (अखबार) में सचित्र विवरण छपा है। सचिव इंद्रनाथ चौधुरी ने मेरा परिचय देते हुए तुम्हारे एक पत्र का अंश पढ़ा—सही नाम के गलत आदमी (ऐसा ही कुछ) और एक अंश मेरे पत्र से पढ़ा (उर्वशी की पंक्तियां, भौतिकता, समय, चेतना—अप्रैल ६२ का था)। विश्वनाथ त्रिपाठी, अजय तिवारी आदि बहुत से लेखक थे। सामने नामवर सिंह बैठे थे। कुछ सरदार भी थे। बहुत दिनों बाद लेखकों की सभा में बोलना पड़ा। संयुक्त सचिव रणजीत साहा पुस्तकों आदि से बहुत सहायता करते

हैं। उनके आग्रह पर गया था। एक प्रकाशक (किताबघर, दिल्ली) मुझसे आत्मकथा लिखाना चाहते हैं। मुंशी परिवार ठीक है।

सस्नेह

रामविलास

नई दिल्ली ११००१८

१६-४-६४

प्रिय केदार,

परसों अशोक त्रिपाठी 'पुष्प दीप' के साथ आए। मालूम हुआ, पहली अप्रैल धूमधाम से मनाई गई। उनसे यह भी मालूम हुआ, पांच आदमियों पर फिल्में बनने वाली हैं। उनमें तुम और हम भी हैं।

अशोक के जाने के बाद हमने 'पुष्प दीप' की भूमिका से शुरुआत की। डेढ़ पन्ना पढ़ा, फिर रहा नहीं गया तो कविताएं पढ़ने लगे। कुछ पर निशान लगाए। शाम को मुंशी आए तो उन्हें वे सुनाई। मुंशी ने पुस्तक लेकर कुछ अपनी तरफ से सुनाईं, भूमिका से भी एक अंश पढ़ा। मुंशी के जाने के बाद हमने बाकी भूमिका पढ़ी तो पता चला कि हमने जिन पर निशान लगाए थे, वे अधिकांश वही थीं जिनका विशेष उल्लेख तुमने पृ. ८ पर किया है ! भोगिला बैल से लेकर भगौता बढ़ाई तक पुरानी यादें बहुत सजीव होकर तुम्हारी कविताओं में उतर आई हैं। इनमें तुम्हारे कवि-संस्कारों के निर्माण का इतिहास है।

'प्यार न पाता' बहुत पसंद आई। नया रंग है, लोक कविता का रस है, तुकें भी बोलती हैं। 'आदिकाल से पल्थी मारे' में पहाड़ की पुरातनता, उसका मानवीकरण दोनों ध्वनित हैं। 'दीवार के सहारे' में लालटेन का चलना परी कथा की सी सुघर कल्पना है, व्यंग्य भी सधा हुआ है। 'न उबाल न उछाल' कवि के सीमा बोध का मार्मिक चित्रण है। 'नहीं काटे कटता समय' की ऊब भी वास्तविक है। अच्छा किया इसे भी लिख दिया। 'दौआ बेहना' अयोध्या और भगौता की तरह तुम्हारे संस्कार निर्माताओ में है।

जीवन की जड़ खोदने वाले कैसेट, धुनाधन धुनकी आने वाली ध्वनियां और धोबियापछाड़ स्वरों का संहार—में कवि की प्रतिक्रिया स्नेह में पूर्ण सहानुभूति है,

यह अपने अनुभव क्षेत्र की बात भी है।

गगन में ताराओं का महाकाव्य–संक्षेप में उदात्त आदिकाल से अब तक पानी रहा हमेशा पानी, एकदम वैदिक उद्‌भावना है। 'न यथार्थ दरकता है, न समाज बदलता है', सच है, पर सन् ६३ के मुकाबले सन् ६४ में कुछ हलचल दिखाई देती है।

सब जो है
उनका है
जिनका आज नहीं है–
इसी आशा में जीते हैं, लड़ते हैं, मरते-खपते हैं और जीते हैं।

इति।

सस्नेह

रामविलास

नई दिल्ली-१८
३१-५-६४

प्रिय केदार,

नई दिल्ली उबल रही है, बांदा खौल रहा होगा। अखबारों में अक्सर छपता है : आज Hottest day है। Hottest के खिताब के लिए कई दिन उम्मीदवार हैं। मिस यूनीवर्स की तरह इनमें भी ब्यूटी कन्टेस्ट करा दिया जाए। ज़ज क्लिंटन को बनाया जाए, हर रोज़ दोपहर को यहां सड़क पर एक घंटा खड़े रह कर तापमान अंदाजें। लिखना बंद है। महाभारत पर लिखने के लिए सामग्री जुटा रहा हूं। कभी कोई आ गया तो उससे टेप रिकार्डर पर बात कर लेता हूं। कभी किसी मित्र के लिए अकेले भी टेप रिकार्डर पर कुछ सामग्री तैयार कर देता हूं। मुंशी ठीक हैं। तुम्हारा कार्ड मिल गया था।

सस्नेह

रामविलास

न. दि. ११००१८
२५-१२-६५

प्रिय केदार,

चौबे सोते में तख्त से नीचे गिर पड़े थे। सर में चोट आई। एक जगह खून जम गया। सिर का आपरेशन हुआ पर हालत सुधरी नहीं। काफी दिन वह आधी बेहोशी में रहे। मैं एक बार देख आया था। बीच-बीच में विजय, मुंशी वहां जाते रहे। फोन से समाचार मिल जाते थे। अंत में वह सभी कष्टों से मुक्त हो गए।

हरियाणा में चार सौ छात्र और अभिभावक जल कर मर गए, यह बड़ी दुःखद घटना है। चौबे तो ७८ के थे।

सस्नेह

रा.वि. शर्मा

बांदा
२८-३-६५

प्रिय डॉक्टर,

—श्री विष्णु चंद्र शर्मा आए थे। हाल मिला। दो दिन रह कर गोरखपुर गए।

—अपनी तबियत का हाल किसी से लिखवा देना।

—मैं शिथिल हूं पर सम्हाले हूं।

—सकुशल हूं।

—कोई विशेष बात नहीं है।

—यहां के परिचित १/४ को मेरा जन्मदिन मना रहे हैं। मैंने बहुत कहा कि यह न करो पर नहीं माने। बाहर से भी लोगों को बुलाया है। पाठशाला में मनाएंगे।

—गरमी पड़ने लगी।
—आशा है कि परिवार के सभी सदस्य ठीक होंगे।
—सबको यथायोग्य।
—प्रिय मुंशी को नमस्ते।
सस्नेह

तुम्हारा
केदारनाथ अग्रवाल

नई दिल्ली-११००१८
२८-३-९५

प्रिय केदार,

अंतरराष्ट्रीय महत्व की तारीख पहली अप्रैल को तुम चौरासी पूरे करोगे, और पचासी में प्रवेश करोगे। इस अवसर पर समझना कि तुम्हारे आंगन में टहलते हुए हम तुम्हें गले लगा रहे हैं। यह जानकर प्रसन्नता हुई कि बांदा का प्र. ले. संघ तुम्हारे घर पर साहित्यिक आयोजन कर रहा है जिसमें भाषणों के अलावा कविता पाठ भी होगा। बड़े कवियों की ख्याति उपेक्षा और विरोध की मंजिलें पार करके धीरे-धीरे बढ़ती है, फिर बढ़ती ही चली जाती है। यही तुम्हारे साथ हो रहा है और हिंदी साहित्य के लिए यह शुभ है।

बहुत-बहुत बधाई और हार्दिक मंगल कामनाओं सहित
सस्नेह

रामविलास

नई दिल्ली-११००१८
५-४-६५

प्रिय केदार,

२८/३ को तुमने कार्ड लिखा, उसी दिन मैंन तुम्हें लिखा। एक कार्ड पुंडरीक को भी डाला था। आशा है, पहली अप्रैल वाला कार्यक्रम धूमधाम से संपन्न हुआ होगा। जीवन की एकरसता भंग करने के लिए ऐसे आयोजन अच्छे होते हैं। और तुम्हारा मालिश वाला? आशा है अभी आता होगा।

मुंशी और उनके घर के सब लोग मजे में हैं।

मेरा हाल ठीक है। लिखाई-पढ़ाई चालू है।

यहां गर्मी कम है। सवेरे तो काफी ठंडक रहती है। मच्छरों का जोर है।

सस्नेह

रामविलास

नई दिल्ली-११००१८
५-१२-६५

प्रिय केदार,

२/११/६५ का तुम्हारा कार्ड आज मिला। हो सकता है, तुमने २/१२ की जगह भूल से २/११ लिख दिया हो। यह भी संभव है बांदा से दिल्ली तक आने में कार्ड को महीना भर लगा हो। दो-तीन दिन हुए, बोधिसत्व नाम के एक शोध छात्र इलाहाबाद से आए थे, पूछने लगे, केदार जी की याद आती है ? मैंने कहा, रोज़ आती है, यह भी कोई पूछने की बात है। आत्मकथा छप रही है। उसके लिए तस्वीरें छांट रहा था। दो-एक तुम्हारी भी हैं। उन्हें देखकर तुम बहुत याद आए।

मेरा शरीर ठीक काम कर रहा है। ३५ मिनट सबेरे, ३५ मिनट शाम को बाहर वाले कंपाउंड में घूम लेता हूं। मुंशी के यहां सब लोग ठीक हैं।

सस्नेह

रामविलास

नई दिल्ली-११००१८
५-५-६५

प्रिय केदार,

तुम्हारा ६/४ का पत्र मिल गया था। एक दिन मुंशी आए, हम दोनों ने उसे फिर पढ़ा यानी मुंशी ने हमारी सहायता से तुम्हारी ब्राह्मी लिपि पढ़ ली।

तुम गांव हो आए। बहुत अच्छा हुआ। दो साल हुए, हम भी अपने गांव गए थे। घर बाहर ख़ूब घूमे। हरियाली में पहले जैसी तरावट नहीं थी पर गांव में पढ़े-लिखे लोगों की संख्या बढ़ते देखकर अच्छा लगा।

दस पत्र लिखने के बाद मुझे पत्र लिखा, यह अच्छा किया। जिसे फुर्सत में लिखना हो, उसे मैं भी औरों को लिखने के बाद ही लिखता हूं।

तुमने पहले पैरा में तीन छोटे वाक्य लिख कर एक लंबा पैरा लिखा है—मन साध कर एक ही दिशा में देर तक चलते हुए। फिर उसका चौथाई पैरा, तत्पश्चात् एक-एक दो लाइनों वाले पैरा, विचारों के मोती बिखेरते हुए। तुम्हारा पैराग्राफिंग, उसके साथ डॉट (.) डैश (-) का प्रयोग देख कर हम तुम्हारे मन की गति पहचानते रहे, वह कैसे स्नेह डोर के सहारे आगे बढ़ता गया।

बेटी किरन को समझाते रहते हो, यह उचित है। यहां भी दूसरी पीढ़ी में कुछ लोग अस्वस्थ हैं। उपचार की व्यवस्था की गई है। विजय ठीक है। सारी व्यवस्था वही करते हैं। मैं दिन में कुछ देर चिंता करता हूं। फिर दिमाग की वह खिड़की बंद करके काम में लग जाता हूं।

अगले साल नाविक विद्रोह को पचास साल हो जाएंगे। विजय गुप्त को लिखा है कि सन् ४६ की अधूरी क्रांति पर 'साम्य' का विशेषांक निकालें, क्रांतिकारी संघर्षों के ऐसे वर्ष हमारे इतिहास में कम ही आये हैं।

सस्नेह

रामविलास

बांदा
२-११-६५

प्रिय डाक्टर,

—इधर कोई समाचार नहीं मिले। अवश्य लिख कर भेजो। मन की चिंता दूर होगी। उत्फुल्ल हो जाऊंगा।

सबको यथायोग्य।

सस्नेह

तुम्हारा
केदारनाथ अग्रवाल

बांदा
१६-१२-६५

प्रिय डाक्टर,

—पत्र मिला। मैंने २/११ को ही लिखा था।

—कल शाम राय साहब ने हृदय विदारक सूचना दी कि चौबे जी चल बसे। मैं सन्न रह गया। मैं कहूं तो क्या कहूं। मेरी हार्दिक समवेदना तुम सबको—उनके परिवार के लोगों को। आखिर हुआ कैसे ?

सस्नेह

तुम्हारा
केदारनाथ अग्रवाल

(चौबे जी—मेरे छोटे भाई रामस्वरूप)

बांदा
४-३-६६

प्रिय डॉक्टर,

—बहुत दिन के बाद पत्र लिख रहा हूं। आशा है कि पत्र पाकर उत्तर अवश्य दोगे।

—मैं पूर्ववत् हूं। शिथिल हूं पर चिंता नहीं करना। अभी चलता रहूंगा पुराने सिक्के की तरह।

—इधर तुम्हारी आत्मकथा के तीन खंड प्रकाशित हुए हैं—पर मैंने नहीं देखे। क्या प्रकाशक महोदय भेज सकेंगे?

—झांसी से २२/१२ को मानद उपाधि डी. लिट. की ले आया। वहां के बुंदेलखंड वि.वि. ने कार भेज कर बुलाया—वापस भेजा।

—मैंने तुम्हें नहीं लिखा कि कोई विशेष सूचना ऐसी नहीं है कि तुम जानकर मुझे और अच्छा समझने लगोगे। शिथिल तो हूं। घर पर ही रहता हूं—मद्रास वगैरह नहीं जा सकता।

—क्या लिख रहे हो?

—प्रिय मुंशी की याद आती है?

—घर के सभी को यथायोग्य।

सस्नेह

तुम्हारा
केदारनाथ अग्रवाल

बांदा
१५-४-६६

प्रिय डॉक्टर,

जन्मदिन की बधाई का पत्र मिला। पढ़ कर खुश हुआ था। जन्मदिन का कार्यक्रम ठीक ही रहा।

—डॉ. विश्वनाथ त्रिपाठी ने हाल बताया होगा। मैंने उन्हें हाल बताने को कह

दिया था।

—मद्रास में बहू का आपरेशन आज ही कल में होना है—पेट का। न जा पाऊंगा। फोन पर बात हुई थी। फोन से ही हाल का पता चलेगा।

—गरमी पड़ने लगी।

—नया संकलन डॉ. अशोक त्रिपाठी ने संपादित किया, परिमल ने छापा—पुस्तक जिल्द बंधने के लिए प्रयाग में है। आते ही भेजूंगा—नाम है—बसंत में प्रसन्न हुई पृथ्वी।

—घर में सबको यथायोग्य।

—कैसे हो ?

सस्नेह

तुम्हारा
केदार

नई दिल्ली-११००१८
१२-५-९६

प्रिय केदार,

१५/४ का कार्ड यथासमय मिल गया था। वहां के समाचार विश्वनाथ त्रिपाठी और अशोक त्रिपाठी से मिल गए थे। आशा है बहू के पेट का आपरेशन ठीक से हो गया होगा।

इस साल मई शुरू होते ही गरमी ने तेज़ी पकड़ी। सुना, बांदा में औसत से कम मतदान हुआ। मेरा हाल ठीक है पर अब हाथ बहुत कांपता है। शरीर अभी काम करता जाता है।

सस्नेह

रामविलास

नई दिल्ली-११००१८
२४-५-६६

प्रिय केदार,

प्रकाशक ने पुस्तक भेजने का वादा किया था। कई बार याद दिलाने पर भी जब उसने न भेजी, तब मैंने प्रतियां मंगवा लीं। कल तुम्हें एक प्रति भिजवाई है। आशा है, सात-आठ दिन में मिल जाएगी। शेष कुशल।

सस्नेह

रा.वि.

२८-५-६६

डॉ. रा.वि.

मैंने आज ही सबेरे पत्र लिखा कि प्रतियां मिल गईं।

केदार
२८-५-६६

बांदा (उ.प्र.)
पिन-२१०००१
दि. २८-५-६६

प्रिय डॉक्टर,

—कल डाक से भेजी गई तुम्हारी पुस्तक—अपनी धरती अपने लोग—के तीनों खंड मुझे प्राप्त हुए। बहुत-बहुत खुश हुआ। मन लगाकर पढ़ूंगा—फिर अपने विचार लिखूंगा। ठीक हूं। शिथिल शरीर को सम्हाले हूं।

—बेटा दिल्ली गया था—वहां फिल्मों को देखकर, जूरी की हैसियत से, अपना मत व्यक्त करना था—अब मद्रास लौट आया होगा।

—मद्रास में उसका परिवार अब सकुशल है।

—यहां गरमी ज़ोर पर है।

—इधर अशोक त्रिपाठी का पत्र नहीं आया।

—कुबेर दत्त के ३ काव्य-संकलन मिल चुके हैं।

—सबको यथायोग्य।

सस्नेह

तुम्हारा
केदार

नई दिल्ली-११००१८
४-६-९६

प्रिय केदार,

केरल में पानी बरसा है। आशा है, महीने भर बाद यहां भी बरसेगा।

२८-५ का कार्ड मिला। आराम-आराम से पुस्तक पढ़ना। पत्र लिखने के लिए जल्दी मत करना।

और सब ठीक।

सस्नेह

रा.वि. शर्मा

नई दिल्ली-११००१८
१०-७-६६

प्रिय केदार,

आवारा-कार्ड मिल गया था। कल कविता पुस्तक मिल गई। डिस्पैचर को धन्यवाद।

सस्नेह

रा. वि.

नई दिल्ली-११००१८
२-६-६६

प्रिय केदार,

'बसंत में प्रसन्न हुई पृथ्वी', कविता पढ़ कर हम भी प्रसन्न हुए। देर तक चालीस साल पहले के भद्दर जवान केदार का साथ रहा। रूप, रस, गंध वाली कविताओं में नारी की (आशा है, श्रीमती केदार की ही) छवि बसी हुई है। झीने चादर से उड़ जाने को आतुर कपोत जैसे उरोज, तुम्हें सहलाने की स्मृति भी रोमांचकारी है। (१८२) चिड़िया की बोली से टपकतीं रसबूंदें तुम्हें कठिनाई से प्राप्त अधरपान की स्मृति में डुबो देती है। (२३३) दिन अब भी गरम और गुदगुदा होता है, इसलिए कि प्रकृति की छवि में प्रिया का सौंदर्य समाया हुआ है। (२७३) यह बात तो कालिदास भी कह सकते थे लेकिन प्रिया के साथ रोज सबेरे चलते-चलते—तले हमारे जूतों के बेहाल हो गए—यह तुम्हीं लिख सकते थे। (२३५)

गांव के चक्कर लगाते हुए तुम्हारी निगाह किसानों पर बराबर रहती है। कुटिया में बैठा तकवैया चिंतित है पर अंधेरे में पौधे उग रहे हैं, उसकी चिंता आगे कभी दूर होगी। (२६) भादो के बादर धूप की चादर धोएंगे—अद्भुत कल्पना है। (४६) अंधियर उदसै लाग किरन पूरब मां जनमी—तुम्हारी विरल अवधी कविताओं में है, पटीस की बढ़िया से बढ़िया कविताओं का रस लिये हुए है। (२६) भूमि में जड़ें गड़ाए, फूल-फल-पात से लदा महा विटप तुम्हारी कविता की तरह सदाबहार

है। (६४) फागुन ने मोर के पंखों पर पिचकारी मारी, कमाल है, और उसके छींटे तुम्हारी अटारी तक आए ! (१३१) जो सावन में अंधे होते हैं, उन्हें हरा-हरा सूझता है। जिनकी आंखें फागुन में खुलती हैं, उन्हें रात में भी सरसों दिखाई देती है। (१६६) खेत में उगते अंखुए, रंग-बिरंगे, अनूठी गंध लिये—आकाश के हीरक नक्षत्रों से झलके, बड़ी बात बहुत सहज भाव से कही गई है। (२५८) सन का खेत, केन पर सूरज का सोना, कठेठी औरतें, गायों-सी रंभाती हुई थकी मांदी,

—छातियों में दूध, नेह नैन में अरे

—करबी का भारी बोझ मूड़ पर धरे—

—कीट्स की 'ओड टु ऑटम' मात है। (३१५)

इनसे कुछ अलग हटकर कुल्हाड़ी चलाता लकड़हारा जिसकी नंगी पीठ सूरज की लपटों में जलती है (५), कीड़ों की घात में दीवार से चिपकी छिपकली (४), तीस साल से धुंआती दीवारें (७), चालीस साल से एक ही जगह खड़ी म्युनिसिपैलिटी की लालटेन जो लोगों को ठोकर खाने से नहीं बचा पाती (८), चालीस साल पहले तुम क्या-क्या देखते रहे, वह सब तुम्हारे साथ मैं भी देख आया। वी.पी. छुड़ाने के लिए पैसे न होने पर—सिमट गया अपने में जैसे केंचुआ! (६१), कोई बात नहीं, भुना चना तो मयस्सर है, उसी से बहादुर दोस्त ने मौत का किला जीत लिया। (१४०) नज़ीर अकबराबादी पढ़ते तो दांतों तले जीभ दबा लेते !

संग्रह में बहुत-सी राजनीतिक कविताएं हैं, हमें सामाजिक क्रांति की वह कविता बहुत अच्छी लगी जिसमें युवती का प्रेमी अपने साथियों की मदद से पति की मरम्मत करके उसे मुक्त कर देता है। (४०), कविता पर, कवियों पर जो भी कविताएं हैं, बहुत अच्छी हैं। कालिदास, तुलसीदास, निराला सभी हैं, सारी परंपरा तुम्हारे साथ है।

एक निराला मिला दूसरा नहीं मिलेगा।
ऐसा सूरजमुखी दूसरा नहीं खिलेगा। (८१)
सच है। यह भी सच है।
मुझे गर्व है कि मैं उन सबका कवि मित्र हूं जो निरस्त्र हैं। (२६३)
ऐसे कवि मित्र पर मुझे भी गर्व है।

सस्नेह

रा. वि.
३-११-६६

बांदा
१६-९-६६

प्रिय डॉक्टर,

—तुमने मेरे काव्य संकलन—बसंत में प्रसन्न हुई पृथ्वी—की कविताएं पढ़ीं और मुझे पत्र लिख कर उनका उल्लेख किया। पत्र पढ़ कर खुश हुआ।

—इधर आंखों में कष्ट की वजह से पढ़ने में दिक्कत होती है। इससे बहुत कम पढ़ता हूं।

—आंखें अब ठीक हो जाएंगी।

—अपना हाल नहीं लिखा—कैसे चल रहा है शरीर ? वैसे अब तो घर पर ही रहते होओगे। घूमने भी न जाते होओगे।

—दिल्ली में मौसम भी अच्छा न रहा है।

—घर पर ही पड़ा रहता हूं। साधे हूं तन-मन दोनों को।

—सबको यथायोग्य।

तुम्हारा केदार

नई दिल्ली-११००१८
६-१०-६६

प्रिय केदार,

१६/९ का कार्ड मिला। जसवीर से भी तुम्हारा हाल मिला था। घर पर ही रहता हूं। घूमघाम कर शरीर साधे रहता हूं। इधर जुकाम से गला खराब रहा, पैरों में दर्द रहा। अब सब कुछ सामान्य होता जाता है।

सस्नेह

रामविलास

(जसवीर—युवा कवि जसवीर त्यागी)

बांदा
१५-१०-६६

प्रिय डॉक्टर,

—ठीक हूं।

—अपने हाल लिखना।

—जन्मदिन की मुझे याद ही न थी। अच्छी तरह से मनाया होगा—त्यागी ने ख़ूब खुशी जाहिर की होगी।

—मुश्किल से लिख रहा हूं।

—पत्र देना।

—सबको मेरी मंगल कामनाएं।

सस्नेह

तुम्हारा
केदार

न.दि. ११०0१८
५-११-६६

प्रिय केदार,

१५/१० का कार्ड यथासमय मिल गया था। पहले दशहरे की छुट्टियां, फिर डाकियों की हड़ताल, उत्तर विलंब से दे रहा हूं। जन्मदिन पर अवस्थी आ गए थे। मुंशी शोभा के यहां से लोग आए थे, ख़ूब चहल-पहल रही। हाथ कांपता है, पर शरीर काबू में है। कुल मिला कर ठीक हूं।

ज्यादा लिखने की ज़रूरत नहीं, तुम्हारी दो लाइनें काफी हैं।

सप्रेम

रामविलास

परम प्रिय कवि मित्र केदारनाथ अग्रवाल, बांदावासियों के 'बाबूजी', के छियासी पूरे करने पर हार्दिक बधाई और शांतिपूर्ण सुखद बुढ़ापे के लिए मंगल कामना।

बहुत-बहुत प्यार के साथ

रामविलास शर्मा

२६-३-६७

बांदा
२६-५-६७

प्रिय डॉक्टर,

आज श्री जसवीर त्यागी के पत्र से ज्ञात हुआ कि प्रिय ललित का देहांत हो गया है। दुखद समाचार है। पर यह तो हम सब मनुष्यों को भोगना पड़ेगा और हम लोग भी न रहेंगे इस दुनिया में, मुझे पूर्ण विश्वास है कि तुम इस दुखद घटना से अपना धैर्य न खोओगे और दिल्ली से वहां तक जाने की कोशिश भी न करना। शरीर से पूरे शिथिल हो—किसी तरह जी रहे हो। प्रिय विजय वगैरह पहुंचे होंगे।

—पता नहीं प्रिय ललित के परिवार में वहां कितने सदस्य हैं।

मैं भी शरीर से क्षीण हो गया हूं। कहीं नहीं जा सकता, चाहे किसी परिवार के सदस्य का निधन हो जाए।

बस, थक गया।

सस्नेह

केदार

(६६ वर्ष की आयु में मेरे बड़े पुत्र ललित का देहान्त हो गया था।)

बांदा
४-६-६७

प्रिय डॉक्टर,

नमस्कार।

—कैसी तबियत है ? घर के क्या हाल हैं? सबको मेरी यथायोग्य। अब बहुत शिथिल हूं। वैसे चिंता की कोई बात नहीं है।

प्रिय विजय आदि को मेरी मंगलाशीष।

पत्र लिखवा कर हालचाल से अवगत कराना।

इधर पानी बहुत बरसा ४ दिन से, अब भी बादल घिरे हैं।

सस्नेह

तुम्हारा
केदारनाथ अग्रवाल

युग के श्रेष्ठ कवि केदारनाथ अग्रवाल ने सत्तासी पूरे किए। कविता प्रेमी दूर-दूर से बांदा पहुंच गए। कविता से प्रेम और केदार से प्रेम—एक ही बात है।

दिल्ली में काले बादल छाए हैं। इनमें विष भरा है। लोग कहते हैं, इनसे अमृत बरसेगा। इन पर केदार की कविता बिजली की रेखाएं बनाती है। यह हिंदी भाषा और साहित्य की ऊर्जा का प्रकाश है।

शरीर अब मन का साथ नहीं देता। मैं दिल्ली में हूं। मन बांदा में है। आंगन में भीड़ है। केदार प्रसन्न हैं। मैं भी प्रसन्न हूं। मनाता हूं, यह दिन बहुत बार आए। आशा और स्नेह जगाए। बादलों पर बिजली की रेखाएं मन शक्ति का सूर्य बन जाएं।

परिपक्व वृद्धावस्था के धनी केदारनाथ अग्रवाल को मेरा अभिवादन, बांदा में एकत्र केदार प्रेमियों और कविता प्रेमियों को मेरा अभिवादन।

रामविलास शर्मा
८-४-९८

बांदा
२३-५-९८

प्रिय डॉक्टर,

बहुत दिनों से कोई समाचार नहीं मिले। कुछ तो हाल लिखो। मौन न साध कर बैठे रहो। मुझे जिन्दा रहना है—यह तो सोचो। बिना तुम्हारी कृपादृष्टि के कैसे जीवित रह सकूंगा।

चाहे चार पंक्तियां लिखो—लिखो जरूर।

प्रिय विजय और संतोष जी वगैरह को नमस्कार।

मुंशी को भी स्नेह—उन्हें भी फोन पर बता देना।

सस्नेह

तुम्हारा
केदारनाथ अग्रवाल

बादा (उ.प्र.)
२८-७-६८

प्रिय डॉक्टर,

—२१-७ का पोस्टकार्ड मिला। बहुत दिनों बाद तुमने मुझे लिखा, पत्र नहीं, यह खिला कमल है जो मुझे उत्फुल्ल करता है और जीवन की जयजयकार करता है।

—सबके बारे में जानकारी मिली। सब स्वस्थ और प्रसन्न रहें, यही मेरी कामना है।

—सबको मेरी हार्दिक शुभकामनाएं।

—हां, प्रिय संतोष, शोभा, स्वाती के विषय में कुछ भी जानकारी नहीं हुई। सबको मेरी शुभ आशीष।

—प्रकृति ने तुम्हें मुग्ध कर लिया है, यह भी जान सका। बेहद अच्छी बात है। ऐसे पत्र तुमने पहले कभी नहीं भेजे।

—मैं कमर के ऊपर ठीक हूं। घर पर ही रहता हूं। कहीं नहीं जाता।

सस्नेह तुम्हारा

केदार

न.दि. ११००१८
२०-८-६८

प्रिय केदार,

यहां बिजली अक्सर चली जाती है। तीसरा पहर। हम कुर्सी निकाल कर बाहर बैठे। सड़क पर यूकलिप्टस के पेड़ों पर बादल उठे, बादल क्या थे, धुएं का सागर था जो लहराता हमारे घर की तरफ चला आता था। हवा चली। हमने स्वयं को हवा को समर्पित कर दिया। उसने तन-मन का ताप हर लिया। हम हरे हो गए। फिर पानी बरसा और बरसता ही रहा। अंगूर की बेल की पत्तियां

लहलहा उठीं, उनका रंग गाढ़ा हो गया, इतना कि कमरे में अंधेरा छा गया। माली ने आकर पत्तियां छांट दीं। आसमान में बादल छंट गए, धूप निकल आई।

तुम्हारा २८/७ का कार्ड मिल गया था।

सस्नेह

रा. वि.

२१-८-६८

प्रिय केदार,

कल तुम्हें एक कार्ड लिखा था। वर्षा के आनंद में काम की बात रह गई। वाणी प्रकाशन के लिए 'कवियों के पत्र' नाम से एक संकलन तैयार कर रहा हूं। उसमें 'मित्र-संवाद' के बाद लिखे तुम्हारे पत्र दे रहा हूं। 'मित्र-संवाद' के बाद मैंने जो पत्र तुम्हें लिखे हैं, उन्हें (मूल या फोटो कापी) भिजवा दो तो संवाद पूरा हो जाए।

सस्नेह

रा. वि.

Ganesh Colony
Naya Bazar
Gwalior
जुलाई ४३

प्रिय रामविलास,

पत्र तुम्हारा मिला। मैं अभी तक ग्वालियर में ही हूं, कल फ़ैजाबाद के लिए रवाना हो रहा हूं। वहां से आठ या दस दिन के लिए घर जाऊंगा, मां के पास। फिर भी २० ता. तक फ़ैजाबाद ही रहूंगा। यदि तुम अभी तक आगरे जाने की जल्दी में न हो तो दो दिन के लिए फ़ैजाबाद चले आओ। 'निराला' जी को

भी फ़ैजाबाद बुलाया है, देखें क्या जवाब देते हैं। तुम यदि मिल गए तो निश्चित रूप से कुछ प्रोग्राम बनाया जा सकेगा।

निराला जी वाली पुस्तक बिना हम लोगों को सुनाए ही प्रेस में भेज दी। कहीं बहुत जल्दी तो नहीं कर दी। मेरा इरादा एक-दो दिन के लिए बनारस भी जाने का है। तुम्हारा चक्कर तो क़रीब-क़रीब पूरा हो गया। इन दिनों मेरा पता होगा—

C/o Th. Beni Madho Singh Ji
Tahsildar, Fyzabad
फ़ैजाबाद (यू.पी.)
स्नेह—साथी

सुमन

तहसीलदार का क्वार्टर बिल्कुल स्टेशन के पास ही है।

Victoria College
Lashkar, Gwalior
18th, July '43

प्रिय रामविलास,

आशा है इस समय तक आगरे आ गए होगे, बधाई। कृपया अपने विस्तृत समाचार और घर का पता लिखो। शांति जी भी यहीं आ गई हैं। मैंने यहां नया बाज़ार में गनेश कालोनी में मकान लिया है। तुम अपने विषय में विस्तार से लिखो। कहां मकान लिया है ? जीवन वहां का कैसा है ? परिवार लाए हो या नहीं ? भाइयों को तो लखनऊ में ही छोड़ आए होगे ? तुमने ग्वालियर आने को भी कहा था। अपने स्थायी समाचार दो तो फिर हमारे-तुम्हारे आने-जाने के लिए प्रोग्राम बना डाला जाए। आज लोकयुद्ध में तुम्हारा लेख पढ़ा था। शांति जी नमस्ते कह रही हैं। गुलाबराय जी से मेरा प्रणाम कहना।

सस्नेह

सुमन

Victoria College,
लश्कर, ग्वालियर,
12th 'August' 1943

प्रिय रामविलास भाई,

तुम्हें एक पत्र बलवंत राजपूत कालिज के पते से जुलाई में ही भेज चुका हूं, आज तक उत्तर न प्राप्त कर सका। कारण भी न मालूम हो सका। कहां तो हमने-तुमने यह योजना बनाई थी कि प्रति सप्ताह या तो तुम ग्वालियर आओगे या मैं आगरे आऊंगा और वहां इस प्रकार मौन होकर बैठ गए। भाई, इस चुप्पी का क्या आशय है ? कृपया जहां कहीं भी होओ अपने विस्तृत समाचार द्वारा सूचित करो। क्या बात है क्या आगरे नहीं गए या और कोई विशेष अड़चन बीच में आ गई ? तुम्हारे कारण मेरी कविता पुस्तक प्रेस में जाने के लिए रुकी हुई है।

उपाध्याय जी के भी समाचार दो। शांति यहीं है। हम दोनों का स्नेह। पत्र की अपलक प्रतीक्षा करूंगा—

तुम्हारा अपना ही
सुमन

Victoria College
Lashkar, Gwalior
18th, August 43

प्रिय भाई रामविलास,

अभी-अभी कालिज आने पर पत्र प्राप्त हुआ। हमारे यहां मंगल तक की छुट्टी थी, अतएव इस बीच की डाक यहीं पड़ी रही, घर न पहुंच सकी। ख़ैर, तुम जिंदा हो यह जानकर बड़ी प्रसन्नता हुई। मैंने तो झुंझला कर एक पत्र लखनऊ युनिवर्सिटी के पते पर भेजा है, क्योंकि तुम्हारा पता ही नहीं लग रहा था, कभी इस प्रकार भी मौन हुआ जाता है ? बीमार थे यह जानकर बड़ा दुख हुआ।

तुम यदि अपना ट्रेन टाइम न सूचित कर सको तो तांगेवाले से नया बाज़ार (लश्कर) चलने को कहना। नया बाज़ार में 'गनेश कालोनी' पूछ लेना। प्रसिद्ध स्थान है, वहां पर किसी से भी मेरा पता लग जाएगा। आना जरूर, अपलक प्रतीक्षा करूंगा। प्यार

सुमन

Ganesh Colony
Naya Bazar
Lashkar, Gwalior
20-10-43

प्रिय रामविलास,

तुम बहुत बेहूदे हो, इस बीच एक पत्र तक नहीं भेजा न कोई समाचार ही दिए। शीघ्र ही लिखो क्या कर रहे हो? कब आ रहे हो? शांति कई बार पूछ चुकीं। चौहान ने भी पूछा है। मैं इस बीच अस्वस्थ रहा। अब भी पूर्ण स्वस्थ नहीं हो पाया हूं।

कलकत्ते की विभीषिका पर एक कविता लिखी है। बोलो तुम्हें भेजूं या सीधे 'हंस' को भेज दूं ? शीघ्र प्रकाशित करवाना चाह रहा हूं, अब एक कविता चीन पर और तुम्हारे कहे अनुसार पुस्तक तैय्यार। उत्तर शीघ्र दो।

प्रतीक्षा करूंगा—प्यार—

साथी—सुमन

दीवाली पर आ रहे हो न ?

Victoria College,
Lashkar, Gwalior,
१४-१-४४

प्रिय रामविलास,

सुना है तुम १७ को यहां आ रहे हो। विद्यार्थियों की इच्छा है कि तुम १६ को ही यहां आने का कष्ट करो। कारण १६ को राहुल जी के सभापतित्व में तुम्हें दो शब्द बोलने पड़ेंगे। तुमने इस बीच बड़ा अच्छा गैप दे दिया। शांति बहुत बिगड़ रही थीं। बच्चों का प्रणाम।

सस्नेह

तुम्हारा
सुमन

आना अवश्य १६ की ही दोपहर तक।

Ganesh Colony
Naya Bazar
Lashkar, Gwalior
20-2-44

प्रिय रामविलास,

पत्र मिल गया था, इस बीच कवि सम्मेलनी हू-हल्लड़ के कारण प्रायः बाहर ही रहना पड़ा, इसी कारण पत्रोत्तर में इतना विलंब हुआ। कवि सम्मेलन क्या हैं, आंधी के आम हो रहे हैं। आज ही के दिन मुझे आगरे भी आना था पर उषा को छोटी माता निकल आई, अतएव स्थगित करना पड़ा। चिंता की कोई बात नहीं, अधिक ज़ोर की नहीं हैं।

भगवत शरण का भी पत्र आया था, बिचारा बहुत दुखी है। हम लोग शाब्दिक समवेदना के अतिरिक्त कर ही क्या सकते हैं।

'हंस' के लिए कविता अवश्य भेजेंगे, थोड़ा समय दो। लड़कों की preparation leave हो जाने दो। आजकल थोड़ा उनका साथ दे रहे हैं।

राहुल जी के साथ हम लोगों का जो ग्रुप खिंचा था, उसमें तुम्हारा और राहुल जी का चित्र बहुत ही सुंदर आया है। बेटा ३/- भेजो तो हम तुम्हारी कॉपी भेज सकते हैं। हो तो पूरे गंवार पर न जाने फोटो कैसे अच्छा आ गया है। यह मेरी राय नहीं शांति की राय है। और सारे लश्कर की राय है। अच्छा अब तुम इधर कब आ रहे हो। आजकल तो घर का दूध पीते हो बड़े मोटे हो गए होगे। क्या कलकत्ते चलने का विचार है ?

प्यार—

सुमन

उषा और राहुल आ रहे हैं।

(उषा और राहुल २४-७-४५ के पत्र में उषा और अरुण हैं।)

Ganesh Colony
Naya Bazar
Lashkar, Gwalior
२७.४.४४

प्रिय रामविलास,

एक ज़माना हो गया, तुम्हारा कोई समाचार नहीं मिला। क्या आजकल भांग खाना शुरू कर दी है या जब से भौजाई को बुला लिया है तब से अधिक ऊधमबाजी पर उतारू हो गए हो। इस बीच मैं बंबई गया था, विक्रम जयंती के कवि सम्मेलन में भाग लेने। पार्टी में भी कविता पाठ हुआ था, जोशी से दो घंटे बातें हुईं। उनका कहना है कि नौकरी छोड़ दो और बंबई चले आओ। उन्होंने यह भी सूचित किया कि तुम भी ऐसा ही निश्चय कर चुके हो। रमेश तो बहुत ही आग्रह कर रहे थे और तब से इस विषय में दो पत्र भी लिख चुके हैं। तुम अपना निश्चय और इस विषय में सारा हाल विस्तार से लिखो। मैं जून में बंबई रहकर काम करने का वायदा भी कर आया हूं। उधर अत्रे कंपनी वाले भी बुला रहे हैं, गीत लिखने के लिए। तनख़्वाह चार सौ, पांच सौ के लगभग होगी। अत्रे से बंबई में ही कुछ formal बातें हुई थीं। बड़े असमंजस का सामना है। बोलो क्या राय देते हो ? जोशी ने हमारे-तुम्हारे मिल जाने पर बहुत ज़ोर दिया है और बाकायदे वहां के कार्यक्रम के विषय में हमें समझाया भी है। उधर रमेश का पत्र

आया है कि शायद महादेवी जी कुछ डांवाडोल हो रही हैं। मैंने आज चौहान को भी लिखा है और महादेवी जी को भी लिख रहा हूं। तुम एक दिन को ही इधर आ सको तो कुछ बातें हो सकें, इस तरह मौन साधने की तो तुम्हारी आदत न थी, शांति भी कई बार पूछ चुकीं। मेरा कालिज पहली मई को बंद हो जाएगा और तीन या चार मई तक मैं शांति जी आदि को लेकर उन्नाव (झगरपुर) जाऊंगा। चौहान के विषय में तो सुन ही लिया होगा, उसके दो बड़े द्रावक पत्र आए हैं। मैंने तुम्हारी आज्ञानुसार 'हंस' के लिए एक कविता चौहान को भेज दी थी, शायद तुम्हें मिली हो। नेमीचंद्र ने 'तारसप्तक' भेजा है, उसमें तुम्हारी 'निराला' जी वाली कविता के अंतिम छंद ने मुझे कई दिन पागल बना रक्खा। हो तो पूरे हौलट पर कभी-कभी बहुत ऊंची चीज़ लिख देते हो। मैंने हिंदीकाव्य में आशा और उत्साह की इतनी ऊंची अभिव्यंजना आज तक नहीं देखी। रोज़ ही किसी न किसी को उसे सुना देता हूं, तब चैन मिलता है। तारीफ़ पर फूल कर कुप्पा न हो जाना। तुम्हें लिखना भी नहीं चाहते थे पर क्या करें मन नहीं माना। लौटती डाक से शीघ्र उत्तर दो। प्यार–

साथी-सुमन

पुनश्च : रामगोपाल 'साहित्यरत्न' की परीक्षा के लिए कुछ मेरी पुस्तकें ले गए थे, कृपया उनसे मिलकर पुस्तकें जल्दी भिजवा दो, मुझे बड़ी आवश्यकता है। शांति का स्नेहाभिवादन। उषा, अरुण का प्रणाम। भाभी जी को भी प्रणाम।

गनेश कॉलोनी
नया बाज़ार
लश्कर, ग्वालियर
२४ 'जुलाई' ४५

प्रिय रामविलास,

गर्मी की छुट्टियों में जो पत्र तुम्हारा आया था उसका अभी तक जवाब नहीं दे पाया, संभवतः तुम बहुत रुष्ट होगे, और विशेषकर जब हमारा-तुम्हारा निश्चय हो चुका था निराला जी के यहां साथ-साथ जाने का, पहली जुलाई के लगभग।

मैं यदि एक ही सांस में कह दूं कि मैंने आवश्यकता नहीं समझी तो तुम और भी तन जाओगे। पर बात यही है। मैं समझता हूं तुमने यह कहीं न कहीं से सुन ही लिया होगा कि मैं २६ जून को निराला जी के पास गया था। एक दिन वहां रुक कर फिर मैं अपने चचेरे भाई की बारात में चला गया। बारात से लौट कर पुनः उनके साथ दो दिन रहा, साथ ही खाया-पिया भी, और मैं इस निर्णय पर पहुंचा कि तुम्हें इस समय बुलाना व्यर्थ है। इसीलिए तुम्हें कष्ट नहीं दिया। सोच रक्खा था कि फ़ैजाबाद से तुम्हें ब्यौरेवार पत्र लिखूंगा। पर वहां जाकर देखा कि अरुण सा. १०४°, १०५° डिग्री में गहरा विश्राम ले रहे हैं। उन्हें उसी दशा में लेकर ग्वालियर के लिए रवाना हो गया। रास्ते की यात्रा आदि से यहां पहुंचने तक उनकी दशा और चिंताजनक हो गई। एक सप्ताह की तीमारदारी के बाद अब कुछ सुस्थिर हो सका हूं। इलाहाबाद से तो मैं बनारस चला गया था, पर बनारस से फ़ैजाबाद लौटने के पश्चात की यह सब कहानी है। ग्वालियर आते समय मैं एक दिन लखनऊ भी ठहरा था। वहां नकवी ने जोशी का सर्कुलर पढ़ने को दिया तथा युद्धकाल की प्रगतिशील हिंदी कविताओं का संकलन करके भेजने को कहा था। साथ ही इस संबंध में उन्होंने तुम्हारा भी नाम लिया था कि रामविलास से भी यह कार्य करने को लिख दिया गया है और तार द्वारा भी बुलाया गया है। मैं इस समय परेशानी में भी था और मैं समझता हूं, इस विषय में तुम्हारा संकलन ही standard होगा। अतएव नकवी को मैं अपनी विवशता लिख दे रहा हूं।

निराला जी के यहां जब मैं पहुंचा तो वे बैठे चौका लगा रहे थे। घर में अंधकार छाया हुआ था, ऊपर के एक कमरे के कोने में मिट्टी का छोटा-सा दीपक अवश्य टिमटिमा रहा था। केश और दाढ़ी-मूंछ बढ़े हुए, अस्तव्यस्त, जैसे अभी-अभी रोग शय्या से उठे हों। मुझे बिजली की करेंट का धक्का-सा लगा, दिल दहल उठा, पर चुपचाप उनकी ओर ताकता खड़ा रह गया। वे थोड़ी ही देर पहले शाम का भोजन पका कर उठे थे। मुझे देखकर बहुत ही खुश हुए। बिना कुशल समाचार पूछे ही बोल पड़े, आज खाना ज्यादा बना लिया था, सोच ही रहा था कि इतना खाना कौन खाएगा ? पर तुम अच्छे आ गए, अब खाना खाकर ही जाना। फिर घी की और दूध की तारीफ के पुल बांध दिए। आज बहुत ही बढ़िया घी लाया हूं, ऐसा तो बैसवारे के गांवों में भी मिलना दुर्लभ है, आजकल। बहरहाल मुझे ज़बरदस्ती बिठाकर खिलाया। और सच पूछो तो खुद भूखे रह गए। मुश्किल से दो या तीन रोटियां खाई होंगी। तीन चौथाई दूध भी रोटी मीस कर मेरे सामने रख गए। बहुत मना करने पर भी नहीं माने। कहने लगे कि तुम आदमी हो कि क्या हो। मैं बेवकूफ़ हूं जो तुम्हारे लिए भूखा रह जाऊंगा। मुझे चारपाई पर गद्दा बिछा कर सुलाया स्वयं खरेरे तख़्त पर सोए। तुम्हारे कुशल

समाचार पूछे। तुम्हारी वाली पुस्तक का तो उन्हें पहले ही पता लग चुका था, पता नहीं कैसे, शायद तुम्हारे ही द्वारा। खाने के पहले एक पोटली में बंधा हुआ आटा अंदर से लाए और मटकी में भरने लगे। मैंने कहा लाइए मैं भर दूंगा आप नहाने जाइए, तो बिगड़ पड़े। फिर जब स्नान करने जाने लगे तो उसी कपड़े को जिसमें आटा बंधा हुआ था, झाड़ कर पहनने के लिए ले गए। सब कपड़े मैले हो गए थे। धुलवाने की कौन फ़िकर करे ? घर तो तुमने देखा ही है। कच्चा, खपरैल की छत और सीलन।

सोते समय मैंने ग्वालियर चलने की बात की तो साफ़ नाहीं कर गए। मैंने बड़ी चिरौरी मिन्नत की पर वे अपने निश्चय से न डिगे। डॉ. महावीर सिंह की ओर से संदेश भी दिया, तुम्हारा भी नाम लिया पर वे टस से मस न हुए। फिर पंत जी के विषय में बड़ी व्यग्रता से पूछते रहे। प्रातःकाल भी मुझे रोक लिया। कलिया बनाकर खिलाई अपने हाथ से। मेरे सोकर उठने के पहले ही बाज़ार से जलेबी लाकर रख दी थी। रात को उनके मना करने पर भी लगभग एक घंटे मैंने हाथ-पैर और शरीर दबाया था, पहले तो मना किया पर बाद में चुपचाप दबवाते रहे। बारह बजे मुझे ज़बरदस्ती सुला दिया। दिन में फिर मैंने ग्वालियर चलने पर ज़ोर दिया तो कहने लगे कि पुस्तकें आधी छप चुकी हैं, मेरे पास उनके प्रूफ़ भी आने लगे हैं, मैं बिना पुस्तकें पूरी किए कहीं आ जा नहीं सकता। कुछ किताबों के मुझे प्रूफ़ भी दिखाए। ख़ासकर उसके जो महादेवी जी के संसद की ओर से छप रही है। फिर कहने लगे अभी 'चोटी की पकड़' नामक आलोचनात्मक पुस्तक पूरी करना है और बिना उसे पूरी किए मैं कहीं आ जा नहीं सकता। तुम्हें यह लिख देने को कहा कि पुस्तकें पूरी हो जाने पर—लगभग दो महीने बाद—एक सप्ताह के लिए, केवल एक सप्ताह के लिए आगरे आऊंगा और फिर वहां से शायद ग्वालियर भी एक सप्ताह के लिए चला जाऊं पर ग्वालियर के बारे में अभी कुछ निश्चय नहीं कह सकता। मेरी सारी मनुहारें व्यर्थ हो गईं, दिल इतना गिरा-गिरा रहा कि तुम्हें क्या लिखूं, कुछ समझ में ही न आया। हो सकता है उन्हें ग्वालियर लाने के लिए जिद करने में मुझसे कुछ मनोवैज्ञानिक भूलें हो गई हों, जो शायद तुम होते तो न होतीं, यह मैं अब अनुभव कर रहा हूं। आजकल गज़लें भी अच्छी लिख रहे हैं। अभी नई छै गज़लें लिखी हैं। मुझे पढ़ने को दी थी। जब सो गए तो उन्हें मैंने एक कागज़ पर उतार लिया। उपयोग करने की इच्छा है। कुछ काफ़ी सुंदर बन पड़ी हैं। नमूने के तौर पर एक-एक दो-दो पंक्तियां भेज रहा हूं—

> लूके झोंकों झुलसे हुए थे जो हरा दौंगरा उन्हीं पर गिरा
> उन्हीं बीजों के नए पर लगे, उन्हीं पौधों से नया रस झिरा
> उन्हीं खेतों पर नए हल चले, उन्हीं माथों पर नए बल पड़े

उन्हीं पेड़ों पर नए फल फले, जवानी फिरी जो पानी फिरा

★ ★ ★

बदलीं जो उनकी आंखें, इरादा बदल गया
गुल जैसे चमचमाया कि बुलबुल मसल गया
यह टहनी से हवा की छेड़छाड़ थी मगर
खिलकर सुगंध से किसी का दिल बदल गया
ख़ामोश फ़तह पाने को रोका नहीं रुका
मुश्किल तमाम ज़िदगी का जब सहल गया

★ ★ ★

संकोच को विस्तार दिए जा रहा हूं मैं
क्या छंद को निस्तार दिए जा रहा हूं मैं
उपवन में शायरी के मेरे शब्द यों आए
जैसे गुलों को ख़म दिए जा रहा हूं मैं

ज़रा इन पंक्तियों पर तो ख़्याल करो—

तुलसी की सूर की किताबों में जो आ गई
उस युवती को सिंगार दिए जा रहा हूं मैं

यह उन गज़लों की कुछ पंक्तियां मात्र ही हैं, चाहो तो पूरी गज़लें भेज दूं।

संक्षेप में यही उनके हालचाल हैं, वैसे तुम जैसा कहो वैसा करूं। अपना आक्रोश स्पष्ट लिखना। डॉ. महावीर सिंह तुम्हें कई बार याद कर चुके, हो सके तो एक-दो दिन के लिए उनसे मिल जाओ।

प्रलय-सृजन प्रभावित हो चुका, बाज़ार में आ गया। अभी तक तुम्हारे पास पहुंचा या नहीं, मैंने प्रकाशकों को लिख दिया था। साहित्य संदेश में कुछ लिख देना। आज ही निराला-परिषद की योजना का सूचना पत्र लोकयुद्ध में पढ़ा। उसके कार्यक्रम के विषय में मुझे विस्तार से सूचित करो।

यहां के भी कुछ लोग सम्मिलित होने को उत्सुक हैं।

भाभी को प्रणाम, बच्चों को प्यार। शांति का नमस्ते और उषा, अरुण का प्रणाम स्वीकार करो।

साथी

सुमन

(नकवी—शफीक नकबी, यू.पी. के कम्युनिस्ट पार्टी के सचिव)

Ganesh Colony
Naya Bazar
Lashkar, Gwalior
3rd 'August' 44

प्रिय रामविलास,

इतने दिनों से न तुम्हारा कोई पत्र और न समाचार ही। आख़िर माज़रा क्या है ? इलाहाबाद में राहुल जी मिले थे। उन्होंने अपनी नई पुस्तक के विषय में चर्चा करते समय तुम्हारा ज़िक्र किया था। पर तुम न जाने क्यों नई दुलहिन की तरह छिपे बैठे हो? लिखो कि इस ओर कब आ रहे हो। शांति बहुत पूछा करती हैं। यहां आकर अपना फोटो ग्रुप भी ले जाना। आशा है स्वस्थ और सानंद होंगे। विस्तार से अपने समाचार दो। लखनऊ में शिवदान से भेंट हुई थी। उन दिनों वह 'भूखा बंगाल' प्रदर्शिनी में व्यस्त था। शेष कुशल है। बच्चों का प्रणाम स्वीकार करो। कब आ रहे हो? सूचित करो।

साथी

सुमन

पुनश्च : इस बीच शायद कोई मेरे गांव के लोग तुम्हारे पास आएं उन्हें उचित परामर्श दे देना।

सुमन

Ganesh Colony
Naya Bazar
Lashkar, Gwalior
१५.१०.४४

प्रिय रामविलास,

पत्र मिला। हम लोग आने की पूरी तय्यारी कर चुके थे। पर श्रीमान अरुण जी गिर पड़े और उनके मत्थे में पटिया का कोना घुस गया। टांके लगवाने की नौबत आ गई। उन्हीं की तीमारदारी के कारण सारा प्रोग्राम ढीला पड़ गया है।

मुझ से अधिक आने का इसरार शन्ता का था, पर लाचारी है। दूसरा अवसर शीघ्र ही ढूंढेंगे। जब आएंगे तुम्हारी चीज़ें अवश्य लेते आएंगे। हमारी भी तबियत कई दिन से गड़बड़ है। संभवतः ऋतु परिवर्तन का प्रभाव है। राहुल जी का पत्र तुम्हारे भी पास आया ही होगा कि उनका पासपोर्ट आ गया है और वे १८ ता. तक बाम्बे से प्रयाण करने वाले हैं। आजकल 'मीर' को पढ़ रहा हूं। बदला लेने की भावना न हो तो तुम्हीं एक-दो दिन के लिए यहां चले आओ।

सस्नेह

तुम्हारा
सुमन

Ganesh Colony
Naya Bazar
Lashkar, Gwalior
29th 'Jan '45

प्रिय रामविलास भाई,

तुम्हारे दो-दो पत्र आ चुके, पर मैं अभी तक एक का भी उत्तर न दे पाया, संभवतः इसी कारण इतने रुष्ट हो कि दो-दो तीन-तीन बार ग्वालियर होते हुए झांसी को निकल गए पर एक घंटे के लिए भी घर तक न आ सके। ख़ैर। एक गल्ती मैं भी कर चुका हूं। अभी फीरोज़ाबाद से लौटते समय कुछ घंटों का समय मिला था। मिलने की व्यग्रता भी कुछ कम नहीं थी, क्योंकि मैं तो तुम्हारी तरह काफिर हूं नहीं, पर एक ऐसी भक्त मंडली के चक्कर में पड़ गया कि उन्होंने ठीक गाड़ी के टाइम पर प्राण छोड़े। लिखो कि क्या भूल से एक दिन के लिए भी इस वर्ष यहां न आओगे ? शांति की नाराजी मुझसे अधिक है। होली में लखनऊ जाओगे क्या? राहुल जी की पुस्तक का कार्य तो बहुत धीमा चल रहा है। उर्दू में 'मीर' को समाप्त कर लिया है। गर्मी की छुट्टियों में ही जुटकर काम किया जा सकता है, तब तक मैं अन्य उर्दू कवियों को भी समेट लूंगा। स्वतंत्रता दिवस पर एक तुकबंदी भी भिड़ाई है, तुम्हें भेजूं या लोकयुद्ध

को। चौहान का पत्र भी आज आया है, कुछ दुखी ही मालूम पड़ता है। अपने समाचार दो। बच्चों को स्नेह और भाभी जी को प्रणाम।

साथी–

सुमन

Ganesh Colony
Naya Bazar
Lashkar, Gwalior
2nd 'March' 45

प्रिय रामविलास,

जिस गाड़ी से तुम दिल्ली से वापस लौटे थे, उसी से मैं भी। मैं गाड़ी छूटने के ठीक समय पर आया था और भीड़भाड़ तो देखने ही लायक थी। राजा मंडी पर नींद ही न खुली, कैंट पर उतर कर देखा, पर तब तक तुम शायद रफूचक्कर हो गए थे। तुम्हारे पांच रुपए मेरे पास थे। बाद में होमवती जी ने दिए थे, उसी का मैं कह रहा था कि हिसाब देना है। आज होमवती जी का पत्र आया है। उन्होंने लिखा है कि रामविलास के कुछ समाचार नहीं मिले। पंत जी के विषय में तुम्हारे लेख का क्या हुआ ? मेरा तो तय्यार है, पर तुम्हारा प्रकाशित हो जाए तब पत्रों में भेजूं यही सोच कर रोक रक्खा है। महादेवी जी ने अपनी लेखकों वाली स्कीम भेजी है, आज ही मिली है। इस सप्ताह के 'लोकयुद्ध' में तुम्हारे पत्र का कुछ अंश पढ़ा। काफ़ी विचलित हो गया हूं। जो बतलाओ सो करूं। निराला मित्र संघ वाली स्कीम शीघ्र से शीघ्र चालू कर दो तो ठीक हो। मैं समझता हूं विलम्ब करने की आवश्यकता नहीं। कागज़ी कार्रवाई तो बाद में हो लेगी। क्या तुम इस बीच प्रयाग जाओगे? निराला जी यदि मेरे पास रहने को राजी हो जाएं तो यहीं भेज दो। यहां एक mental expert बहुत ही अनुभवी डाक्टर मेरे दोस्त हैं। दवा में किसी प्रकार की त्रुटि न होगी। प्यार। समाचार दो–

सुमन

मेरे कालिज के एक होनहार विद्यार्थी कवि रामकुमार की बंगाल से भेजी कविता बहुत दिनों से पड़ी है, उसे 'हंस' में प्रकाशित कर दो। संभवतः वह कविता के साथ स्वयं तुमसे मिलेगा।

सुमन

Ganesh Colony
Naya Bazar
Lashkar, Gwalior
19th 'April' 45

प्रिय रामविलास,

तुम्हारा दूसरा पत्र भी मिला। पत्र देने में विलंब हो गया असमंजस के कारण। मैंने तुम्हारा पहला पत्र डॉ. सा. को सुना दिया था, सुनकर बहुत प्रसन्न हुए और तुमसे मिलने को उत्सुक भी। उन्होंने उपचार विषयक कुछ प्रबंध आदि की भी बातचीत की, पर अचानक सब कार्य व्यापार एक मास के लिए स्थगित कर देना पड़ा। तुम्हारा पत्र आने के ठीक तीसरे दिन ग्वालियर महराज का हुक्म उनको मिला कि वे एक सप्ताह के अंदर ही उज्जैन चले जाएं, एक मास के लिए। उज्जैन में इसी मई में सिहस्थ का मेला है, जैसा प्रयाग में कुंभ का होता है। यात्रा आदि बंद कर देने के precaution के भी बावजूद यह आशा की जाती है कि कई लाख आदमी वहां इकट्ठे हो जाएंगे। ऐसे अवसरों पर यहां का एक Medical Board वहां भेजा जाता है, हैजा आदि बीमारियों के विरुद्ध precautions लेने के लिए। डॉ. सा. उसी Medical Board के Chairman बना कर भेजे गए हैं। अब वे मई के अंतिम सप्ताह अथवा पहली जून तक ही वापस आ सकेंगे। बहुत संभव है मई में मुझे भी उज्जैन जाना पड़े, क्योंकि महराज की मंशा उसी समय वहां विक्रम-जयंती मनाने की है। उसका कार्यक्रम इत्यादि तय्यार हो गया है। श्री युधिष्ठर भार्गव प्रबंधक के रूप में भेज भी दिए गए हैं। यह आर्डर पाते ही डॉ. सा. दौड़कर मेरे पास आए और दुःख व्यक्त करते हुए बोले कि अब क्या करना चाहिए। उन्होंने मुझे तुम्हें भी लिख देने के लिए कहा कि ऐसी परिस्थिति में तुम्हारा क्या विचार है, यह भी कहा कि तुमसे मिलने को वे

बहुत लालायित हैं और अपनी विवशता के लिए क्षमायाचना भी कर गए हैं। अब जैसी तुम राय दो। जून में तो हर तरह से उनका इलाज प्रारंभ कराया जा सकता है। उसके पहले यदि मई में वे यहां आकर रहें तो मैं समझता हूं, प्रयाग से अधिक अच्छा तो होगा ही, परिवर्तन की भी दृष्टि से। यदि उन्हें यहां लाने का विचार हो तो मैं अपने मकान में टट्टियां आदि लगवा लूं जिससे गरमियों में उन्हें कष्ट न हो, तुम भी यहीं आकर रहना, कुछ लिखा पढ़ी भी हो जाएगी। कल शांति और बच्चे अपने घर (फैज़ाबाद) गए, उनके पिता जी लिवाने आए थे, आजकल अकेला ही हूं।

अमृत की शादी में तो मैं शायद न आ सकूं। तुम अमृत और सुभद्रा जी दोनों से मेरी ओर से क्षमायाचना कर लेना। ठीक ३० एप्रिल को मेरा कालिज बंद होता है, उसी दिन फर्स्ट इयर और थर्ड इयर का रिजल्ट भी आउट होता है। अतएव उस दिन तो मेरा यहां उपस्थित रहना, परमावश्यक हो जाता है। संबंध तो बड़ा मनोरम रहा, नवदम्पति को मेरी बधाइयां देना।

तुम निश्चय रूप से अपनी राय लिखो तो उसी के अनुसार मैं अपना कार्यक्रम बनाऊं। रमेश ने फिर इन गरमियों में बाम्बे बुलाया है। क्या तुम भी जाओगे? शिवदान का भी पत्र आया है। उज्जैन में कोई प्रगतिशील, लेखक-संघ का अधिवेशन हो रहा है, मई के पहले सप्ताह में। क्या तुम उसमें सम्मिलित हो रहे हो? प्रयाग चलने के विषय में क्या तय करते हो? निराला जी के विषय में अन्य कोई समाचार मिले? पंतजी के स्वास्थ्य के विषय में भी सूचित कर सको तो अच्छा हो, उस relapse के बाद मुझे अभी तक कोई ख़बर नहीं मिल सकी है।

भौजाई को साष्टांग प्रणाम और बच्चों को प्यार।

तुम्हारे रुपए तो हम मिलने पर ही देंगे।

अपने समाचार दो। निराला जी वाली पुस्तक कितनी हुई, सुनने की उत्सुकता है। यदि अन्य कहीं न जाना हो तो यहीं आकर पुस्तक समाप्त करो। दोनों आदमी मिल कर दो रोटियां सेंक लिया करेंगे और फिर प्रेम रहेगा। स्नेह–

सुमन

Ganesh Colony
Naya Bazar
Lashkar, Gwalior
26th 'April' '45

प्रिय रामविलास,

तुम्हारा पत्र अभी-अभी मिला। मैं मई में इलाहाबाद आने के लिए तय्यार हूं पर निराला जी उस समय वहां न होंगे। कल ही उनका भी पत्र आया है, उसे पढ़कर फिर अपना निश्चय मुझे लिखो। मैं मई के पहले सप्ताह में या तो तीन-चार दिन के लिए उज्जैन जाऊंगा या सीधा उन्नाव जाकर वहां मां के पास एक-दो दिन रह कर फ़ैजाबाद चला जाऊंगा। शान्ति और बच्चे एक सप्ताह हुए फ़ैजाबाद चले गए, तहसीलदार सा. स्वयं लिवाने आए थे। आजकल मैं अकेला ही हूं। निराला जी पहाड़ या यहां आने में क्यों हिचकिचा रहे हैं, पत्र पढ़कर निष्कर्ष निकालो और मुझे भी सूचित करो। तुम्हारा पत्र तीन या चार मई तक यहां के पते से मुझे मिलना ही चाहिए तभी मैं किसी अन्य स्थान के लिए प्रस्थान करूंगा। न जाने क्यों मेरा मन बार-बार कलकत्ते की ओर भागने का उपक्रम करता है। यद्यपि वहां तो अब भस्म भी अवशेष नहीं है। न हो तो शांति निकेतन तक ही चले चलो। गत वर्ष कलकत्ते न पहुंचने का अपराध मुझे आजीवन सालता रहेगा।

तुम चाहो तो एक-दो दिन के लिए फ़ैजाबाद में भी मुझे मिल सकते हो, वहां से हम लोग छुट्टियों का कार्यक्रम निर्धारित कर सकते हैं। सुभद्रा जी के दो पत्र आए थे। मेरी विवशता अच्छी तरह समझा कर क्षमायाचना कर लेना। भाई अमृत की ओर से तो मुझे कोई निमंत्रण नहीं मिला है, पर स्नेह संसार में प्रथम-प्रथम मधुर प्रवेश पर उसे मेरा अभिनंदन पहुंचा देना और हल्के से प्यार भी कर लेना, मेरी ओर से। कहीं अपना उजड्डपन न दिखाने लग जाना, मेरी स्निग्ध सरस भावना मेरे ही अनुकूल हो। तुम्हें भी प्यार भरा एक घूंसा। अन्य परिचितों से भी अभिवादन कहना।

साथी—सुमन

Ganesh Colony
Naya Bazar
Lashkar, Gwalior
31st 'March' 45

प्रिय रामविलास,

तुम्हें पत्र न लिख पाया और न किसी प्रकार सूचना ही दे पाया। तुम खीझे हुए बैठे होगे। पर तुम यह जानकर अवश्य प्रसन्न होगे कि निराला जी सकुशल इलाहाबाद पहुंच गए। यहां जब तक रहे काफ़ी स्वस्थ चित्त रहे। एक दिन मुरार गए थे और एक दिन डॉ. महाबीर सिंह के यहां गोष्ठी में। मुरार में उन्हें १५१ रु. की थैली भेंट की गई जिसे उन्होंने पहले तो साहित्य सभा को दे देना चाहा पर मिलिन्द जी और हरिहर निवास जी आदि के अनुरोध करने पर स्वीकार कर लिया। सबसे अच्छी बात तो यह रही कि वे डॉ. महाबीर सिंह जी से बहुत प्रसन्न हो गए हैं, यहां तक कि, एक बार बोले कि अब की बार जब आएंगे तो डॉ. सा. के ही यहां ठहरेंगे। डॉ.सा. ने उनके ब्लड-प्रेशर आदि की जांच भी की। बड़ी खुशी-खुशी जांच करवाई। फिर डॉ.सा. ने कहा कि मैं आपके पूरे शरीर का एक्स-रे लेना चाहता हूं तथा ब्लड, स्टूल और यूरिन तीनों की परीक्षा करना चाहता हूं। इस पर बहुत खुशी से स्वीकारोक्ति दे दी। यह शर्त अवश्य लगा दी कि इस बार मुझे समय नहीं है, दूसरी बार आऊंगा तो आप फुर्सत से मेरे शरीर की जांच कर सकते हैं। उनकी मुखाकृति से भी यह मालूम पड़ रहा था कि इस प्रस्ताव से वे बहुत संतुष्ट हुए हैं। तुम जानते ही हो कि निराला जी बहुत सी बातें चाहने पर भी व्यक्त नहीं करते, चुपचाप पी जाते हैं, विशेषतः व्यक्तिगत हर्षपुलक संबंधी। दो-तीन दिन भी रुक जाते तो रक्त-परीक्षा हो गई होती, पर वे नहीं माने और अधिक हठ करना उचित नहीं मालूम पड़ा। यहां से लखनऊ गए थे। झांसी तक मैं स्वयं पहुंचाने गया था। फिर उन्होंने मुझे आगे नहीं जाने दिया, शायद जान गए कि मैं उन्हीं के कारण जा रहा हूं। झांसी में पूरी बर्थ सेकंड क्लास की ख़ाली मिल गई थी, उसी पर मैंने बिस्तर लगा दिया था। वहां से चल कर गाड़ी लखनऊ ही खड़ी होती है। पूछा भी कि लखनऊ आप किसके यहां ठहरना चाहेंगे जिससे मैं तार दे दूं। पर उन्होंने कहा कि कोई आवश्यकता नहीं, रामविलास का घर तो है ही। वहां उनके छोटे भाई मिल ही जाएंगे। चलते समय मैंने कुछ भावुक शब्द कह दिए जिस पर उनकी आंखें सजल हो गईं, बोले कुछ नहीं, केवल शून्य में ताकते बैठे रह गए। मैं पैर छूकर बाहर निकल आया, गाड़ी चल दी।

इलाहाबाद पहुंचते ही उन्होंने कुशल-पत्र भेजा। उससे एक बात अवश्य मालूम पड़ती है कि वे गरमियों में हम लोगों के पास रहना चाहते हैं। यदि तुम उन्हें राज़ी कर लो तो मैं यहां पूरा प्रबंध कर दूं और स्वयं भी रहूं। डॉ. महावीर सिंह तुमसे एक बार और मिलना चाहते हैं। क्या तुम अप्रिल के अंत तक एक बार यहां आ सकोगे? निराला जी का पत्र भी भेज रहा हूं। सुरक्षित रखना। अपने समाचार दो। चौहान वापस आ गया क्या?

सुमन

(चौहान—राम गोपाल सिंह चौहान—शिवदान सिंह चौहान के भाई, कुछ दिन मेरे साथ थे।)

Jhagarpore
P.O. Bara
Dist—Unao (U.P.)
जून ४५

प्रिय रामविलास,

तुम्हारा पत्र फ़ैजाबाद से होता हुआ, यहां मिला। अपना कार्यक्रम ठीक-ठीक निश्चित न कर सकने के कारण अभी तक तुम्हें पत्र नहीं लिखा। तुम्हारी सूझ के सामने मैं भी माने लेता हूं। बिना गए निराला जी न आएंगे, यह बिलकुल ठीक है। मैं १५ ता. को यहां से फ़ैजाबाद के लिए रवाना होऊंगा। वहां दो-तीन दिन रह कर बनारस और इलाहाबाद के लिए रवाना होऊंगा। तुम अपना कार्यक्रम लिखो तो पहले यह तय कर लें कि इलाहाबाद पहले जाया जाए, या बनारस। उनको ग्वालियर ले चलना जुलाई में ही संभव हो सकेगा, कारण मैंने डॉ.सा. से भी पत्र व्यौहार किया है। १५ जून तक वे ग्वालियर आ जाएंगे। फिर उसी महीने उनके छोटे भाई की शादी है। मतलब वे बुरी तरह व्यस्त हैं। बारात उन्नाव ही आएगी, ख़ास उन्नाव। स्टेशन के पास ही वह घर है, जहां शादी तय हुई है। काफ़ी बड़ा घर है। तुम आगरे में क्यों तपस्या कर रहे हो? एक आध सप्ताह के लिए इलाहाबाद से लौटकर फ़ैजाबाद ठहरो न? पत्र फ़ैजाबाद के पते से भेजो, जिससे मैं उसके अनुसार अपना प्रोग्राम बना सकूं।

स्नेह—

सुमन

2nd Floor, Kanhaiya Building
Rajamandi, Agra
१५-७-४५

प्रिय सुमन,

मैनपुरी में एक कवि सम्मेलन है—३१ जु. और १ अगस्त को। तुम यहां ३० के सबेरे तक आ जाओ; लोग दिन के ११ बजे चलेंगे। कवि स. हमीं लोग कर रहे हैं, इसलिए तुम्हारा आना ज़रूरी है। आशा है, ज़रूर आओगे।

नि. जी के हाल लिखो।

तुम्हारा रामविलास

पुनश्च : मार्ग व्यय मिलेगा। रामविलास

Ganesh Colony
Naya Bazar
Lashkar, Gwalior
17th 'Sep' '45

प्रिय रामविलास,

तुम्हारा पत्र एक लम्बे अरसे से नहीं आया। मालूम पड़ता है कि मैनपुरी कवि सम्मेलन में न आ सकने के कारण तुम गुस्से में भरे बैठे हो। उस समय तो मैं ऐसी विचित्र उलझन में फंस गया था कि कुछ रास्ता ही नहीं सूझ रहा था। यह तो तुमने सुन ही लिया होगा कि मैं पुनः बनारस जा रहा हूं दो वर्ष के लिए, पी.एच.डी. प्राप्त करने के लिए। स्टेट की ओर से मुझे छुट्टी दी गई है, सवेतन। साथ ही बाद में यहां पर पंद्रह वर्ष नौकरी करने के लिए बांड भी लिखा लिया गया है। इस विषय में तुमसे परामर्श भी करने की इच्छा थी पर मुझे इतना अवकाश ही नहीं दिया गया। इस बीच कई बार सोचा है केवल एक ही दिन के लिए सही, तुम्हारे पास सपरिवार आने की, पर बनारस जाने की अस्तव्यस्तता के ही कारण रह-रह गया है। हम लोगों का ख़्याल था कि इस

अरसे में तुम्हारा एक न एक चक्कर अवश्य लग जाएगा। पर तुम नहीं आए तो नहीं ही आए। निराला जी के दो पत्र आ चुके, दोनों कुछ-कुछ बेतुके से। तुम्हारे पास भेजे दे रहा हूं।

हां, परसों अचानक सोनरिक्सा का पत्र आया, दो दिन पहले छाया का कहानी संग्रह आदमख़ोर भी मिला था। कांती ने न जाने क्या ऊल-जलूल लिखा है, जो मेरी समझ में ही नहीं आया। वह शायद तुम पर केस चलाना चाहता है। मुझे लिखा है कि 'तुम्हें गवाही देनी पड़ेगी, कहीं रामविलास की दोस्ती और डॉक्टरी की धमकी में न आ जाना'। मैं पत्र पढ़कर हैरान रह गया। न सिर मालूम पड़ा न पूंछ। मुझे तो पता भी नहीं कि इस बीच तुम दोनों में क्या बतबढ़व्वल हो गया है।

यहां तक का पत्र ग्वालियर में लिखा गया था। अब बनारस से लिख रहा हूं। फिलहाल रुस्तम के ही पास ठहरा हुआ हूं। अभी-अभी गजानन माधव मुक्तिबोध से तुम्हारी ही चर्चा हो रही थी। कल तुम्हारी एक सुंदर-सी कविता 'लोकयुद्ध' में पढ़ी। क्या आलोचना क्षेत्र छोड़कर कविताबाज़ी करने के लिए कभी-कभी चुलबुली उठने लगती है ? ख़ैर, चीज़ अच्छी है। मैं भी कुछ इसी तरह की चीज़ लिख रहा हूं, अधिक स्पष्ट-सी। आज सोनरिक्सा का एक पत्र फिर रिडायरेक्ट होकर आ धमका है। लिखा है "तुम्हें लखनऊ पार्टी ऑफिस में जाकर गवाही देनी होगी" और सबसे विचित्र बात तो यह है कि उसका पत्र मेरे लिए रहस्यवाद-सा हो रहा है। उसका कहना है कि तुमने किरण के लिए कुछ अपशब्द भी कहे थे। जो मुझे क़तई याद नहीं आ रहे, न ऐसी कोई घटना ही मेरे सामने घटित हुई जिसमें तुमने किरण के प्रति भला-बुरा कुछ भी कहा हो। यद्यपि यदि ऐसी कोई बात होती तो मैं खुलकर तुम्हारी पोल खोलता, बेटा।

एक बात और कहूं तुम इन दिनों लड़ने बहुत लगे हो। मुझे ऐसा मालूम पड़ता है। ख़ुदा के लिए, जितना गुस्सा निकालना हुआ करे, मुझ पर निकाल लिया करो। हिजड़ों पर क्यों हाथ उठाते हो? निर्लज्ज कहीं के? जानते हो मैं चार लातों में मिजाज ठीक कर दूंगा, इसी से मेरे सामने दुम दबाए घूमते हो। इसके पहले जब मैं यहां आया था तो एक दिन 'प्रसाद-परिषद' में मेरा कविता पाठ हुआ था, उसके पश्चात प्रगतिवाद पर बहस। बहस के सिलसिले में प्रो. विश्वनाथ प्रसाद मिश्र तुमसे मिलने की बड़ी उत्सुकता व्यक्त कर रहे थे। कह रहे थे कि साहब, उनका बड़ा नाम सुना है प्रगतिवाद के हिमायतियों में एक बार उन्हें भी यहां बुलाइए न? सो अब तो मैं यहां हूं, जब तुम्हारी पीठ सुहरायगी तो अपने आप भगे हुए आओगे। हां, एक बात का ध्यान रखना यदि लखनऊ जाओ तो एक दिन के लिए फ़ैजाबाद अवश्य हो आना। शंता वहीं हैं। तुम्हें और निराला जी दोनों को बुलाना चाहती हैं। मैं सोच रहा हूं यहां का कार्यक्रम सुस्थिर कर लेने

के पश्चात दो दिन के लिए निराला जी के पास हो आऊं, उनकी अस्तव्यस्तता देख आऊं, फिर तुम्हें सूचित करूं।

तुम्हारी निराला जी वाली पुस्तक कब तक प्रकाशित हो जाएगी। प्रलय-सृजन तुम्हारे पास भिजवाया था मिला या नहीं? मेरा विचार था 'संदेश' में तुम कुछ अवश्य लिखते। दशहरे की छुट्टियों में तुम्हारा क्या कार्यक्रम है? क्या उदयपुर सम्मेलन चलने का विचार है? मैंने तो अभी कुछ निश्चय नहीं किया, तुम्हारा पत्र आने तक कुछ अनिश्चित सा ही रहेगा। मेरी 'थीसिस' के लिए तुम कौन-सा विषय उपयुक्त समझते हो, अच्छी तरह सोच विचार कर लिखो। ग्वालियर से चलने के पहले शिवदान का भी पत्र आया था। मैं उस समय इतना अस्तव्यस्त था कि ठीक-ठीक उत्तर भी न दे सका। उसके अनुसार २० सितम्बर तक वह काश्मीर छोड़ देगा। बहुत संभव है इस समय तक सोनरिक्सा के यहां पहुंच भी गया हो। 'निराला-समिति' के लिए इस बीच तुमने क्या किया, मुझे अभी तक नहीं मालूम। दुर्गापूजा की छुट्टियों में हम लोग दो-तीन दिन को भी मिल सकें तो भावी कार्यक्रम के विषय में कुछ विचार-विनिमय हो सके। तुम्हें राहुल जी का पता मालूम हो तो अवश्य लिखना, मुझे आवश्यकता है। अभी तो मैं एक सप्ताह यहीं रहूंगा। उसके पश्चात 'युनिवर्सिटी एरिया' में ही जाकर रहने का विचार है।

भौजाई से मेरा प्रणाम कहना और बच्चों को प्यार।

आशा है स्वस्थ और सानंद होंगे। इस समय तो पता यही होगा :

C/o The Principal
Rameshwari Girl's College
Ramapura
Benaras (U.P.)
अपने विस्तृत समाचार देना।

तुम्हारा अपना
सुमन

New E/7
Benaras Hindu University
24th 'Dec.' 45

रामविलास प्रिय,

तुम्हारा पत्र यथासमय मिल गया था, उत्तर देने का विचार नित्य ही आता रहा पर न जाने क्यों इतना विलम्ब हो गया। कोई विशेष कारण बचाव का नहीं बतला सकता। आशा है मेरी अकर्मण्यता से परिचित होने के कारण क्षमा कर सकोगे। तुमसे मिले ऐसा लगता है एक युग हो गया, इतना फ़ासला डाल दोगे यह कभी न सोचा था। आज मुझे सचमुच तुमसे ईर्ष्या है, तुम्हारी कर्मठता देखकर। शायद वज्र तुम्हारे ऐसे लोगों की हड्डियों से बनाया गया होगा। पार्टी का यह संकट काल मुझे व्यथित करता रहा है और कर रहा है, पर जैसे सारी छटपटाहट अंदर ही अंदर घुटकर रह जाती है, व्यंजना का द्वार नहीं मिलता। जानता हूं यह मेरी कायरता है, ओछेपन की द्योतक। बिखर-सा गया हूं। जानता हूं तुम लोगों की साधना निखार पर है, ऐसी आंच कब किसे निष्कलुष न बना देगी? पर यह न समझना कि डिग गया हूं। पार्टी के भविष्य पर अडिग विश्वास है, अंगद के चरण-सा।

तुम्हारा पत्र आने के कुछ दिन बाद ही कांति सपरिवार मेरे पास आए थे, कहते थे केवल तुम्हीं से मिलने आया हूं। गवाही देने के लिए मैं राजी हो गया, पर साफ कह दिया कि मैं उतना ही कह सकता हूं जितना मेरे सामने घटित हुआ। किरण के बारे में तुम्हारे तथाकथित शब्दों की स्मृति सचमुच ही मुझे नहीं है। मैंने स्पष्ट कह दिया कि न ये शब्द मैंने सुने और न इस प्रकार की व्यंजना ही रामविलास के मुख से संभव हो सकती, स्वप्न की बात नहीं कहता। उनका कहना था कि मुकुला ने तो सुना था और किरण से भी कहा था, दिल्ली जाकर। मैंने कहा, तो फिर मुकुल से कहला दो। पर उनका ख़्याल है कि अब मुकुल से भी उनकी अनबन हो गई है, अतः वह भी नहीं कहेगा। मैंने कहा, लाचारी है।

अच्छा हुआ उनसे मिलने के पहले तुम्हारा पत्र आ चुका था और उसमें मेरे विषय में रिमार्क। पर अपने व्यवहार से मैंने उसे नहीं जानने दिया कि सब भेद मुझे मालूम हो चुका है। निदान निराश होकर वे लौट गए। अब पत्र पर पत्र डालकर, मेरी आफ़त किए दे रहे हैं। पहले का तो मैंने उत्तर दे दिया, पर भविष्य में मौन धारण करने की सोच रहा हूं। उसने मुझे तुम्हारे पत्र भी दिखाए थे। सच मानो, रामविलास मेरा दिल बहुत ख़ुश हुआ। वे पत्र तुम्हारे ही योग्य थे, इससे अधिक सौजन्य और बरता ही क्या जा सकता था? मैंने उस भले

आदमी से यह वादा भी कर दिया कि अच्छा भाई, मैं रामविलास से माफ़ी मंगवा दूंगा, तुम्हें मारने के लिए अपराध की। क्योंकि मैं अब भी यह मानता हूं कि यदि तुम्हारी कोई ज़्यादती थी तो, हाथ चला देने की थी। मैंने इसकी पूरी ज़िम्मेदारी भी ले ली थी। पर वे महानुभाव तो इस पर अड़े थे कि रामविलास किरण से माफ़ी मांगे, अपने उन अश्लील शब्दों के लिए, जो उसने किरण के प्रति कहे थे। मैंने कहा न मैंने वैसे कोई शब्द सुने और न मैं इस मनोविज्ञान को ही समझने में समर्थ हूं। तुम जानों रामविलास जानें। ख़ुदा भला करे, लड़ाई तुमसे हुई और प्राण मेरे चाटे जा रहे हैं। तुम मिलोगे तो इस परेशानी का बदला लात, घूंसे से लूंगा यह याद रखना। सुना है शिवदान ने उसे अपना समर्थन देकर और भी भड़का दिया है। शिवदान को मैं बहुत स्नेह करता हूं, उससे इस प्रकार की आशा तो स्वप्न में भी न थी। मिलने पर डांटूंगा।

'जनयुग' में 'निरंजन' नाम से—'यह कैसी पानी की मांग' शीर्षक कविता तुम्हीं ने लिखी थी न? ऐसा मेरा अनुमान-सा है। निराला जी वाली पुस्तक अभी तक नहीं दिखाई पड़ी।

संसद के कवि सम्मेलन में एक महीने पहले प्रयाग गया था, उन्हें देखकर सन्न रह गया। बड़ी बुरी हालत थी। मुझे घर तक में नहीं घुसने दिया, कहने लगे, "हुआं मेहरिया बैठी हैं, हुआं जइहौ तो मारिक चोकरा कइ डरि हैं।" बहुत कोशिश की पर वे एक न माने। तुम्हारा ज़िक्र आया पर तब भी 'हाल' में ही रहे, कहने लगे रामविलास जी आपके मित्र होंगे, मेरा तो उनसे कोई विशेष संबंध नहीं। मैं सन्न रह गया। यह पागलपन की सीमा थी। मैले कपड़े, धूल-धूसरित, हांफते से।

लौट कर मैंने प्रकाश चंद्र से जिक्र किया तो वे भी दुखी हुए। अभी दस-बारह दिन पहले अमृत मिल कर आए हैं। वे तो कह रहे थे कि कुछ शांत दिखाई पड़े, व्यवस्थित भी।

सुमन

१९४५

तुम्हारे दोनों पत्र यथासमय प्राप्त हो गए थे। उनसे मुझे कितनी राहत मिली, यह तुम संभवतः बिना लिखे ही समझ सकोगे। जीवन में साथी मिलना जितना दुर्लभ है, उतना ही अमूल्य भी। तुम्हारे पत्र रह-रह कर मुझे इस सत्य की याद

दिलाया करते हैं। तुमने मेरे साहस की प्रशंसा की है। किंतु शिवदान भाई, इस निराशा और आशा दोनों में जितना खोखलापन है, मेरा विचार है, उससे कम से कम तुम तो भली-भांति परिचित हो। मैं तुमसे अपने दिल की क्या छिपाऊं, यह जीवन का पहला अनुभव है। और अनुभव तो अनुभव ही है, ख़्वाह वह प्रथम मिलन का हो ख़्वाह अंतिम विदा का। मगर मनुष्य हूं, और मनुष्य के नाते जो भार आज तक दुनिया ढोती आई है, उसे ही ढो रहा हूं। इसमें कोई नई बात नहीं, कुछ प्रशंसनीय नहीं रही मेरी सबल सहन शक्ति की बात, सो भाई मेरा तो यह ख़्याल है कि जीवन में कभी-कभी ऐसा समय भी आता है, जब सबलता और निर्बलता में विशेष अंतर नहीं रह जाता। हां, तुम्हारा स्नेह जो मेरे पास है, उसका मुझे नाज़ अवश्य है।

तुम्हारी सफल 'टाक' के लिए बधाई। मुझे तो उसे सुनने का सौभाग्य न प्राप्त हो सका। रेडियो वालों का भी पत्र मेरे पास आया था। अभी कोई तारीख निश्चित नहीं हुई है। समयानुसार सब हो जाएगा। तुमने किसी कविता पर मेरे कमेंट्स मांगे हैं। मुझे इस समय ठीक-ठीक याद नहीं आ रहा कि किस कविता के विषय में कमेंट्स मांगे हैं। मेरी स्मृति इस समय कुछ विक्षिप्त-सी हो गई है। अच्छा हो यदि अधिक साफ़ लिख सको। तुम्हारी आज्ञानुसार 'गुंनिया का यौवन' शीर्षक रचना भेज रहा हूं। शीर्षक बदल भी दिया है। क्योंकि 'हंस' के लिए मुझे यही ठीक लगा।

जल्दी में मैं इसकी कॉपी नहीं कर सका और यह उपयुक्त अवसर भी नहीं था, अतएव पृष्ठ का सिलसिला तथा प्रूफ आदि में किसी प्रकार का व्यतिक्रम न होने पावे। जानते हो इसमें भी दिल की धड़कन है और अब तो यह मुझसे ज़्यादा तुम्हारी चीज़ है।

शांति जी अपने पिता के यहां ही हैं। मैंने जानबूझ कर नहीं बुलाया। दुखी-दुखी से बोलते समय मूक हो जाता है, फिर क्या लाभ था? आदरणीय पंत जी की भी दो पंक्तियां पढ़ने को मिलीं, समवेदना के लिए हृदय से कृतज्ञ हूं। आप लोगों का यह स्नेह ही मेरे लिए बहुत है। मेरा सब परिचितों को स्नेहाभिवादन। जोशी जी, त्रिलोचन जी, शमशेर तथा विशेषकर डॉ. सा. एवं जगन्नाथ भाई को। भाई बटरा के कुछ समाचार अवश्य लिखना। अभी शायद मैं दस-बारह दिन के पहले न आ सकूंगा। यूं तुम लोगों से मिलने की प्रबल इच्छा हो रही है। मन उखड़ा-उखड़ा-सा है। देखो, वह सपना सच हो गया न? ख़ैर।

प्यार

तुम्हारा अपना ही

सुमन

चुनौती

महाप्रलय की प्रतिध्वनियों में भी जो जनता सोती है
यह छब्बिस जनवरी आज उसको दे रही चुनौती है।

महायुद्ध के बजे नगाड़े, प्रलय मची, सागर खौले,
शेषनाग ने करवटें बदली, धरा हिली, भूधर डोले,
झोपड़ियों से महलों तक धू-धू करती वह आग उठी
सदियों की सोई मानवता अंगड़ाई ले जाग उठी।

नहीं जगे तो नहीं जगे, ये गफ़लत में सोने वाले
नहीं जगे तो नहीं जगे, ये क़िस्मत पर रोने वाले
नहीं जगे तो नहीं जगे घर फूंक हवन करने वाले
नहीं जगे तो नहीं जगे, ये मज़हब पर मरने वाले

जिन बेशर्मों पर शर्मिन्दा शर्म स्वयं ही होती है
यह छब्बिस जनवरी आज उनको दे रही चुनौती है।

आज ज़माना पलट रहा, हर ढंग नया, हर तौर नया
आंखों से भी नहीं देखते, यह दुनिया का दौर नया
गिरते देर नहीं उठकर फिर राष्ट्रों के अभिमान अड़े
नई जवानी लेकर फिर से फ्रांस और यूनान खड़े

एक तुम्हीं क्या गिरे कि उठने का न कभी भी नाम लिया,
व्यर्थ कायरो, तुमने अपने पुरखों पर अभिमान किया
जिनके सम्मुख देश-दिवाने जंजीरों में जकड़े हैं
हैरत है चालीस कोटि ये नर हैं अथवा हिजड़े हैं

बोझ गुलामी का सदियों से जिनकी हस्ती ढोती है
यह छब्बिस जनवरी आज उनको दे रही चुनौती है।

सुनते नहीं, दहाड़ मार कर कब से सागर रोता है,
कहीं गुलामों का दुनिया में कोई मज़हब होता है?
यह संक्रमण काल क्या टुच्ची बातों पर अड़ने का है?
युग परिवर्तन का यह अवसर आपस में लड़ने का है?

किससे मांग रहे हो? देगा कौन आज अधिकार तुम्हें
देख तुम्हारी फ़िरकेबाज़ी थूक रहा संसार तुम्हें
अगर भुजाओं में ताक़त हो, अपनी ताक़त अजमाओ
भाई-भाई गले मिलो, अपनी शमशीरें चमकाओ

जो संस्कृति-सभ्यता फूट के बीज दिलों में बोती है
यह छब्बिस जनवरी, आज उसको दे रही चुनौती है।

युग-युग से पदमर्दित हो इतना भी पाए सीख नहीं
आज़ादी मांगते? अजी आज़ादी कोई भीख नहीं
रक्त बिंदुओं से केवल युग का इतिहास लिखा जाता
एक बार हां एक बार ही सदियों में अवसर आता

अमृत के अभिलाषी पहले अंगारों को खा लो तुम
एक बार तो अपने मुख की कालिख को धो डालो तुम
अपने युग के बलिदानों से कुछ तो लाभ उठाओ तुम
वहां एक था, घर-घर में अब स्तालिनवाद बनाओ तुम

देश–जाति जो नवयुग-निर्माणों की घड़ियां खोती है
यह छब्बिस जनवरी आज उसको दे रही चुनौती है।

यह भीषण अवरोध देख जिनको दिखती कुछ आश नहीं
निश्चय ही जनता की ताक़त पर उनको विश्वास नहीं
आज जब कि साम्राज्यवाद के पैर तले मिट्टी खिसकी
आंखें रहते देख न पाए, कल होगी दुनिया किसकी

आज चुनौती इस मिट्टी में पले हुए इन्सानों को
हिंदू, हरिजन, सिक्ख, पारसी, मुसलमान, क्रिस्तानों को
भारत भू में अगर ग़ुलामी का रह गया निशान कहीं
बेहतर है, दुनिया के नक़्शे में हो हिंदुस्तान नहीं

तन में रक्त और दिल रखने वालो तुम्हें चुनौती है,
यह छब्बिस जनवरी आज सबको दे रही चुनौती है।

शिवमंगल सिंह 'सुमन'

२६ जनवरी, प्रातःकाल १९४७

New F/3
Benaras Hindu University
7th 'May' '47

रामविलास प्रिय,

गरमी की छुट्टियों में कुछ दिन के लिए तुमने बनारस आने को कहा था, पर तुम्हारे झूठेपन का भी कोई ठिकाना है? शन्ता से भी कह रक्खा था कि अब की बार मूसरचंद पधारेंगे। वे भी बहुत नाराज़ हैं। कहती हैं–"जो आवत आवत आए तो जांतै दरवाउब।"

सुना है भौजी अभी तक स्वस्थ नहीं हुई। तुम्हारा यह पूरा वर्ष ही चिंता में गया। लिखना कि अब उनकी तबियत कैसी है। मैं इस समय ग्वालियर में होता तो दवा का अच्छा प्रबंध करा देता। तुम तो निठल्ले, न घर के काम के न बाहर के। सरऊ भौजी जल्दी अच्छी न भईं तो मारत मारत पाहैती कै डारब।

'जनयुग' में जमींदार गुलबोरन सिंह वाली नौटंकी पढ़ी। भाई अब तक मंत्रमुग्ध हूं। भाषा पर तुम्हारा इतना असाधारण अधिकार है, यह पहले न मालूम था। जनसाधारण की मनःस्थितियों में तुम्हारी इतनी सहज पैठ देखकर बड़ी ईर्ष्या होती है। तुम्हारी लेखनी का लोहा मानना पड़ता है। जान परत है जनम भर गांवन के नागपंचमी वाले दंगल मां तालै ठूवांकत रह्यो है। भैंसिंहू चरायौ है हौ। द्याखौ भौजी से आपके सब भेद पूछब।

चौदह या पंद्रह तारीख़ तक ग्वालियर जा रहा हूं। एक आवश्यक कार्यवश। जाते या लौटते तुम्हारा द्वार खटखटाने की इच्छा हो रही है। इस बहाने बच्चों को और भाभी को भी देख लेंगे। अतएव तुम अपने घर का पता ठीक-ठीक लिखो जिससे खोजने में कठिनाई न हो। असल बात तो यह है कि तुमका लतियाये बहुत दिन हैंगे, महीनन तें हाथ पांव दूनौ खजुवाय रहे हैं।

शन्ता तुमका सलाम कहती हैं और उषा, अरुण प्रणाम। भौजी का हमार चरण छूना और बच्चन को प्यार।

चिट्ठी लिखिहौं न?

तुम्हारै
सुमन

पुनश्च : जो तुमका यहि बीच बनारस आवै का होय तो सीधे हियैं चले आओ। शन्ता पूरी छुट्टिन भर हियैं रहि हैं।–सुमन

New F/3
Benaras Hindu University
8th 'Nov.' 47

रामविलास प्रिय,

तुम्हारा अपनत्व-ममत्व भरा पत्र मिला था, उस दिन शायद कुछ उदास सा था, तुम्हारे पत्र ने जी हरा कर दिया। मित्र के पत्र का इतना मूल्य क्या कुछ कम है? उसके बाद व्यस्त ही नहीं अस्तव्यस्त भी रहा। झगरपुर गया था, भाई की वर्षी में सम्मिलित होने। लौटकर आया तो पी.ई.एन. के अतिथियों के स्वागत सत्कार में लग गया। अज्ञेय, कांतिचन्द्र, छाया और नरोत्तम मेरे यहां ठहरे थे। 'अज्ञेय' से इस बार तुम्हारी बड़ी चर्चा रही, प्रायः नित्य ही। उन्होंने शरणार्थियों पर एक दर्जन कविताएं लिखी हैं, तुम्हें सुनाने को उत्सुक थे। पहले पहल प्रगतिवाद के क्षेत्र में उतरे हैं। तुम अवश्य ही सुनकर प्रसन्न होगे। और भी बहुत सी बातें हुईं जो मिल कर ही की जा सकती हैं पर 'प्रतीक' के लिए वे तुम्हारा सहयोग अवश्य चाहते हैं। कांति और छाया का हाल हस्बमामूल था, मैं मन ही मन आतंकित, पर अबकी बार तुम्हारे प्रति बड़ा सौहार्द व्यक्त कर रहे थे। नरोत्तम की दशा बहुत ही चिंताजनक थी। धीरे-धीरे निराला जी के पथ की ओर खिसक रहे थे। ठीक दशहरे के दिन उनका सामान मकान मालिक ने फिंकवा दिया था, उसकी पत्नी और बच्चे सड़क पर खड़े कर दिए गए थे और वह भी उसकी गैरहाज़िरी में। पत्र पढ़कर मैं तो साश्रु हो गया था, वह पत्र ही तुम्हें भेजे दे रहा हूं, पढ़कर वापस कर देना। तुम्हें यह जानकर संतोष होगा कि फ़िलहाल मैंने नरोत्तम को 'हंस' सम्पादक के रूप में १५०/- मासिक पर काशी बुला लिया है। ग्रेड २००/- भी करा दी है जो छे मास के भीतर ही पूरी कर देनी होगी। इस सबको तय करने में बड़ी झकझक उठानी पड़ी। सुनोगे तो समझ जाओगे कि बहुत से पार्टी मेम्बर भी शेर की खाल ओढ़े हुए हैं। इसी महीने की १५ तारीख़ से नरोत्तम कार्य प्रारंभ कर देंगे।

दूसरे पत्र में तुमने बनारस युनिवर्सिटी में एप्लाई करने की बात लिखी है। बहुत दिनों में तुमने मेरे मन का एक कार्य सोचा है। तुम्हारा कुछ दिन काशी में रहना नितांत आवश्यक है, यहां की पंडागीरी और महंतीगढ़ बिना तुम्हारे और कोई तोड़ भी नहीं सकता। मैं अप्लीकेशन फार्म भेज रहा हूं, तुम शीघ्र से शीघ्र अप्लाई कर दो। भगवत शरण की भी यही राय है। जहां तक मैं समझता हूं अस्सी प्रतिशत तुम्हारी ही नियुक्ति होने की संभावना है। यहां के अधिकांश कौंसिल मेम्बरों से भी मैं परिचित हूं, फिर तुम्हारे लिए मैं कुछ उठा न रक्खूंगा। जी तोड़ प्रयत्न करूंगा। आगरा तुम्हारे योग्य स्थान नहीं, कुछ दिन और रहोगे तो

फिर दवा मुझे ही करानी होगी। बहुत संभव है अभी वे तुम्हें ५००/- का ही ग्रेड दें, क्योंकि डिपार्टमेंट में दो आदमी अध्यक्ष के अतिरिक्त ७००/- वाले ग्रेड में हैं। डॉ. रामअवध द्विवेदी और डॉ. मेनन। पर शीघ्र ही तुम्हें वह ग्रेड मिल जाएगा क्योंकि डिपार्टमेंट में तीसरे डॉक्टर तुम्हीं होगे और राधाकृष्णन को डाक्टरेट की बड़ी दुर्बलता है। हां स्टार्ट तो वे उससे कम दे ही नहीं सकते जो तुम इस समय पा रहे होगे। फ़ार्म के अलावा जो अर्ज़ी तुम साथ में भेजो उसमें इससे अधिक के ही लिए दावा करना, और अपना पद, कृतियां आदि का विस्तार से विवरण देना। यदि आवश्यकता हुई तो मैं लिखूंगा। वैसी दशा में एक सप्ताह के लिए चले भी आना। मैं हूं, शांति है, तुम्हारी ठुकाई-पिटाई-खबाई सब संतोषजनक हो सकेगी। तो बस शीघ्र ही फार्म भर कर और एक अप्लीकेशन तथा टेस्टीमोनियलस अटैच करके शीघ्र से शीघ्र भेज दो।

भगवत शरण आज ही पिलानी से आए हैं, एक मित्र के साथ गए थे, दो दिन आगरे भी ठहरे पर मारे डर के तुमसे नहीं मिले। ख़ूब मौज़ लेकर आए हैं, कहते हैं 'नित्य वर्धयते बले'।

तुमने मेरी कविताएं भी मंगाई थीं, पर भेजने का साहस न संजो सका। आलोचक के रूप में तुम्हारे पास कुछ प्रेषित करते विचित्र-सा लगता है। जी सकने के लिए तो तुम्हारा स्नेह ही कुछ कम महंगा नहीं है। यदि वही सुरक्षित रख सका तो अपना सौभाग्य समझूंगा।

शांति कहती हैं कि थोड़े दिनों में मैं भी आलोचक बनने वाली हूं तब तुम्हारी ख़बर ली जाएगी। मालूम पड़ता है आजकल भौजी से ही पत्र लिखवाते हो ख़ुद बड़े ठाठ से हस्ताक्षर कर देते हो, अंगूठा लगाया करो। भौजी से प्रणाम कहना, बच्चों को प्यार, भाइयों को आशीष।

स्नेहसहित—

सुमन

(हस्तलेख घनश्याम अस्थाना का रहा होगा, सुमन ने समझा उनकी भौजाई ने लिखा है। भगवत शरण उपाध्याय कवि नहीं थे, वह मुझ से क्यों डरते थे, यह स्पष्ट नहीं था। कुछ दिन वह पिलानी में अध्यापक थे। श्रीमती शांति सुमन आलोचक बनीं कि नहीं, यह तो नहीं मालूम पर वह सफल गद्य शिल्पी अवश्य है। निराला पर उनका शानदार संस्मरण मेरे भाई मुंशी ने पारिवारिक पत्र 'सचेतक' में छापा था। विश्वविद्यालय में अध्यापन के आवेदन पत्र भेजा था पर वहां नियुक्ति किसी और की हुई।)

New F/3
Benaras Hindu University
10th 'Nov' '47

प्रिय रामविलास,

तुम्हारे सारे पत्र मिले। मेरा उत्तर भी अब तक पहुंच गया होगा। अप्लीकेशन फार्म रजिस्ट्री से भेजा है, शीघ्र ही भरकर रवाना कर दो। यदि देरी लगे तो तार द्वारा अप्लीकेशन की सूचना युनिवर्सिटी को दे दो। एक अधिकारी सुहृदय से आज बातचीत हुई, उन्होंने भी तुम्हारे यहां जमने पर बहुत ज़ोर दिया। कम से कम ४००/- का स्टार्ट मांगना यों भाव ताव के समय कुछ कम भी स्वीकार कर सकते हो, समय-अवसर की देखभाल कर के। भविष्य में सारी कमियां अपने आप पूरी हो जाएंगी। विश्वविद्यालय का भविष्य उज्ज्वल है।

कवि सम्मेलन के लिए इस समय न बुलाओ। इस बीच बहुत समय बरबाद किया है। यही तीन-चार महीने का समय है यदि संभल सका तो ठीक है अन्यथा सीताराम। पी.ई.एन. के अतिथियों से छुट्टी पाकर कल शाम को ही पढ़ने बैठा था कि तुम्हारा पत्र आ गया। जी झुंझला उठा, पर तुम्हारा पत्र था यही ग़नीमत है। मेरे ऐसे यायावर पर तो तुम्हारा अंकुश चाहिए। आशा है क्षमा कर सकोगे।

सस्नेह

सुमन

New F/3
Benaras Hindu University
16th 'April' '48

रामविलास प्रिय,

पत्र मिला। बहुत दिनों से प्रतीक्षा थी। मैं आज ही दो दिन के लिए अकबरपुर जा रहा हूं। वहां से २० को लखनऊ में गांधी श्रद्धांजलि-सम्मेलन में सम्मिलित होकर पुनः २१ को अकबरपुर लौट आऊंगा और २२ को शांति निकेतन के लिए

रवाना हो जाऊंगा। शांति वगैरह को होली में ही भेज चुका हूं। अब की बार जब मैंने गर्मियों में बनारस न रहने का निश्चय किया तब तुमने यहां आने का कार्यक्रम सोचा। गत वर्ष न आए, जब राह देखते-देखते आंखें पथरा गईं, मूर्ख। दोनों में से किसकी क़िस्मत को दोष दिया जाए?

मुझे तुम पर बहुत आक्रोश है। नरोत्तम से मालूम हुआ कि बिटिया जल गई थी। तुम परेशानी में रहते हो और मित्र के नाते दुख-सुख के दो शब्द लिखने में भी आलस लगता है। यह सर्वथा अक्षम्य है।

भौजी की तबियत अब कैसी है, लिखना। अपने विस्तृत समाचार भी देना। मैं शंकित हूं। उपाध्याय की भी हालत अच्छी नहीं है। २५ को पिलानी जा रहे हैं, स्थान का नाम सार्थक करने।

मेरा पता होगा–

Hindi Bhawan

Shanti-Niketan, West Bengal

तुम्हारा सुमन

मई, ४८

चिरंजीव सुमन,

सो हम काशी आ गए न। तुम कैस कवि-कुल-कलंक हौ, यहु हियैं आयेते पता लागा। तुम तो जनपद वादी हो न ? अवधी मँ गद्य-पद्य-सिच्छा-सम्पादक सबै के पच्छ मौ? तो चिरंजीव, कुछु लिखि कै तो देखाव। देखै हो का? हमार-तुम्हार चाचा लोग जो अवधी-व्रज-भोजपुरी बोलत रहैं, वी सबै १६वीं सदी में 'अपनि-अपनि बोली छॉड़ि कै खड़ी बोली अपनायेनि। काहे? या क नयी नेशनैलिटी बनति रहै, ई बरे। जायसी, रहीम, रसखान, सूर, तुलसी--सबै की संतानैं (सांस्कृतिक) खड़ी बोली अपनायेनि। छांडौ यह रागु। शांति निकेतन का हाल लिखौ। भाषा-विज्ञान पर मसाला है कुछु ? खास तौर से भारतीय भापन पर संस्कृत से इतर भाषन के प्रभाव के बारे मां। और Meillat कै किताब Introduction de la langue Indounapeemme कै जरूर खोज कर लो। आशीष।

रामविलास

Hindi Bhawan
Shanti-Niketan
West Bengal
31st 'May' '48

नरोत्तम भाई;

तुम्हारा स्नेहिल पत्र मिला। जानता था कि बिना लिखे तुम्हारा जी नहीं मानेगा। मैं भी तुम लोगों के समाचार जानने को उत्कंठित था पर अपने को दबा रक्खा था। चलो इस बहाने एक-दूसरे के हाल-चाल मिल गए। यहां मेरा काम वहां की अपेक्षा अच्छा चल रहा है। साहित्यिकों के समय-संहारक यंत्र का प्रभाव कम होने से कुछ-कुछ प्रकृतिस्थ होकर काम कर सका हूं। इसी कारण निराश मन में कुछ आशा का संचार है। देखो यदि तुम लोगों की स्नेहाकांक्षा काम कर गई तो...

'हंस' की सेवा करने से मुझे कभी इन्कार नहीं और विशेषकर तुम जब उसके कर्णधार हो। मैं विनीत भाव से केवल एक मास की रुख़सत चाहता हूं। इसे प्रिविलेज लीव ही समझ लो। इतनी तो पोस्टमैन और नर्स को भी मिल जाती है। मेरी अस्तव्यस्तता तुम वहां देख चुके हो। किसी तरह कुछ काम समेट सकूं इसी भय से मैं नियमित रूप से समाचार पत्र तक नहीं पढ़ता। फिर तो इस सारे व्यतिक्रम के लिए ब्याज-समेत वसूल कर सकते हो! अतएव एक मास की और छुट्टी की दरख़्वास्त पेश करता हूं। आशा है मेरी ख़ामियों को समझते हुए अर्ज़ी नामंजूर न की जाएगी।

दूसरी बात से कुछ-कुछ चिंतित हूं। मेरा पत्र पहुंचने तक श्रीपत ने जो कुछ किया हो उसकी सूचना दो। यदि तनख़्वाह न बढ़ाई हो तो एक बार और अमृत को लिखो। उसके बाद सारी क़ैफ़ियत मुझे लिख भेजो, ब्यौरेवार। मैं श्रीपत और अमृत दोनों को लिखूंगा। मित्र की प्रतिष्ठा का पलड़ा नहीं झुकने दूंगा। जुलाई में एक दो-दिन के लिए मैं अवश्य ही काशी आऊंगा, उज्जैन जाने के पहले। उस समय भी इस विषय में बातें हो सकेंगी। सौभाग्य से उचित परामर्श देने के लिए रामविलास आ ही गए हैं। मैं रामविलास से बहुत रुष्ट हूं। मैं ढाई वर्ष काशी में रहा तब तो हज़रत आए नहीं, अब आए हैं बेटा दीवालों से ताल ठोकने।

यदा-कदा अपने सुख-दुख के समाचार दे दिया करो। रामविलास क्या तुम्हारे ही पास ठहरा है? त्रिलोचन और रामगोपाल से स्नेहाभिवादन कहना, अन्य मित्रों

को भी यथायोग्य।

शेष कुशल है। अपेक्षाकृत गर्मी वहां से कम ही है। यद्यपि दो-तीन दिन से ऊमस हो रही है।

स्नेह सहित–

तुम्हारा अपना ही
समन

पुनश्चः दूसरा पत्र रामविलास को दे देना। सुमन

हिंदी भवन
शांति निकेतन
वेस्ट बंगाल
३१-५-४८

चि. रमविलसऊ,

आसिरबाद।

आय गयौ सरऊ दसहरा नहाय? बरगद ही पूजि आयौ? जानि परत है हमरे सूने मां रड़हाव-भतरहाव करै आयौ है ! जब हम ढाई साल हुवै हर ज्वानन रहेन तब का कोहू क्यार पौसरा भरै गयौ रहै? सुनौ तुम हो लोबिया-च्वार। सुना है तुम्हरे मारे कोंहू के ख्यातन का एक्कौ भुट्टा नहीं बचि पावत है। सरऊ सन्ता सुनि हैं तो मारी सुतकरियन मुस कइ दयो है। ललकारै आए हैं? कि अवधी मां लिखि के देखाबा, देखउबै। अबै तो गुनि रहेन है जब धुनिबै तब देख्यो ? अबै टंडन-मंडन लगावा कहां है ? ऐस लिखब, ऐस लिखब कि देखिकै कि तौ सन्नाय जइहौ कि डेराय जइहो।

अच्छा भौजी का कहां छोड़ि आए हौ, औ' हमरे भतीजी भतीजन का ? जान परत है पगहा तुराय के भाग्यौ है। तुम ते मिले बहुत दिन होइगे तौने ते हांथ खजुवाय रहे हैं। यहि बीच साहित्यिक भांटन की भंडहाई मां

परि कै कुछौन पढ़ि पावा रहै तौने हे ते हियां भागि आयत है। तुम्हार चिट्ठी पढ़ि के जिउ जुड़ान, मुला नबै याक महीना कोहू तो बोलि बै—चलि बै ना।

तुम्हरी किताबन के विषय माँ द्विवेदी जी ते पूछा रहा, उइ कहिनि कि कुछ तो सामग्री होइ बै करी। शाइत मिलैट वाली पोथिउ होय, पै अबै दस दिन तक मालुम करब मुस्किल है। छुट्टिन के कारन औ' stalk-taking के कारन रांयबरेली (लायब्रेरी) दस दिन के बरे बंद कै दीन गय है। यहि बीच न तो किताबै issue ह्वै सकती हैं अउर न (consultation) कन्सल्टेशनै का मौका मिली। यहि के बाद रायबरेली खुलतै तुम का सब ब्योरेवार लिखबै। आपन हाल-चाल देत रहयो। आज काल काशी माँ बहुत गरज्यौ-तरज्यौ ना !

मन्नो हुन ते तो रोज मिलतै होइ है। सब बहिनिन ते हमार जोहार कह्यो। मन्नो-रुस्तम का हालु-चालु दीन्ह्यो। अबै कासी जी मां कब तक रहि हौ सब साफु साफु लिख्यौ।

और सुनौ उज्जैनै आवा करि हौ कि नाहीं! तुम वा महाकाल क्यार...देखवउ बै!

खुसी रहौ—

तुम्हार
सुमन काका

पुनश्च—नैशनैलिटी कै बात हमका न सिखाव का वहां कौनो abstract पदारथ आय ? तिनुकु वहि क्यार सायेथा सरूप तो दयारलौ तौ द्विभण क्यार जाला झरि जाय।

सुमन

मन्नो-मनोरमा, रुस्तम सैटिन की पत्नी

हंस
४-६-४८

प्रिय क्रांतिकारी कवि,

सरकार को लिख रहा हूं कि आजकल हमारे क्रांतिकारी कवि शांति-निकेतन में एक महीने के लिए दुनिया से अलग हो गए हैं, यहां तक कि अख़बार भी नहीं पढ़ते। सरकार एक महीने के बाद दमन शुरू करे जिससे क्रांतिकारी कवि अपनी सुविधानुसार कविता लिख सकें और तब हंस का दमन-विरोधी अंक भी निकल सके। आशा है इस प्रस्ताव से आप सहमत होंगे।

उग्र, गिरजा कुमार, निराला आदि के संदेश-वक्तव्य आ गए हैं। हीरेन मुखर्जी संदेश भेजने के पहले ही 'शांति-निकेतन' भेज दिए गए हैं।

पुत्रावती हो।

रामविलास शर्मा

माधव कॉलिज
उज्जैन
४-७-५४

रामविलास प्रिय,

पिछले दिसम्बर में तुम्हारा बड़ा ही प्रेरक पत्र प्राप्त हुआ था। कई दिन तक उसे एक बार पढ़ लेता था। लंबा-चौड़ा उत्तर देने का भी विचार किया था, पर मेरे दीर्घ सूचीपन के कारण रह गया। न जाने क्यों जितनी देर तुम्हारे साथ रहता हूं, ऐसा लगता है जैसे किसी दूसरी दुनिया में पहुंच गया होऊं? तुम प्रेरणा के अखंड स्रोत हो। पता नहीं तुम्हें पाकर मेरा ही हृदय खुदबुदा उठता है या हिंदी के और लेखकों का भी तुम्हारे सम्पर्क में यही हाल होता है। बहुत दिनों से यह अरमान है कि एक बार तुम्हारे साथ रह लूं तो न जाने क्या बन जाऊं! तुम्हें भी पछाड़ूं। अच्छा दोस्त, तुम्हारा एक चोर पकड़ा है। वाल्मीकि, कालिदास की

जिस अतल-द्रवित-करुणा की संकेत करके तुमने मुझे कुछ लिखने का आह्वान किया है, उसकी ओट से मैंने भी एक चीज़ भांप ली, अब छिपाओ तो जानें? वह यह कि वाल्मीकि और कालिदास की पारंपरिक करुणा का स्रोत जिस संवेदनीयता के साथ आज रामविलास के अंतस में स्पंदित हैं, उतना अन्य किसी लेखक के नहीं? औरों में शायद इतनी धारण-शक्ति भी न हो। एक न एक दिन मैं तुम्हारी इस करुणा की स्रोतस्विनी में अवश्य स्नान करूंगा, विश्व चाहे बाद में करे। काश कि हिंदी-संसार इस राज़ को जान पाता। शैली, कीट्स और बायरन वाले तुम्हारे लेख तीन बार पढ़े हैं। बार-बार तुम्हें नमन किया है और सोचा है कि युग का यह अप्रतिहत संवेदनीय पौरुष कहीं हिंदी साहित्य की तुच्छताओं के दलदल में खो न जाए। बड़ा अभागा दिन होगा वह। कुछ चीज़े ऐसी हैं जो तुम्हीं दे सकते हो। आज फिर तुम्हारा पत्र पढ़ा तो बड़ा प्यार उमड़ा— अस्तु यह पत्र। भाभी को प्रणाम, बच्चों को प्यार। गांव गया था, तीन दिन के लिए। प्रयाग भी निराला जी से मिल आया। तुम्हारा जिक्र कर रहे थे, बात बाद में लिखूंगा।

सस्नेह

तुम्हारा सदा का
सुमन

पुष्प-कुंज
७८, रेसकोर्स रोड, इंदौर
१७-६-५५

रामविलास प्रिय,

तुम्हारा पत्र क्या मिला, मेरे प्रमाद को संजीवन मिल गया। तुम्हारे प्यार को क्या कहूं कि बिना किसी प्रतिकार की इच्छा के लुटाए जा रहे हो। जी भर-भर उठता है। वाल्मीकीय रामायण में हनुमान के प्रति राम का एक अनमोल वाक्य बार-बार उमड़-उमड़ उठता है :

मय्येव जीर्णतांयातु यत्त्वयोपकृतं हरे,
नर प्रत्युपकारार्थी विपत्तिमभिकांक्षति।

अभी तक के जीवन का हिसाब-किताब लगाने पर यह प्रत्यक्ष हो उठता है कि तुम्हारे सत्संग में जो रसात्मिकता प्राप्त होती है वह न किसी साहित्यिक-महारथी के सहवास में ही आज तक संभव हुई और न किसी सुहृद के सौहार्द से ही संभूत हो सकी। कभी-कभी ऐसा लगता है कि तुम्हारे साथ काटे हुए कुछ क्षण जीवन के बहुमूल्य ही नहीं अतुलनीय क्षण भी हैं। मैंने बड़ा पाप किया है जो इतने दिनों तुमसे अलग रहा। तुम्हारे साथ पढ़े हुए मिल्टन के कुछ छंद आज भी रह-रह कर उमड़ा-घुमड़ा करते हैं। और प्यारे! यह तो बताओ कि यह चुपके-चुपके प्यार लुटाने का कौन सा नया तरीका निकाला है। अभी एक सप्ताह पूर्व एक सुंदर सी पुस्तक 'आलोचक रामचंद्र शुक्ल' अपनी लायब्रेरी के लिए ख़रीद कर लाया तो अचानक उसके अंतस में अपने प्रति तुम्हारे मूक-प्यार का दुलार देखकर ठिठक गया। यह क्या बात है कि तुम्हारे सौमनस्य का मुझे पता तक न लगे? ऐसा न करो कि कभी चुका न पाऊं? तुम्हारा पत्र आया है तो शन्ता खड़ी-खड़ी मुझे डांट रही हैं कि तुम अपने सबसे प्यारे दोस्त की वर्षों ख़ोज-ख़बर भी नहीं लेते और आवारों के पीछे घूमते-फिरते हो। अस्तु इसका प्रायश्चित यही हो सकता है कि वर्ष में एक बार या तो तुम मेरे पास आकर टिका करो सपरिवार या फिर मैं सबको लेकर तुम्हारी मगज़पच्ची करने आया करूं। अब २/३ भाग निकल गया १/३ का ही उपयोग कर सकें तो बहुत है। तुम जिस रफ्तार से आजकल लिख रहे हो उसको देखकर हिंदी साहित्य के भविष्य पर गर्व हो उठता है। रामविलास की कलम 'न दैन्यं न पलायनम्' की अमोघ प्रतिध्वनि है। भाषा-विज्ञान पर भी कुछ न कुछ अछूती अंतर्दृष्टि अवश्य प्रस्तुत करोगे। इस बीच के तुम्हारे मूक-उत्सर्ग की गाथा क्या दुहराऊं, एक नव जवान शायर की कुछ पंक्तियां बार-बार याद हो आती हैं :

जब पड़ा वक्त गुलिस्तां पे लहू हमने दिया,
अब बहार आई तो कहते हैं तेरा काम नहीं।

भय्या, इस बीच की तुम्हारी आंतरिक-व्यथा को अनुमानता रहा हूं पर जैसे तुम नीलकंठ की तरह सब पी-पचा गए उससे तुम्हारी सहिष्णुता पर सौ गुनी आस्था हो गई है। मैं जानता हूं तुम मौत के भी पंजे मरोड़ सकते हो।

तुम मुझ पर लेख लिखोगे, यह तो विशेष बात न हुई। जो कुछ अंतस में लिख रक्खा है वही बहुत है। इस बीच एक कविता संग्रह 'विश्वास बढ़ता ही गया' के नाम से सरस्वती प्रेस ने प्रकाशित किया है, विगत दस वर्षों की लंबी-लंबी रचनाएं संग्रहीत हैं। आवरण-पृष्ठ और जिल्दबंदी की देरी के कारण तुम्हें न भेज पाया। अब श्यामू को लिख रहा हूं कि पोस्टकार्ड कवर की ही प्रति तुम्हें शीघ्र भेज दें। एक संग्रह 'राजकमल' दिल्ली से भी निकल रहा है पर उसमें एक महीना लग जाएगा। इसमें गीतों का संकलन है। क्या हिल्लाल 'जीवन के गान' और

'प्रलय-सृजन' की भी प्रतियां भिजवाने की आवश्यकता है। मैं समझता हूं इन्हें तो बहुत पहले तुम्हें भेंट कर चुका हूं। जैसी भी आज्ञा दोगे, सिर-माथे पर लेकर पूरी करूंगा। Beautrice की ब्यूटी के वर्णन से तुमने झनझना दिया है। तुम्हारे साथ दान्ते पढ़ने की भी इच्छा प्रबल हो उठी है। पुस्तक भी खरीद ली है। निश्चय ही तुम मुझे कुछ बना सकते हो—

पारस परसि कुधातु सुहाई।

शन्ता बहुत-बहुत स्नेह कहती हैं। बच्चों का प्रणाम स्वीकार करो। संप्रति तीन भवानी और दो मुरहा हैं। भौजी से चरण छूना कहना और बच्चों को बहुत-बहुत प्यार देना। अपने स्वास्थ्य के तथा अन्य निजी समाचार देना।

प्यार स्वीकार करो।

तुम्हारा सदा का
सुमन

(सुमन पर लेख लिखने की योजना पूरी नहीं हुई।)

होल्कर कालिज
इंदौर
२७-६-५५

रामविलास प्रिय,

पत्र तो मिला ही होगा। तुम्हारा पत्र पाने के बाद साक्षात्कार का आंशिक सुख तो मिला पर जी नहीं भरा। तब से मन बहाने पर बहाने सोचता रहा, पर कुछ नहीं सूझा। अब एक आशा सी झिलमिलाई यह सोच कर कि प्रेमचंद-जयंती के बहाने तो आ ही सकते हो। हम लोग यथावत् ८ अक्तूबर को यहां प्रेमचंद-दिवस मना रहे हैं। इस दिन के लिए हिंदी संसार में तुमसे अधिक सुघर व्यक्तित्व तो मिल भी नहीं सकता, स्वयं उनके सपूत भी नहीं। अस्तु यदि इस बार इंद्रपुरी में प्रेमचंद की रागारुण वाणी का शंख फूंक जाओ तो नई चेतना लेकर नए सबेरे का नया अभियान प्रारंभ किया जा सके। तुम्हारे आने-जाने का मार्ग व्यय (जिस

क्लास का भी चाहो) तथा ऊपरी ख़र्चा तो मिलेगा ही। इस बहाने दो दिन साथ रह लेंगे और कुछ बतकही हो सकेगी।

आशा है मस्त होगे, अपनी अप्रतिहत साधना में रत। भाभी से प्रणाम कहना और बच्चों को स्नेह-आशीष।

स्नेह सहित—

सदा का
सुमन

(प्रेमचंद जयंती के अवसर पर मैं इंदौर गया था।)

गोकुलपुर
आगरा
४-३-५६

प्रिय पुष्प कुंज,

कुछ दिन हुए तुम्हें एक पुस्तिका भेजी थी। यह तुम्हारे उस पुराने पत्र का जवाब तो नहीं है लेकिन इस बात का सबूत जरूर है कि मैं कविता की तरफ़ थोड़ा ध्यान दे रहा हूं—कुछ नहीं तो तुम्हारे पत्र के प्रभाव से ही।

यह कार्ड इसलिए डाला है कि तुम्हें श्री रघुनाथ विनायक तावसे का पता मालूम हो तो लिख भेजो। मैंने महेन्द्र भटनागर और ग.मा. मुक्तिबोध से पूछा, उन्हें नहीं मालूम।

सुना है, नेपाल गए थे। जादू का देश है, प्यारे। मैंने लखनऊ ही में झलक व ली थी।

लरिकन की महतारी का दुलार।

तुम्हारा
रामविलास शर्मा

होल्कर महाविद्यालय
इंदौर
१६-४-५६

रामविलास प्रिय,

तुम्हारी रूप-तरंग तो फ़रवरी के प्रथम सप्ताह में ही लहराती आ पहुंची थी, पर इतर-झंझटों से मुक्त होकर आज उसे उठाया तो एक झंझट में और फंस गया। एक बार जो प्रारंभ किया तो समाप्त करते ही बना, प्रातःकाल पौने सात पर प्रारंभ की थी, इस समय ठीक पौने बारह हैं। पुस्तक समाप्त करते ही तुम्हें लिखने की हुलास हुमसी, अस्तु लिख रहा हूं। बीच में एक घंटे का व्यतिक्रम पड़ा था। बस। हिसाब से तुम्हारी पुस्तक के पारायण का समुचित समय पौने आठ ही न ठहरना चाहिए। पारायण माने पारायण, अर्थात तुम्हारी भूमिका और तावसे के परिचय से लेकर अमर सरस्वती तक का अवगाहन।

मित्रा तुम्हारी सरस्वती की धारा बड़ी ऊबड़-खाबड़ है। कहीं गप्प से गले तक पानी और कहीं घुटनाँव। प्रारंभ और अंत तो मेरे मन का ही लिया है। बीच में कहीं केसर का छिड़काव है तो कहीं धूल-धक्कड़ का भराव भी, विशेष कर छायावाद काल के संस्कारों से स्पर्शित रचनाएं। उस समय की पुण्य-गड़िमा के तो क्या कहने? इस संग्रह की सबसे पुरानी रचना भी सुंदर लगी—परिणति (१६३२), तारसप्तक की रचनाओं की चर्चा नहीं करता क्योंकि उनमें से अधिकांश मुझे प्रिय थीं। बैसवाड़ा और उलमऊ की गंगा जैसी कविताएं तो मुझे बरबस झगरपुर उड़ा ले गईं। जो बहुत अच्छी लगीं उनमें—वंदिनी कोकिला, चिदम्बरम् अर्चना और मातृतीर्थ अग्रगण्य हैं। मातृतीर्थ ने तो सचमुच मां के पावन पथ की याद दिला दी, यही तुम्हारे संघर्ष का उत्कृष्ट अध्यात्म है। कवि भारती की विधवा पत्नी की अतल-मूक-करुणा जैसे बरबस फूट पड़ी हो। एक और कविता बहुत जंची—तन-मन उभारती—'और भी ऊंचा उठे झण्डा हमारा'। इन सब कविताओं को क्यों पसंद किया गया, इसे तो मेरी पुस्तक के निशान देखकर ही समझ सकते हो, जो एक लेख की अपेक्षा रखते हैं, पर और लिखो, नहीं तो मार डालूंगा। कौन सी अमरौती खा के आए हो कि जितने ही प्रहार होते हैं उतने ही फूटते हो।

एक संदेश भी देना है, पसंद करो या न करो, पर साथियों में केवल तुम्हीं से सलाह लेनी है। तुम्हारी स्वस्थ धारणा पर मेरी आस्था है। तुमने संभवतः सुना हो कि केंद्रीय सरकार बहुत शीघ्र मुझे cultural attachee बना कर किसी Embassy में भेजना चाहती है, इस समय संभवतः नेपाल एम्बेसी में ही, यह समाचार अचानक ही मेरे पास आया है। मैं इस अप्रत्याशित सूचना से कुछ ऐसा अस्त-व्यस्त हो

गया हूं कि समझ में नहीं आता कि क्या करूं? शांति जी भी कुछ घबराई-घबराई सी हैं। उस दशा में बच्चों की पढ़ाई की दृष्टि से फ़िलहाल तो दो गृहस्थी रखना अनिवार्य ही हो जाएगा। आज उन्होंने ख़ुद कहा कि रामविलास से पूछ कर देखो। राजनीतिज्ञ रामविलास से नहीं परिजन रामविलास से। अस्तु, लौटती डाक से अपना स्पष्ट आदेश दो, समय बहुत कम है। गलती मालूम पड़े तो खुलकर भर्त्सना भी करना। शेष ब्यौरा तुम्हें बाद में लिखता रहूंगा। भौजी से प्रणाम कहना और बच्चों को प्यार।

आशा है स्वस्थ और सानंद होगे। अब तुम्हारी लेखनी अवध की गंगा के बहाव के साथ-साथ चल रही है, अस्तु वरेण्य है। अपार प्यार स्वीकार करो।

सस्नेह—

सदा का

सुमन

(मैंने सुमन को मना किया था पर वह भारतीय दूतावास में काम करने नेपाल गए थे।)

आगरा

१४-१-६२

"तुम्हारा पत्र आया है तो शांता खड़ी-खड़ी मुझे डांट रही हैं कि तुम अपने सबसे प्यारे दोस्त की वर्षों खोज खबर भी नहीं लेते और आवारों के पीछे घूमते फिरते हो। अस्तु, इसका प्रायश्चित यही हो सकता है कि वर्ष में एक बार या तो तुम मेरे पास आकर टिका करो सपरिवार या फिर मैं सबको लेकर तुम्हारी मगज़पच्ची करने आया करूं। अब २/३ भाग निकल गया १/३ का ही उपयोग कर सकें तो बहुत है।"

(हस्ताक्षर) सुमन

(इंदौर, १७-६-५५)

नौबत यहां तक आ पहुंची कि नई चिट्ठियां न आने पर पुरानी पढ़ कर ही नैन जुड़ाते हैं।

निराला जी नहीं रहे और एक पंक्ति भी लिखने की उसे फुर्सत न मिली। हालांकि वह अब प्रिंसिपल है लेकिन है सरे आम जुतियाने के काबिल। शांता सौभाग्यवती रहें। बकलम खुद।

रामविलास शर्मा
मकर संक्रांति
१९६२ ई.

माधव कालिज
उज्जैन
२० जनवरी १९६२

रामविलास प्रिय (सरऊ),

तुम्हारा मार्मिक पत्र पाकर ऊपर-ऊपर हंसा, भीतर-भीतर सिहरा। तुम 'निराला' की कोटि के आदमी हो इसलिए तुम्हारी बात के भीतर जो बात होती है, उसे समझता हूं, हर कहीं अपनी नालायक़ी भी समझता हूं, परंतु ग़ाफ़िल नहीं हूं। तुम नहीं जानते कि इस बीच तुमसे मिलने की कितनी बेकली रही है, परंतु लिखा तक नहीं, इसकी तो क़ीमत करो। परिवार में जिन लोगों की चौके में चर्चा होती है उनमें से तुम हो। अस्तु अब होम की तय्यारी है, उसमें समिधा नहीं डाली जाएगी, हम तुम दोनों हव्य बनेंगे, शरभंग की तरह। 'निराला' के अप्रतिहत संघर्ष का निष्कर्ष यही समझ में आया। निराला के प्रति अधिकांश श्रद्धांजलियां जो दिखा उसी पर लिखी गई हैं। जो नहीं दिखा, जो वे अपने साथ छिपा ले गए, उस पर तुम लिखो। कल एम.ए. को बादल राग पढ़ाया तो नए अर्थ झलके। विगत दो दशकों से हमारे प्रगतिवादी प्रलाप व्यर्थ लगे।

ग्वालियर में जब हम तीनों बैठे थे तो निराला जी ने रवींद्र का जो गीत– 'वारण करो' गाया था, याद हो तो लिख भेजो, श्रवण स्मृति में गूंज रहा है, जैसे कल की बात हो। तिथि याद है क्या? हो तो और अच्छा। निराला वाली पुस्तक इसी समय परिवर्द्धित क्यों नहीं कर देते? अब तुम्हारे बादल-राग की प्रतीक्षा है।

अभी उज्जैन में घर नहीं मिला है, शांति इंदौर में ही हैं। शनिवार को जाता हूं, सोमवार को लौट आता हूं। आज जाऊंगा तो तुम्हारा पत्र साथ ले जाऊंगा, जो गालियां पड़ेंगी तुम पर, अगले खेप में पढ़ाऊंगा। बच्चों की परीक्षा अप्रैल में समाप्त हो जाएगी और पहली मई से सब लोग यहां आ जाएंगे, तब तक घर भी मिल जाएगा। तुम भौजी और बच्चों को लेकर १ महीने के लिए कम से कम यहां आ जाओ तो जीवन का नया अध्याय शुरू हो जाए। तुम्हारे बिना आए मेरी कुंभकर्णी निद्रा नहीं खुलेगी। बिना तुम्हारी पूजा किए हाथ की खुजलाहट नहीं दूर होगी, उसी हाथ से लेखनी भी उठानी है। इसलिए पहले तुम्हारी चौड़ी पीठ पर महावीरी प्रहार हो जाए तो हलुकान आवे। छोटी सी एक चिंता भी है, उषा की शादी की। अब लौट आया हूं तो कुछ न कुछ दौड़-धूप करूंगा ही। प्यार स्वीकार करो—भौजी को चरण छूना। तुम्हारा

सदा का

सुमन

३१-१-६२

प्रिय सुमन,

तुम्हारे सरऊ-संबोधन का उत्तर दो लातें ही हो सकती हैं जो तुम्हारे खाते में जमा हैं। किसी समय ब्याज-सहित चुका दूंगा।

तुम अपनी नालायकी समझने लगे हो, यह जानकर परम प्रसन्नता हुई। तुम्हें शीघ्र और पूर्ण रूप से आत्म साक्षात्कार हो—यही मेरी शिव-मंगल-कामना है।

"अभी उज्जैन में घर नहीं मिला है, शांति इंदौर में ही हैं। शनिवार को जाता हूं, सोमवार को लौट आता हूं।"

शांति के प्रति इतने ममत्व के लिए तुम्हारा मुख-चुम्बन। आशा है,

उज्जैन में शेष दिन स्वच्छ ही बीतते होंगे।

अच्छा, मेरे बिना तुम्हारी कुंभकर्णी निद्रा न खुलेगी! और यह भी लिखा है कि "गाफिल नहीं हूं"! जब गाफिल नहीं हो तब तो कुंभ-कर्ण हो, और गाफिल भी होते, तब तो शायद सिंधु-कर्ण ही हो जाते।

चौके में अपनी चर्चा से मुझे संतोष है लेकिन "उसी हाथ से लेखनी भी उठानी है"—अभी उठानी है—यह है तुम्हारी नालायकी और गफलत का मुख्य रूप। तुमने एम.ए. को बादल राग पढ़ाया, नए अर्थ झलके। ठीक। विगत दो दशकों के 'हमारे' प्रगतिवादी प्रलाप व्यर्थ लगे—यह भी ठीक, केवल 'हमारे' की जगह नम्रतापूर्वक एकवचन 'अपने' का प्रयोग करो।

अपना बादल राग मैंने उनके जीवन काल में ही सचित्रा प्रकाशित करा दिया था। अब श्राद्ध रूप में उनकी जीवनी लिखना है। पुरानी पुस्तक को परिवर्धित करने से काम न चलेगा। उसी की तैयारी में पुरानी चिट्ठियां ब्योर रहा था जब तुम हस्तगत हुए और श्रीमुख से बरनी श्रीमान् की करनी को मैंने श्री चरणों में भेज दिया था।

'जदि बारन करो तबे गाहिबो ना'—निराला जी यह गीत तुम्हारे यहां गा रहे थे। इस समय पूरा याद नहीं। रवींद्र-कविता-कानन में जरूर होगा। तुम्हें न मिले तो तलाश करके भेज दूंगा। बात सन् १९४५ की है—महीना फरवरी था।

पता नहीं, तुम चिट्ठियां संजोते हो या नहीं। यदि मेरी या औरों की बची-खुची हों तो देखना—कहीं उनमें निराला जी की चर्चा है? संभव है, उनमें ऐसी झांकी जहां-तहां हो जो स्मृति में धुधंली पड़ गई है।

उषा की शादी की चिंता करनी ही चाहिए। मेरी बड़ी लड़की शोभा भी विवाह योग्य होती जा रही है। दहेज हमसे दिया न जाएगा और वर ढूंढ़ना...!

और तुम क्या पढ़ रहे हो? 'पूजा' पर बैठते हो या नहीं, बैठकर कालिदास का श्रृंगार-रस घोखते हो या नहीं?

तुम्हारे सब बच्चों और उनकी अम्मा को बहुत-सा प्यार।

तुम्हारा
रामविलास

माधव कालेज
उज्जैन
६-२-६२

सरऊ रमविलसऊ,

तुम्हार चिट्ठी पाय के मन गुलगुला है जात है। मुला गुस्सौ आवत है, काहेकि तुम्हार पूजा किहे बिना हाथ सोहरात रहत हैं। ११ फ़रवरी का दिल्लीमा निराला-जयंती का आयोजिन कनिगा है चित्रकला संगम की तरफ़ से। तुमहू अउबै करिहौ, हुंवई हमार-तुम्हार पहिल भिड़ंत होई। भौजी से गादि के लड्डू बनवाय लायो।

निराला जी का सच्चा स्मारक तौ तुमहीं बनवई हो, देखी कौन करामात दिखावत हौ? बाकि सब महाप्राण-महाप्राण बहुत चिल्लात हैं पै एकौ सार प्राणवंत नहीं देखाई परत। ठीकौ है, जो सबै कूकुर परागै जइहैं तो पातर को चाटी। हमहूं तयार तो होइ गयन है, अब देखी पांचौ सवारन मा कौन नंबर आवत है?

हमरे ख्याल मा 'जदि बारन करो तबे गाहिबो ना' रवींद्र-कविता-कानन मा नहीं है। एक बार फिर देखे लेइत है। तुमका कतौं मिलि जाय तो भेजि दीन्ह्यौ।

भौजी का चरनछूना, भतीजे-भतीजिनिन का आशीष। तुमका दुइ लात–

प्यार-पिआर
सुमन

माधव कालेज
उज्जैन
२०-२-१९६२

चिरंजीव रामविलास,

तुमको पता है कि तुम्हारे नाम में विरोधाभास है, अब बच्चू, राम की शक्ति-पूजा की टीका में तुम्हारी ख़बर लूंगा।

राष्ट्रपति-भवन का उत्सव मज़े का रहा, मगर तुम्हारे विना बड़ा फीका लगा। मुंशी मिले थे, अधिक हाल नहीं पूछ पाया, उसके पहले बच्चन से पूछा कि रामविलास क्यों नहीं आए तो कहा कि निमंत्राण तो गया था पर पता नहीं 'क्यों नहीं' आए, आशा तो थी। राष्ट्रपति का भाषण यथावत् पुष्पितां वाचं...। एक बात 'समन्वय'

के सपादक होने की उनके मतलब की निकल आई थी। नंददुलारे जी से बड़ी आशा थी पर बहुत ठंडे बोले। बच्चन ने 'मैं अकेला' और 'स्नेह निर्झर बह गया है' तथा नरेंद्र जी ने 'जूही की कली' की आवृत्ति की, जैसे रस्म अदाई कर रहे हों। मैंने कुछ अंश पुरानी कविता का और एक नई रचना सुनाई जो लिखकर नहीं भेजूंगा, मिलने पर ही सुनाऊंगा। दिनकर कुछ काम की बातें बोले, अपेक्षाकृत जीवट का आदमी है। कुल मिलाकर १ घंटे का नपा नपाया उत्सव, शाही साज-सामान वाले अशोक हॉल में। संत महाराज आ जाते तो घिसी पनहियां सिलवा दी जातीं।

शाम को कांस्टीट्यूशन क्लब में मैंने संस्मरणों के साथ तुम्हारी रचना का भी अंश सुनाया, झुंझला-झुंझला कर। न जाने क्यों तुम्हार नाम मुंह मा अडतै परी भर खून सूख जात है। फिर जुही की कली और अपनी लंबी कविता। इलाहाबाद वालों ने भावावेश तों दिखाया पर संतुलित नहीं रह सके। पर उसका राज़ तो खुला दूसरे दिन कमलारतन्म के यहां की गोष्ठी में जब सबने निराला जी के विरुद्ध अपना दबा बुख़ार निकाला। सुनकर सन्न रह गया। सबसे मतलब है नरेंद्र, बच्चन और दिनकर से। तभी से कुछ ऊना-ऊना हो रहा हूं। मिल कर कार्यक्रम निश्चित करूंगा। महावीर महाराज, बंदरभभकी से काम नहीं चलेगा, अब अपनी युगांतरकारी लेखनी सम्हालो पर अत्यधिक संतुलित होने की आवश्यकता है। दूसरों के भड़कानें में न आओ—

आराधन से दृढ़ आराधन का दो उत्तर
तुम बरो विजय संयत प्राणों से प्राणों पर।
घिसी पनहियां—संतन को कहा सीकरी सों काम।
आवत जात पनहियां टूटीं बिसरि गयो हरिनाम।

इन दिनों 'शक्ति पूजा' पर टीका लिखना चाहता हूं। क्या 'लीडर प्रेस' से कापी-राइट की इज़ाजत लेनी पड़ेगी? जगह-बजगह उसे सुनाया है। एक बार जनाना के यहां ठहर गया तो कहने को हो गया। 'निराला' तो वातावरण का इज़हार करते थे। शांति का पता—२१, रेसकोर्स रोड, इंदौर। भौजी को प्रणाम। बच्चों को आशीष। तुमको घमाघम। आशीर्वाद सहित,

सुमन

३०, न्यू राजा-मंडी
आगरा
२६-२-१९६२

प्रिय शिष्य,

तुमने दिल्ली में मेरी कविता की आवृत्ति करके अपना अंतः करण पवित्रा किया, इस पर बधाई। पुराने लोग कह गए हैं कि योग्य कवियों की रचनाएं दोहराने से उदीयमान कवियों की प्रतिभा परिष्कृत होती है। इसीलिए तुम्हें बधाई दे रहा हूं।

तुमने घिसी पनहियां सिलवाने का काम सीख़ लिया है, यह जानकर परम प्रसन्नता हुई।

कालेज से आने के बाद इतना लिखा था कि दो-तीन सज्जन आ टपके और रसभंग हो गया। आज तीसरी मार्च है !

बात पूरी करें। घिसी पनहियों का हिसाब तो तुमने लगाया, 'बिसरि गयो हरिनाम' की दवा क्या है? निराला का नाम एक राजनीतिक पूंजी है। नेता उसे मुनाफ़े के काम में लगा रहे हैं लेकिन निराला का सारा जीवन सेठ-नेता साहित्यकार गठ-बंधन के विरुद्ध रहा है। निराला जयंती समिति के संरक्षक थे घनश्याम दास बिड़ला, लाल बहादुर शास्त्राी। संरक्षकों में साहित्यकार एक भी नहीं ! ये सब सेठ-नेता-साहित्यिक निराला के रहने के लिए खुली हवा में एक मकान का प्रबंध भी न कर सके। दारागंज में कला मंदिर की संडास देखी है? पांच साल तक बिजली के पंखे के बिना निराला उसी छोटे से कमरे में घुटा है। बाद को पंखा लगा लेकिन संडास की दुर्गंध ज्यों की त्यों रही। अब उसकी रायल्टी दबाए बैठे हैं। मालूम है, दिल्ली से रामकृष्ण को बुलाया, आने-जाने के खर्च के नाम पर धेला भी न दिया?

फैजाबाद सम्मेलन में निराला जी ने उठकर नेताओं को जो फटकार सुनाई थी—शुक्ल जी को नीचे बिठाने के कारण? लखनऊ में एक नाट्य परिषद की स्थापना हो रही थी। उसके सभापतित्व के लिए संपूर्णानंद जी के नाम का उन्होंने विरोध किया था—उनके मंत्राी होने के कारण।

आजकल उनके साहित्य पर पर्दा डाला जा रहा है, उन्हें संत बना कर। उनके जीवन-संघर्ष की कटुता को छिपाया जा रहा है, यह कह कर कि उससे उनके साहित्य का कोई संबंध नहीं है। बच्चन-नरेंद्र-सुमन की पीढ़ी में सबसे समझदार हैं कवि दिनकर। उन्होंने ठीक कहा था कि गांधी जी की तरह निराला के खून के छींटे समारोह मनाने वालों के हाथों पर भी हैं। दिनकर जिन लोगों के बीच

रहते हैं, उनकी अस्लियत अच्छी तरह जानते हैं। कभी-कभी गरजते भी हैं। उर्वशी में इस रुग्ण, अस्वस्थ अर्ध-मृत कवि ने अपने काव्य से हिंदी की भरसक सेवा करने के लिए अपनी पूरी शक्ति लगा दी। वैसा अध्यवसाय उनकी पीढ़ी के अन्य कवियों में देखने को नहीं मिला।

अभी-अभी शिवपूजन जी का पत्र आया है। उन्होंने अपने संस्मरण के साथ निराला जी के कुछ कार्ड हिंदुस्तान के संपादक को भेजे थे। संपादक जी ने लेख छाप दिया—निराला जी के कार्ड न छापे, न शिवपूजन जी को वापस किए। उन्होंने कई कार्ड, जवाबी कार्ड डाले, कोई उत्तर नहीं! आया समझ में कुछ? इसीलिए तुम्हें लिखा था : संतन को कहा सीकरी सों काम !

तुम्हारा
रामविलास

पुष्प कुंज, इंदौर
२२-५-६२

आदरणीय भाई सा.,

प्रणाम

प्रणाम। आपके दोनों पत्र मिले पर मैं शीघ्र उत्तर न दे सकी, कारण इन दो महीनों में मेहमानों का आना-जाना बना रहा। आपका कहना ठीक है अभी चिट्ठियों की धूल नहीं झड़ी है। आपके सुमन जी तो आजकल उज्जैन ही अधिक रहे हैं। कापियां जांच चुके हैं पर और काम कर रहे हैं। कल या परसों वर्धा जा रहे हैं ३० मई तक वापस आवेंगे। अब आप जून के पहले हफ्ते में उज्जैन आइएगा। हम लोग इंदौर छोड़ रहे हैं ३ या ४ जून तक सब उज्जैन पहुंच जाएंगे। आजकल हम लोग सामान बांधने में लगे हैं।

भाभी जी को प्रणाम स्वीकार हो। बच्चों को प्यार। आशा है आप परिवार सहित सकुशल होगे। हम लोग भी सब अच्छी तरह हैं।

आपकी बहिन
संता

३०, नई राजामंडी, आगरा
१७-७-६२

प्रिय प्रिंसिपल,

मई में बंग-युव-उत्सव वालों ने बुलाया था। सारा ईडन-गार्डन युवक-युवतियों से भरा था। एक साथ तीन-तीन सिम्पोजियम चलते देखे। कहीं पांच हज़ार में हैल्डेन का भाषण हो रहा है, कहीं–उसी समय–तीन हज़ार में रामविलास शर्मा भाषण कर रहे हैं। सारी व्यवस्था युवक-दल के हाथ में। कुश्ती-सिनेमा से लेकर नेशनल इंटीग्रेशन तक हर आइटेम चुस्त दुरुस्त।

बेलड़ मठ में समन्वय की फाइलें देखीं। माधवानंद जी से मिले जिन्हें द्विवेदी जी ने निराला सौंपा था। बजूबज में मन्नावाबू मिले–नि. जी के बोतलवाले दोस्त। पटना में शिवपूजन जी का पत्र संग्रह देखा–नवजादिक लाल, महादेव सेठ उग्र, ईश्वरी प्रसाद शर्मा–वह आनंद आया कि तुम्हें दो लात लगाने भी पड़े। तुम्हारे डॉ. दुबे भी मिले। मैंने कहा–आपसे बिछड़ने पर सुमन का कविता लिखना समाप्त हो गया। बोले–सो कैसे? मैंने कहा–प्रेरणा स्रोत तो आप ही थे। इस पर लजा कर चुप हो गए।

वाराणसी में निराला जी के प्रथम हिंदी लेख–मुद्रित नहीं, हस्तलिखित–क दर्शन किए। द्विवेदी जी के नाम उनके पत्र पढ़े जिनमें एक-दो अवधी में थे। बोलो–अब लात खाने का अधिकार तुम्हें है या नहीं?

इसी प्रकार प्रयाग, लखनऊ, कानपुर में पुरानी पत्रिाकाएं टटोलते हुए वापस आए।

हर जगह लोग पूछते थे–सुमन का क्या हाल है? कविताएं क्यों नहीं लिखते? मैं कहता–सुमन ने बहुत सी कविताएं लिखी हैं लेकिन सब इतनी अधकचरी हैं कि उन्हें छपाने की उसकी हिम्मत नहीं होती।

केदार आए थे। उन्हें मैंने जितने पत्र लिखे थे, सब दे गए। कुछ पत्र निराला जी के भी दे गए।

तुम्हें याद दिला रहा हूं कि मेरी चिट्ठियां एक जगह इकट्ठी करके भेज दो। उन्हें पढ़कर निराला-संबंधी छांटने में बहुत समय लगेगा। न भेजीं तो हे झगड़पुर निवासी, याद रखना, पुस्तक में तुम्हारी वह मरम्मत करूंगा कि याद करोगे।

तुम्हारा
रामविलास

३०, नई राजामंडी
आगरा
१७-७-६२

प्रिय संता जी,

गर्मियां बीत गईं। आप उज्जैन से वापस आ गई होंगी। मैं कलकत्ता-पटना-वाराणसी-प्रयाग-लखनऊ-कानपुर की यात्राा करके लौट आया हूं। निराला जी की जीवनी के लिए बहुत सी सामग्री बटोर लाया हूं। अब आप मेरी चिट्ठियां भेज दीजिए तो काम शुरू करूं।

आशा है सपरिवार प्रसन्न हैं।

रामविलास

उज्जैन
२०-३-६३

रामविलास प्रिय,

तुम्हारे पत्र की मुख्य चीज़ है मेरे लिए दाहिने हाथ की हड्डी की चटकन। इस हाथ की बड़ी ज़रूरत है युग को। चट्टान चटख़नी चाहिए थी, तुम्हारी हड्डी नहीं, मेरी तो ऐसी ही आस्था है। शीघ्रातिशीघ्र सूचित करो कि अब चोट कैसी है? भाभी का प्रताप है इसलिए ठीक तो हो ही जाएगी।

दूसरा मसला विचाराधीन है। तुम्हारा इशारा है तो प्रयत्न करूंगा पर विज्ञापन की कुछ शर्तें पूरी नहीं होती। उदाहरणार्थ सात वर्ष का अनुभव, एडमिनिस्ट्रेटिव आफ़ीसर के रूप में। जो कुछ निर्णय होगा समय पर सूचित करूंगा। शांति भी तुम्हारी चोट से दुखी हैं। इस वर्ष तो छुट्टियों में तुम आओगे ही, भौजाई को प्रणाम और भतीजे-भतीजियों को आशीष।

सस्नेह—सुमन

(साइकिल से गिरने पर कंधे के पास दाएं हाथ में चोट आई थी। किस पद के लिए सुमन को प्रयत्न करना था, याद नहीं।)

३०, नई राजामंडी
आगरा
२३-३-६३

प्रिय सुमन,

तुमने मेरे हाथ की तारीफ में जो कुछ लिखा है, उससे जी होता है कि तुम्हारे दो हाथ दें। ख़ैर, चोट बहुत संगीन नहीं है। आठ-दस दिन में प्लास्टर उतर जाएगा। मैं उज्जैन तब तक न आऊंगा, जब तक अपने वादे के अनुसार तुम मेरी चिट्ठियां न भेजोगे। जिस काम के बारे में तुम्हें लिखा था, उसमें अपने विवेक के अनुसार स्थिति को देखते हुए जो उचित समझना, करना।

सब लोगों को सस्नेह

तुम्हारा
(हस्ताक्षर)
रामविलास शर्मा

(पत्र विजय से लिखाया था। मैंने हस्ताक्षर कर दिए थे।)

माधव कालेज
उज्जैन
२१-६-६३

रामविलास प्रिय,

चि. भुवन के पुण्य-परिणय का समाचार तुमने तो समय पर दे दिया पर हमरि ही तकदीर ख़राब रही, समय पै नहीं पावा और जब पावा तब पहुंचै का ब्यौंतै नहीं लाग। एक दिन यादिहू आई तो निमंत्राण पत्रै हेरायगा। सोचिलीन तुम्हार मनै न होई कि हम हू आय के समधी के सामने तुम्हारी टोपी उतारी तउन बचि गयो बच्चू। तै पै शांती नाराज़ होय रही हैं कि न बियाहे मा गयौ न बधाई भेज्यो। तउन बधाई भ्याजत हैं उठाईगीर, हम तो कौनो मौका निकारि के बहू के हाथ

के रसोई खाय जाब अउर दूनौं का आशीर्वाद दै जाब। भौजी कै मार भले खाय लेई मुला तुम्हार बंदर भभकी न सहब। एत्तै अफसोस है कि मौका पै पहुंच जाइत तो बातै अउरि होत। ख़ैर, भुवन का हमार प्यार अउर आशीष देब और बहू कै सौभाग्य-सुख और उन्नति कै कामना पहुंचावौ। अपन हाल-चाल लिखौ। ऊषा कै शादी जाड़े मा करै का विचार है। अब हमार तुम्हार बाबा बनै का समय आएगा जान परत है। अच्छा बच्चू, जुग-जुग जिऔ। भौजी का चरनछूना और भतीजन और भतीजिन का आशीष।

तुम्हार
सुमन

३०, नई राजामंडी
आगरा
२७-६-६३

महाकवि एवं स्नातकोत्तर प्राचार्य,
डॉ. शिवमंगल सिंह सुमन की सेवा में—
श्रीमान्

आपके लिए मेरे हृदय से जो उदुगार उठते हैं, वे इतने सरस और सुरुचिपूर्ण हैं, कि निजी पत्र में भी अलेख्य हैं। वे साक्षात् होने पर ही आपको कर्णगोचर हो सकते हैं।

महोदय,

आप दिल्ली तक अनेक बार आकर आगरे आए बिना इंदौर/उज्जैन वापस जा सकते हैं, इसी से मुझे विश्वास था कि विवाह के निमंत्रण पर अवश्य पधारेंगे। समय पर निमंत्रण-पत्र खो गया, यह जानकर परम प्रसन्नता हुई क्योंकि मेरा दाहिना हाथ अभी पूरी तरह समर्थ नहीं हुआ।

हे संतापते !

यह जानकर कि किसी कवि-सम्मेलन में आपके पद्य-पाठ से जनता ने इतनी दाद दी कि आपको पूरी पाती पढ़ने का अवसर न मिला, हृदय शीतल हो गया।

हे उषा-अरुण के बाप !

आप बाबा बनें, हमारी शुभकामना है। नाती-नतिनी चाहे जब आएं, आपके बाल जल्दी सफेद हों जिससे चंद्रवदनि मृगलोचनी बाबा कहि-कहि जाएं—यह उक्ति शीघ्र चरितार्थ हो और आपको नयनसुख प्राप्त हो।

हे झगडूपुर झील की कोकाबेली !

यह कभी मत लिखना कि मेरी चिट्ठियां कब भेज रहे हो जिससे मैं निराला जी की जीवनी लिखने का कार्य समाप्त कर सकूं।

इति। दर्शनदुराकांक्षी : रामविलास शर्मा

उज्जैन
७-४-६५

प्रिय रामविलास,

तुम्हारे घर पहुंचने के पूर्व ही यह पत्र स्वागत के लिए तय्यार मिलेगा। तुम तीन-चार दिन यहां रुके भी पर जीभर बातें नहीं कर पाए, तुम्हारी गाड़ी चली जाने पर यह मलाल मन मसोसता रहा। ख़ैर। एक बड़ा ज़रूरी काम है। मुझे इस महीने के अंत तक में एक वार्ता रिकार्ड करनी है—'रवीन्द्रनाथ का निराला पर प्रभाव'। मेहरबानी करके परीक्षा पुस्तकें जांचने पर हाथ पीछे लगाना, पहले इस संबंध में कुछ संकेत भेजना न भूलना। अत्यावश्यक है। मुरहाई करिहौ तो मोछा नोंच लीन जइहैं, जान्यो। आशा है जबलपुर वाले कार्य में सफलता मिली होगी, सुचित करना। भौजाई से हमारा चरणछूना कहना और बच्चों को प्यार।

अब की बेरिया जिउ नहीं भरा, सबका लइके छुट्टिन मा आवो तो तुम्हार कुटम्मस बीन जाय।

स्नेह सहित

सदा का
सुमन

(पारिवारिक कार्य से जबलपुर गया था।)

३०, नई राजामंडी
आगरा
१७-४-६५

प्रिय सुमन,

तुम्हारा कार्ड विलंब से मिला। कालेज के पते पर भेजा गया था, इसलिए। तुम भी मुझे अपना घर का पता भेजना।

निराला और रवींद्रनाथ दो भिन्न स्तरों की प्रतिभाएं थीं—मूलतः भिन्न। निराला ने रवि ठाकुर से जो सीखा—वह अप्रत्यक्ष रूप से। 'अनामिका' में दो-एक कविताएं हैं जिनमें उन्होंने रवि ठाकुर की भाव-छाया ली है। 'रवींद्र कविता कानन' पढ़ने से मालूम हो जाएगा कि रवींद्रनाथ की कौन सी कविताएं उन्हें अधिक प्रिय थीं। मुख्य बात यह है कि निराला को वे सब स्रोत सुलभ थे जिनसे स्वयं रवींद्रनाथ प्रभावित हुए थे—कालिदास, चंडिदास, कबीर, इत्यादि। कुछ समझे?

रोचना, अपर्णा और वरुण को बहुत सा प्यार।

तुम्हारा—रामविलास

माधव कालेज,
उज्जैन, (म.प्र.)
१६-८-६६

प्रिय रामविलास,

तुलसी-जयंती के संदर्भ में हमारे छात्र तुम्हारा भाखड़ सुनने को अत्यंत उत्सुक हैं। उनका तुम्हारे प्रति बड़ा सम्मान है। मेरी अपनी भी इच्छा इसी के साथ है। आशा है तुम मेरे विद्यार्थियों को निराश नहीं करोगे। २२ अगस्त को प्रातः तक तुम्हें यहां पहुंचना है। भौजी को प्रणाम।

तुम्हारा सदा का
शि.म. सुमन

VIKRAM UNIVERSITY
UJJAIN
११-६-६६

विक्रम-विश्वविद्यालय के वरेण्य उपकुलपति पूज्य पं. नंददुलारे वाजपेयी की ६०वीं वर्षग्रंथि के उपलक्ष में श्री तथा श्रीमती शिवमंगल सिंह 'सुमन' आपको पारिवारिक प्रीति-भोज के लिए अपने निवास-स्थान पर दिनांक ११-६-६६ रविवार को रात्रि ८ बजे आमंत्रित करते हैं। आशा है पधार कर कृतकृत्य करेंगे।

शिवमंगल सिंह सुमन

क्र. ७६२/उ.कु./६६
विक्रम विश्वविद्यालय, उज्जैन
५ जून, १९६६

प्रिय डॉ. रामविलास जी,

विक्रम विश्वविद्यालय की अंग्रेजी अध्ययनशाला में नियुक्तियों के संबंध में आपकी सेवा में पत्र प्रेषित किया गया था। पूर्व-व्यस्तता के कारण आपने २१ जून १९६६ की बैठक में सम्मिलित होने में असमर्थता व्यक्त की है। विश्वविद्यालय को आप जैसे प्रतिष्ठित विद्वान के सहयोग का बड़ा भरोसा है। मैं व्यक्तिगत रूप से आपसे प्रार्थना करना चाहता हूं कि आप किसी प्रकार २१ जून १९६६ की वरण-समिति में पधारने का कष्ट अवश्य करें। जब भविष्य में प्राध्यापक के पद की नियुक्ति का प्रश्न आए तो तब चाहे इसे स्वीकार न करें, पर इस समय तो मुझे इस काम में सहायता देनी ही होगी। आपके सहयोग से विक्रम विश्वविद्यालय गौरवान्वित होगा और आप जैसे निष्पक्ष न्यायपूर्ण विद्वान की उपस्थिति से हमें भी संतोष प्राप्त होगा।

आशा है निराश न करेंगे।

विशेष कृपा–

सदा का
शिवमंगल सिंह 'सुमन'

डॉ. रामविलास शर्मा,
प्राध्यापक एवं अध्यक्ष,
अंग्रेजी विभाग,
बी.आर. कालेज,
३०, राजा मंडी, आगरा (उ.प्र.)

प्रिय डॉ. शिवमंगल सिंह जी,

आपका पत्र क्र. ७६२/उ.कु./६६, दिनांक ५ जून कल प्राप्त हुआ। अपने सहयोग से वि.वि.वि. को गौरवान्वित न कर पाने का मुझे खेद है। एक निष्पक्ष न्यायपूर्ण विद्वान् के उपस्थित न होने से आपको जो असंतोष होगा, उससे मुझे सहानुभूति है।

आपकी व्यक्तिगत प्रार्थना स्वीकार न कर पाने से मुझे घोर कष्ट हो रहा है। केवल एक बार ऐसा ही कष्ट और हुआ था जब उज्जैन आने पर निराला-संबंधित अपने पत्र आपसे प्राप्त न कर सका था।

असुविधा के लिए क्षमा करेंगे।

आपका
रामविलास शर्मा
१०-६-६६

(सुमन का पत्र टाइप किया हुआ था। निराला की जीवनी के लिए मैं सुमन को लिखे अपने पत्र मांग रहा था। सुमन ने वे पत्र भेजे नहीं, उज्जैन पहुंचने पर भी दिए नहीं।)

१९७०

प्रिय रामविलास, भाभी और परिवार के प्रति,

गत साथ ले गया दुख-सुख संघर्षों के अंतर्द्वंद्व घने,
नव-वर्ष नयी मानवता का नव छंद बने।

शिवमंगल सिंह सुमन

विक्रम विश्वविद्यालय
उज्जैन
२६/ जनवरी१६७१

प्रिय डॉ. रामविलास,

तुम्हारा १६-१-७१ का पत्र दिल्ली से लौटने पर प्राप्त हुआ और उसी के साथ यह ख़ुशखबरी भी कि तुम्हें साहित्य अकादमी का पुरस्कार निराला जी वाली पुस्तक पर प्राप्त हुआ है। मेरी हार्दिक बधाईयां स्वीकार करो और भाभी से एक बड़ी दावत का अग्रिम प्रबंध करवा रखो। तुमने दीक्षांत समारोह में भाषण देने के लिए लिखा है पर आजकल मैं नेशनल एकेडेमी आफ साईंसेस के ४०वें अधिवेशन के प्रबंध में ऐसा व्यस्त हो गया हूं कि फरवरी में बाहर निकल सकना संभव नहीं प्रतीत होता है। इसी बीच १४, १५ तथा १६ फरवरी १६७१ को कुलपतियों की कान्फ्रेंस के संबंध में बहुत करके पटना जाना पड़ेगा। इसीलिए मैंने प्राचार्य महोदय को अपनी असमर्थता से सूचित कर दिया है। भविष्य में इसकी पूर्ति करने का प्रयत्न करूंगा, जिससे तुम्हारी आत्मीयता की अमोघता में आंच न आए।

स्नेह सहित

सदा का
शिवमंगल सिंह सुमन

डॉ. रामविलास शर्मा,
३०, नई राजामंडी, आगरा-२

(पत्र टाइप किया हुआ है।)

४-२-७१

प्रिय सुमन,

२६/१ का पत्र मिला।

बधाई स्वीकार की, दावत के बारे में, जब हमारे यहां ठहरोगे, तब सोचेंगे।

हमारे प्राचार्य महोदय जून में अवकाश ग्रहण कर रहे हैं। इसलिए निकट भविष्य में तुम्हारे बुलाए जाने की संभावना कम है।

श्रीमती शांति सुमन से कह देना, इस समय मैं उन्हें याद कर रहा हूं।

तुम्हारा
रामविलास शर्मा

विक्रम विश्वविद्यालय
उज्जैन
७-११-१६७२

प्रिय रामविलास,

तुम बहुत दिन से उज्जैन नहीं आए इसकी यहां के लोगों को बड़ी शिकायत है। कालिदास समारोह में विशेषकर तुम्हें आमंत्रित करने का उत्तरदायित्व मुझ पर डाला गया है। मैं जानता हूं कि तुम ऐंडा-बेंडा जवाब लिख भेजोगे पर इससे काम नहीं चलेगा। तुम्हें इस बार आना ही है। ठहरोगे तो मेरे पास ही अतएव अपना बुखार यहां उतार सकते हो। संस्कृत साहित्य के अध्ययन की तुम्हारी बात लोगों से छिपी नहीं है अब उसका भंडाफोड़ होना चाहिए। अतएव पत्र पाते ही अपनी स्वीकृति तार द्वारा प्रेषित करो।

कालिदास समारोह १७ नवम्बर से प्रारंभ होगा और २३ नवंबर तक चलेगा। तुमको १८ नवंबर से २० नवंबर के बीच किसी भी तिथि पर जो तुम्हें सुविधाजनक प्रतीत हो, लोकप्रिय व्याख्यानमाला के अंतर्गत कालिदास पर अपने ही चुने गए किसी भी विषय पर बोलना है। चाहूंगा तो मैं यही कि १७ नवंबर से २३ नवंबर तक तुम यहीं रहो। बहुत करके १७ नवंबर को अरुणा के फलदान भी चढ़ेंगे।

अतएव भाभी को भी साथ लेते आना। इसमें शांति जी का आग्रह भी सम्मिलित है।

आशा है निराश न करोगे।

सस्नेह,

सदा का
शिवमंगल सिंह 'सुमन'

डॉ. रामविलास शर्मा,
३०, नई राजामंडी,
आगरा,

(टाइप किया हुआ पत्र)

३१, आज़ाद नगर
उज्जैन ४५६०१० (म.प्र.)
दूरभाष-४८२०
२२-१०-८०

प्रिय रामविलास,

यहां के लोगों की बड़ी शिकायत है कि मेरे रहते हुए यहां नहीं आए। यहां के कालिदास समारोह के संबंध में तो तुमने सुना ही होगा। प्रायः विद्वज्जनों में इस बात की चर्चा हुई है कि एक बार कालिदास पर तुमको सुना जाए। इससे 'पुरा कनीनां गणनाप्रसंगे'...के साथ 'अनामिका सार्थवती बभूव' की परिकल्पना भी सार्थक हो जाएगी। कालिदास और निराला के छोरों को जोड़ने का दम भी तुम्हीं में है। अतएव इस बार अवश्य आ जाओ और मेरे आग्रह की लज्जा रख लो। मेरा तो केवल आग्रह ही है, संता का तो आदेश है, अब तुम्हीं जानो। अतएव ख़ैर चाहो तो...

भाभी से प्रणाम कहना।

तुम्हारा सदा का
शिव मंगलसिंह सुमन

पुनश्च : तिथि और समय के विवरण के रूप में समारोह के सचिव प्रो. रथ का पत्र संलग्न है।

—सुमन

आगरा-२
२६-१०-८०

प्रिय श्रीनिवास जी,

आपका २३/१० का पत्र मिला।

मेरी पारिवारिक स्थिति ऐसी है कि आगरे से बाहर कहीं जाना मेरे लिए संभव नहीं है। मैं आपके समारोह की सफलता चाहता हूं; न आ सकने के लिए क्षमायाचना करता हूं।

आपका
रामविलास शर्मा

२६-१०-८०

प्रिय सुमन,

तुम्हारा २२/१० का पत्र मिला।

मैं तुम्हारे प्रस्ताव पर सहानुभूतिपूर्वक विचार कर रहा हूं। तब तक तुम १९४३-५३ के बीच अपने नाम लिखी मेरी चिट्ठियां मेरे अवलोकनार्थ प्रेषित कर दो। उनकी प्राप्ति के पश्चात् मैं अपने निर्णय से तुम्हें अवगत करा दूंगा।

संता जी को हम दोनों स्नेह पूर्वक याद करते हैं।

तुम्हारा
रामविलास

उपाध्यक्ष,
कालिदास अकादेमी,
विश्वविद्यालय मार्ग,
उज्जैन, ४५६०१०
दूरभाष-२६२६७
२८-१०-६१

प्रिय अग्रज रामविलास,

सुना कि अस्सी पूरे करि डारयो। इंदौर की 'नई दुनिया' मा तुम्हारि तसबीर दीख रहै, सांड अस बैठ रह्यो मुला महाकाल के सांड़ कै अनुहार। जब ते दुई-दुई लखटकिया पुरस्कारन का लतियाय दीन्ह्यो तब से तुम्हार कीरति सरग चूमै लागि है। साहित्य के सबै तथाकथित महारथी तुम्हरे सामने बौने जान परत हैं। सपन्यों मां न सोचा रहै कि कोऊ निराला कै छाहौं छुई पाई पै तुमतौ जितेहीजी पगलऊ कै परंपरा प्रवहमान कइ डारयो। निराला के चमरौधौ क्यार अता-पता बचाय राख्यौ। यह सोचि कै फूलि कै कुप्पा होइ जाइत है कि मंगल पांडे कै विद्रोही परंपरा अबहूं प्राणवंत बनी है। बैसवारे का पानी कतौं रहै बोली जरूर।

अब एक बात ध्यानते सुनि लेव, मुरहाई न कीन्ह्यो, हमरे रहत एक चक्कर उज्जैन का जरूर लगाय जाव। कालिदास समारोह के आसपास आय सकौ तो बहुतै नीक। हमसे खुट्टी ह्वैगै होय तौ संता का हुकुम बजाय जाव। कइयौ दांय दोहराय चुकी हैं। यही बहाने हमहूं भौजाई कै ममतालु याद मां ऊबि-डूबि ज्याब। कोशिश करब कि अगली दिल्ली यात्रा मां तुम्हारि डेहरी छुइ आई। तुम तौ बस लिखतै चले जाव औ' लिखतै लिखत शिलालेख बन जाव।

पायलागन। लरिकन औ' पुतव्वन का आशीष अउर नातिन-पनातिन का प्यार।

सस्नेह

निराला के अखाड़े का लतमार
शिव मंगलसिंह सुमन

उपाध्यक्ष,
कालिदास अकादेमी,
विश्वविद्यालय मार्ग,
उज्जैन, ४५६०१०
दूरभाष-२६२६७
२८-१-९२

प्रिय भय्या,

बहुत-बहुत बधाई। कहां तक बधाई लेइहौ। बधाई ल्यातै ल्यात थकि जइहौ। काम अैस कीन्ह्यौ है जैस न पहिले कोई करि पावा न बाद मा कोई करि पाई। पुरखन कै छाती गजभरि कै होइगै होई। सुकुला और निराला दूनौ जने आपन-आपन कहै मा झगड़त होइहैं। चलौ हमहू यहि का मजा ले के बरे पीछे-पीछे चले आय रहैन है। अरे कोऊ देखवइयौ तौ चाही। रसीद लिखि द्याब जौन बखत जरूरत काम आई। अच्छा अब मान जाव एक बार हियाँ का चक्कर लगाय जाव। कबहूं छोटेनौ कै बात माना चाही। हमार न मानौ तो संता का औरहना पूरा कर देव। आज भौजी होतीं तो हम मनाय के लैही आइत। लाख मना कर त्यौ पै तुम्हार या कौर कुछौ न चलति। अब तो बस कहै के बरे कहनिही रहिगै है। निराला आजु होते तो अपने हाथ ते कलिया बनाय के खवउते। अब बैठे-बैठे जीभ चाटा करौ। पै उनकै लाज तुमही राख्यो है तुम्हार नाम लैके सरगमा सबका डांटत-फिरत होइहैं। अब सबका आसिरबाद लैके सौ कै गिन्ती पूरी करि डारौ।

मौका पउते आउब और हिसाब-किताब चुकाउब। बहुअन का और बच्चन का आसीस। प्रेमका ना खोलि राख्यौ।

अच्छा पांयलागन।

संता जैराम जी कहती हैं अउर अबहीं ते पुआ बनावे मा जुटि गई हैं।

तुम्हार झगड़ालू भाई
शि.मं. सुमन

पुनश्च : आजु ते शर्मा के बजाय वेदव्यास लिखब शुरू करि देव। अब बड़े होइ गयौ है, शर्मा का नाम बदल डारौ।
(संदर्भ : व्यास सम्मान की प्राप्ति)

सुमन

उपाध्यक्ष,
कालिदास अकादेमी,
विश्वविद्यालय मार्ग,
उज्जैन, ४५६०१०
दूरभाष-२६२६७
४-५-६२

प्रिय अग्रज,

तुम्हारी टेलीपैथी को मान गए। यहां आकर जब संता से बताया कि अबकी बार दूरभाष पर रामबिलास ने पहला वाक्य यही पूछा कि क्या संता भी साथ आई हैं, उनको साथ लेकर आओ तो वे बोलीं कि मैंने भी कल ही उन्हें सपने में देखा था। फिर मैंने बताया कि कैसे तुमने भौजाई के चित्र बैठके की टेबिल पर सजा रक्खे थे और उसी के पास कटोरे में लड्डू और बोतल में ठंडा पानी रखा था। ठीक जैसे वे मिठाई खिलाकर, ठंडा पानी पिलाती थीं। शायद रात को रुकते तो ब्यालू में दूध में सनी रोटी भी खाने को मिल जाती। एक साथ सारी स्मृतियां सजीव हो उठीं। जीवन के उत्तरार्ध में शायद हम लोग एक बार फिर मिल सकें। हां भौजाई का अभाव तो खलेगा ही। अगली यात्रा में दिल खोलकर बातें होंगी। हां, आपनि काठी, ऐसइ बनाए राख्यो। बहू अउर लरिकन का आसिरबाद। पांयलागन, प्यार।

अनुज
सुमन

समर्पण
उदयन मार्ग, उज्जैन
१-१०-६२

प्रिय अग्रज,

१७/६/६२ का पत्र पायकै जिउ जुड़ाय गा, शंतौ पुलकित भईं। अबै इतिहास-बिधाता तुमते औरो कागज कारि करवइ हैं। चलत-चलत याक प्रबंध काव्यौ लिखि डारौ तौ चमत्कार पूरा होइ जाय। अबकी अइबै तो घंटन प्यारब। डंड-बैठक पेलि के

तय्यार रह्यो। चिट्ठिन कै याक प्रति और मिलान करैके बरे ल्यात आउब।

प्रणाम।

लरिकन-पुतउहन का आशीष। पोता-पोतिनिन का प्यार।

तुम्हरे हे अखाड़ा का लतमार

शिव मंगलसिंह सुमन

बिटिया आजकलि कहां हैं? सबका हम दूनौं जनेन का आशीष।

उपाध्यक्ष,

कालिदास अकादेमी,

विश्वविद्यालय मार्ग,

उज्जैन, ४५६०१०

दूरभाष-२६२६७

१३-१२-६२

प्रिय अग्रज,

साम्य १६ में तुम्हारा आलेख 'जिज्ञासा और वैज्ञानिक दृष्टिकोण' पढ़कर पुलकित हो उठा। इस उम्र में ऐसी सांघातिक बीमारी के बाद भी ऐसा दम-ख़म का दस्तावेज़ प्रस्तुत कर सकना तुम्हारे ही जीवट का काम है। तुम तो जैसे मौत के सिर पर पैर रखकर खड़े हो गए हो। निश्चय ही तुम्हारा समस्त जीवन तुम्हारे ही शब्दों में ज्ञान की निरंतर विकासमान प्रक्रिया है। मुझे विश्वास हो गया है कि तुम्हारी दधीची हड्डियों से वज्र बनाया जा सकता है। आसुरी शक्तियों को चुनौती देने का समय तो अब आया है। इससे जूझना ही प्राणवंत सर्जक का सबसे बड़ा पराक्रम है।

इस बीच मिलना न हो सका पर अपना नया काव्य-संग्रह 'कटे अंगूठों की बंदनवारें' भिजवा रहा हूं, मुद्रण की अशुद्धियां सुधार लेना। मिलने की बेकली है, देखें कब सुयोग जुटता है। शांति को हर्पी की बीमारी हो गई थी, अब स्वस्थ हो चली हैं, तुम्हें स्नेहाभिवादन भेजती हैं।

सस्नेह

तुम्हारा सदा का

शिव मंगलसिंह सुमन

उपाध्यक्ष,
कालिदास अकादेमी,
विश्वविद्यालय मार्ग,
उज्जैन, ४५६०१०
दूरभाष-५५०४८७, ५५१८४३
११-७-९४

प्रिय बड़े

तुम्हारे ३०-६-९६ कै चिट्ठी पायके कि 'अपने धरती अपने लोग' का पार्सल मिला कि नहीं, हम चौवाय गयन, धक्क रहि गयन। काहे कि तुम्हरि आत्मकथा 'अपनी धरती अपने लोग' ऐसी साइत मा मिली रहै ठीक गंगा दशहरा के दिन कि हम दूनौ जने मारे खुशी के नाचि उठेन। ऐस लाग जैसे लू से लहकत ज्याठ मां दौंगरा फाटि पड़ा होय। जब उमंग मनमा न समाति तो वही सांझ का एकु लंबी चिट्ठी लिखिके सबेरेहि पोस्ट कई दीन। हम तो यहि इंतज़ार मां रहेन कि तुम्हरि प्रतिक्रिया अउतै होई, पै तुम्हरे कार्ड मां पहुंच कै पूछताछ पढ़िकै हमरी पुलकन पै पानी पड़िगा।

बात यहु है कि शायद तुमका पता नहीं रहा कि वहि दिन, हमरे बिवाहु कै ६२वीं जयंती रही। सन् १९३४ मां गंगा दशहरै के दिन शांति की मांग मा सिंदूर भरै का मुहूरत पावा रहै। वही साल हम इंटर पास भयन है अउर अठारहवीं मा लागेन तै। तुम्हार नाम सुनतै संता कितबिया छोड़ाय लीन्हेनि अउर जो वहिमा आपन नाम बांचिन तौ फूलिकै कुप्पा होइ गईं, बोलीं पहिले हम पढ़ब तब तुम का द्याब। यह तो जनतै होइ हौ कि संता शरद, प्रेमचंद, बंकिम, अमृतलाल, विमलमित्र हुन का कथा साहित्य घोंटि डारेनि हैं। बिमल मित्र का हांथी कै हौदा जैस भारी भरकम उपन्यासन खरीदी कौड़ियो के मोल, एकाई, दहाई सैकड़ा, साहब बीबी गुलाम आदि का ब्यौरा सुनावै लागीं तो उइ हक्क-बक्क रहिगे और बोले कि 'अरे बाबा आपको इतना समय कहां से मिल जाता है, बड़ी हिम्मती हैं आप'।

वहि दिन न जानी काभी कि पहिला भाग उलटत-पलटत अचानक भौजी कै याद होइ आई। असल मां हमरी अम्मा लड़िकईं मां रातिमा स्वावै के पहिले दूध मा रोटी मिसि के खवउती रहीं। वहि का स्वाद कुछ ऐस जीभी मां रमिगा कि वहि के सामने फिरि कौनौ मिठाई (पुडिंग) नीकि नहीं लागि। तुम्हरे हियां जब पहिले पहिल गयन तब जब भौजी दूध मा मिसि कै रोटी खवाइन तौ हमका अपनी अम्मा कै याद होई आई। यहुन भूल्यौ कि भौजी साढ़ी-साढ़ी हमका खवाय देती रहैं, तुम्हरे हिस्सा मां तो बचा-खुचा पानी मिला दूधै परत रहा। तब से महीनन-बरसन बाद जब-जब तुमसे मिलै का मौका परत है तो भौजाई कै याद बरबस लहकि परति

है। उनके साथ हमरि हंसी-ठट्ठा तो तुमका याद होइबै करी। जब उइ चली गईं तब याद आवत है कि भौजाइउ ममता मा महतारी से कम नहीं होति है।

अम्मा कै याद आइगै तो एक किस्सा और सुनि लेव। जब हमार बियाहु होय लाग तो जैस उन दिनन कै रीति रही है बरात रवाना होय के पहिले परछन के बरे पालकी मां बैठाय के दुवारे लाए गयन। हमरी अम्मा पढ़ी-लिखी तो नहीं रहीं, मुदा लोकगीत गावै मा शायदै कोऊ उनसे बाजी मारि पावै। वहि बिरिया उइ अवधी (बैसवारी) का एकु ऐसु गीत गाइ दीन्हिन कि हमरी आंखौं डबडबाय आईं। वहि का सुनि कै हम अपने का रोकि नहीं पायन। उइ तो परछन की धुन मां बिउर चाउर, सुपारी और पैसा हमरे मूंड़े के ऊपर से घुमाय-घुमाय निछावर के रूप मा लुटावै लागीं पर हमार ध्यान अचक्कै मां उनके गीत पै चला गा तो हम सिंहरि गयन। तब तक हम कविता क्यार मर्म कुछ-कुछ समझै लागेन तै। उइतो सहज भाव से गाइ दिहिन कि 'तुम तो चले पूत ब्याहन मोरे दुधवा का मोल किहे जाव'। अर्थात् हे पूत तुम तो ब्याहै चलि दीन्ह्यो पै हमरे दूध कै क़ीमत आंके जावा। हम सोचै लागेन कि राम, कृष्ण, महावीर, बुद्ध, विवेकानंद, गांधी ऐस कौन बेटवा होई जो अपनी महतारी के दूध कै एकौ बूंद कै क़ीमत चुकाय सकै। अम्मा हमरी सिकसिकाई आंखिन का देखि कै घबराय गईं और गाउब रोकि कै पूंछि बैठीं कि—'का भा लाला ?' जब हम कहा कि अम्मा कुछ नहीं, आंखी मां किरकिरी परिगै रहै वही से पानी आयगा तब उनके जिउ मां जिउ आवा।

यहु तौ समझौ कि अजूबै होइगा कि अम्मा के साथ-साथ भौजिउ कै याद होइ आयी। अच्छा अपनि बात तौ तुम्हारि आत्मकथा पढ़ै के बारे लिखि पाउब। संता तो ऐस लागत है कि पढ़ि नहीं रहीं पी रही हैं। हमका चिट्ठी लिखते देखिन तो कहिन कि हमरि तरफते यहौ लिखिदेव कि बोलाय-बोलाय के हारि गयन पै नहीं आए तो हमहूं खुट्टी करि दयाब। तुमहुँ न जाने कौने जनान्तर सौहार्द से ठीक गंगादशहरै के दिन आपनि कहानी पहुंचाय दीन्ह्यो। यहु पहली वाली चिट्ठी कै प्रतिलिपि मात्र है। मिलि जाय तो सूचित कीन्ह्यो। स्मृति से लिखेन है तो कुछ तौ अंतर होइही गा होई।

तुम्हार नन्हकवा भाई
शिव मंगलसिंह सुमन

उपाध्यक्ष,
कालिदास अकादेमी,
विश्वविद्यालय मार्ग,
उज्जैन, ४५६०१०
दूरभाष—५०४८७, ५१८४३
होलिका-दहन
४-३-६६

परमप्रिय अग्रज,

यहु जानि कै बहुत नीक़ लाग कि अपन राम-कहानी लिखब शुरू करि दीन्ह्यो हैं। 'मुंडेर पै सूरज' तौ ठेठ बैसवारी सिरेनामा है। यहौ सुना कि पिछले साल वर्षन बाद अपने गांवै गयौ रहै। सुनतै मारे खुशी के उलटै लागेन। अम्मा की कोठरी कै परिकरमा करि आयौ तौ जनौ परागराज मां अस्नान का आनंद लूटि लीन्ह्यो। घिनौची के मटका का पानी तो बहुत दिन बाद पियै का मिला होई। आंगन मां खटिया डारिकै घर की बड़ी बूढ़िन से बोल्यो-बतियायो कि नहै मां खड़े-खड़े टुकुर-टुकुर निहरतै रह्यो। अब तौ तुमका आसिरबाद देवय्यन मां अम्मा-दादी के जमाना का शायदै कोऊ बचा होई। नहाय धोय के अरगनी मा धोती फैलावै गयो होइहौ तौ गौरय्या कपड़न पै फुदकि-फुदकि के हैरान जरूर कीन्हिनि होइहैं। पछिली मां भूसा भरा देखि के चौंक्यो तो नहीं? बार-बार स्वाचत रहेन कि हमहूं साथ होइत तो बड़ा मजा आवत। ख्यातनमा मन्नाय के चना चोराइत अउर होरा मा भूंजि भूंजि चबाइत। कौड़ा तौ जरूर ताप्यो होइहौ, मुला बजरा कै बाली तौ अंगुरी डोलाय-डोलाय बिना बोलाए न मानी होइहैं। अमराइन मा अमिया ब्वारै का हुमस्यो होइहौ तौ एकु-आधी कोइली तो हा[illegible] लगिही गै होई। आंधी मा अधगदरी अमिया खोपरी पै टप्प से गिरैते चोटाय तो नहीं गयौ। तालौ मा नहाय का मजा लूट्यो कि नाहीं? कुइयां मा डूवाल अउर गगरा खींचैमा मूंजकै रसरी ते हथेली मा छाला तो नहीं पड़ा। सनवाली रसरी तौ भिजतै सरकै लागति है।

गांव मा मैकू काका अउर गयादीन चाचौ मिले होइहैं। पुरवा तहसीलै जात बेरिया लोटाडोर लै जाब तो नहीं भूल्या, रस्ता मा भड्डरिउ बाबा मिले होइहैं। वोई हमका ऊंचु गांव का पता बताइन तै कि वहि गांव के गोइड़े मा कड़ाहन मा पाकत रसकेरि सोंधि-सोंधि सुगंध दुरिहेते आवति है। न जान पाइत तौ ऊखै चूसत रहि जाइत अउर गुरु कै भेली फ्वारय के पहिले सब अउर सिरका के सुवादु से वंचित रहि जाइत। काहि वाणी प्रकाशन के इतिहास दर्शन संवाद मा राहुल बाबा के साथ तुम्हारि तकरारि पढ़िकै बैसवारा के दंगलन कै याद होइ आई। तुम तो

भौजाई की यादन के झोंकनमा लिखतै चले जाति हौ। जानि परत है आख़िरी सांस तक जुझतै रहिहौ। हम तौ इत्तै जानित है कि तुमका देखिकै जिये का हौंसिला बढ़ि जात है।

संता नमस्कार कहती हैं अउर कहती हैं कि कबहूं भूले-भटके हियौं फाटि परौ। मालवा कै पग-पग रोटी अउर डग-डग नीर वाली उपरवान तो सुन्यो होइहौ। आय जइहौ तो भूखे-प्यासे तो न लौटे देइहौं। अबहीं ते जाउरि बनाय के बैठीं हैं। तुम्हरे हे भरोसे कालिदास की चाकरी मा जुटेहन पै तुलसी बाबा का नहीं भूलेन जिनके अखाड़े के लतमार बनि के फूले नहीं समाइत। आय जईहौ तौ चलत-चलावत जी भरि कै बतियाय ल्याब, मुला बातैं सुनै के बरे राति रति भर जागै का परी अउर बीच-बीच मा हुंकारिउ भरै का परी जौने कौनौ छोर छूटि न जाय। संता का उरहन याद राख्यौ। पैलगी स्वीकार करौ—

तुम्हार

नालायक नन्हकवा भाई—सुमन

पुनश्च : यह तौ सुनि लीन्ह्यो होइहौ कि उन्नाव के उत्सर्गी निराला-प्रेमीजन बीधापुर स्टेशन के पास गढ़ाकोला जाय वाली सड़क के ठीक मुहाने पै महाप्राण निराला महाविद्यालय की स्थापना करै की धृष्टता करि डारेन है अउर हुमैं महाकवि कै आदमकद प्रतिमौ कै प्रतिष्ठा करि दीन्हेन है। यहु निराला का जनम-शती बरस है समापन पै आइजइहौ तौ जवसि कै लाज रहि जाई और बैसवाड़ा की बलिदानी धरतिउ का निरालापन प्राणवंत होइ जाई। वहै धरती जौने के बरे रमई काका जनसभा गोहरावत रहे—

अपने चरनन कै धूरि जहां
बाबा-दादा धरिगे संभारी।
धरती हमारि, धरती हमारि।
हम सबका कृतार्थ करौ अउर तुमहूं धन्य होइ जाव।

सदा का

सुमन

उपाध्यक्ष,
कालिदास अकादेमी,
विश्वविद्यालय मार्ग,
उज्जैन—४५६०१०
दूरभाष—५०४८७, ५१८४३
७-७-६६

परमप्रिय अग्रज,

तुम्हारा ३०-६-६६ का कार्ड अबहिन मिला। यहि क्यार मतलब है कि तुमका हमारि चिट्ठी नहीं मिली। तुम्हारी किताबै (अपनी धरती अपने लोग) मिलतै संता लपकि लीन्हेनि और तब से खाब-पियब भूलि कै ऊही के पारायण मा लगी हैं। कहती हैं यहि मा तो हमारे कथा-कहानी है। बीच-बीच मा उठि कै सुनावै लागी है, खमसार की बातैं अउर लढ़िया मां बैठि कै गंगा नहाय जाय क्यार वर्णन बड़ा रस लै-लै के पढ़ती हैं। पहिला भाग समाप्त करि डारिन अब दूसरे मां भिड़ी हैं, वोदूके २६० पन्ना पढ़ि डारिन अब तिसरे पै लग्गा लगावै वाली हैं। कहती हैं उपन्यास पढ़ै का मजा आय रहा है। तुम्हारी भाषा पै तो फ़िदा हमेशै रही हैं। हम तो उनसे बार-बार कहित है कि जब पूरा करि डारौ तो आपन भली-बुरी जउनिय प्रतिक्रिया मनमां आवै लिखि कै भेजि देव जौने बच्चु का आपनि औकात तो मालुम पड़ि जाय। मुश्किल यहै है कि जबसे पढ़ब शुरू कीन्हेनि है तब ते तुम्हरि ही तारीफ कै पुल बांधे हैं। यहै हम नहीं चाहित। हम तो अबै पन्नै पलटेन है, उइ पढ़ि लें तो लग्गा लगाउब। अबै तो उइ छुवइ हीं नहीं देतीं। शेष कुशल है।

अपन हाल-चाल दीन्ह्यो। पता नहीं हमारि चिट्ठी कहां भटकि गै। मिलि जाय तो सूचित करब न भूल्यो।

सस्नेह—

तुम्हार सदा का
शिव मंगलसिंह सुमन

उपाध्यक्ष,
कालिदास अकादेमी,
विश्वविद्यालय मार्ग,
उज्जैन, ४५६०१०
दूरभाष—५५४५४५
नागपंचमी
१६-८-६६

परमप्रिय बंधु,

तुम यहु जानि के फूलि के कुप्पा होइ जइहौ कि संता 'अपनी धरती अपने लोग' के तीनों भाग के अच्छर-अच्छर चाटि गईं। यह तौ तुमका लिखि ही चुकेन है कि २२-५-६६ का भेजी तुम्हरि यह प्रेम भेंट हमका २८-५-६६ का ठीक गंगा दशहरै के दिन मिली रहै। हमारौ बियाहु गंगा दशहरै के दिन भा रहै। अंग्रेज़ी हिसाब से यहि कै तारीख़ २२ जून १६३४ का परति है। वही साल हम इंटर पास भयन तै। उन दिनन ग्वालियर के मैट्रिक और इंटर कै परीक्षा अजमेर बोर्ड द्वारा और बी.ए. क्यारि आगरा विश्वविद्यालय द्वारा लीनि जाति रहै। वहि दिन जैसेइ डाकिया आवा और हम पारसल खोलतै चिल्लानेन कि आवौ दयाखौ तो रामविलास की जीवनी आई है तो संता सुनतै दौड़ी आईं और वहि की भ्यांट मा आपन नाव बांचि के ऐसी पगलाइ उठीं कि याकै झपट्टा मा तीनौ भाग उठाइ लईं गईं। और थोड़िही दयार मां जब खाय के बरे बोलावै आईं तो कहिनि कि पहिले हम पढ़ब तब तुमका दयाब। अबै दसै दिन पहिले तीनों भाग पढ़िके—हियां तक कि तिसरे भाग कै एकु-एकु चिट्ठी बांचि के—हमका दै गईं और कहिनि कि लेव अब तुम पढ़ि डारौ। फिरि न जानै का सोचि कै पलटि कै आईं और बोलीं कि तुम्हरे पढ़े के बाद अबै हम एकु दाईं फिरि पढ़ब। हमरे कुछ समझै मा न आवा। यह तौ तुम जनतै हौ कि संता बंकिम चंद्र, शरद चंद्र, बिमल मित्र, प्रेमचंद, वृंदावन लाल वर्मा, अमृतलाल नागर, यशपाल हुनकै सबै कथा साहित्य घोटि कै पी गई हैं। हम स्वाचै लागेन कि रामविलास की जीवनी मां ऐस कौन चीज़ होइ सकति है कि उपन्यासनौ के स्वाद का मात करि सकै। स्वाचत-स्वाचत भचक्कै मन मा बिजली असि कौंधि गै कि होइ सकत है कि अबै तक इनका कौनौ किताब मां अपनी ससुरारि बैसवारा (झगरपुर) और मइके प्रतापगढ़ अवध (मनार) की भाषा का ख़ून में रचेव-बसेव रस के मिठास का ऐस स्वाद न मिला हो जौन रामविलास की जीवनी मा इनका अचानक सुलभ होइगा। काहे कि तुम्हारि किताब पढ़त-पढ़त बीच-बीच मां जब उत्फुल्ल होइ उठैं अउर रहा न जाय तौ वह प्रसंग हमका सुनावै

का पहुंच जाँय। जैसे भौजी (मालिकिनि) के पांव का गोड़हरा निकारै के बरे पलंग के पेरुआ मा रसरी बांधि के खिंचाई करै वाला प्रसंग। उन दिनन ई गुड़हरा तौ नहीं पाइजेब पहिरत रहीं पर घरौ मां घूंघट काढ़ै का परत रहा। हमरी अम्मा जरूर चांदी कै मोटि-मोटि गोड़हरा पहिरती रहीं। ऐसे ही खमसार अउर ओसरिया मा जाँत गड़े होय का उल्लेख, असल मां हमरे घर मां ई जब दुलहिन बनके आई रहैं तो ओसरिया मां दुइ बड़े-बड़े जांत गड़े देखि कै थोड़ी देर निहरतै रहि गई। दुइ तीन दिन बाद हमरी अम्मा अउर मौसी का उनहिन मां गाय-गाय के पिसान पीसत देखि कै एऊ आनंद लेय लागी। जांतन बगलै मा पाथर कै एक छोटि चकियौ रही जौनी मां दारि दरी जाति रही। महीना मां एक बार हमार मामा गेहूं बिनाय के बोरन मा भरि कै पिसावै के बेर लढ़िया में लादि के बारा की पनचक्कीउ मा लइ जात रहै। संयोग से हमरी मौसिउ का बियाहु झगरपुरै मां होइए रहै वहि ते हमरी अम्मा का बड़ा सहारा होइगा रहा। कुछ बातन का मिलान देखि कै हमहूं का बड़ा आनंद आवा। तुमहूं अपने बप्पा का दउआ कहत रह्यो और हमहूं अपने बप्पा का दाऊ कहत रहेन। ऐसेइ कुछ और प्रसंग अनायास ऐसे मिलत चलेगे कि तुम्हारा १२-८-६६ का कार्डु न मिलत तो हमारि चिट्ठी हनुमान जी की पूंछ की तरा बढ़तै चली जाति।

जीवन मां पहिली बार हमका मन मां यह सोचि कै बड़ी ग्लानि भै कि लखनऊ अउर आगरा मा कइयौ बार मिलै के बावजूद न तुमका हम झगरपुर लइ जाय पायन न तुम हमका ऊंचु गांव लै गयौ। बहुत दिन तक तो हम यही ध्वारना मा रहेन कि धनुही खेरे के आगे लालगंज के बीच बक्सर के रस्ता में जौन ऊंचु गांव परत है वहै तुम्हार गांव आय। वह तो कौनौ मामला मां जब हमका पुरवा तहसील जाय का परा तो जब पता लाग कि बीधापुर के आगे मगरायर (नंददुलारे वाजपेयी का गांव) के बाद पुरवा के रस्ता मा जौन ऊंचु गांव परत है वहै तुम्हार गांव आय तो पछिताय के रहि गयन। अबहूं पुरवै हमारि तहसील है।

यह तौ तुम सुनिही लीन्ह्यो होइहौ कि बीधापुर स्टेशन के पास (ओसियां) जहां से गढ़ाकोला कै सड़क जाति है हुआं हम महाप्राण निराला महाविद्यालय कै स्थापना कीन है। काम तौ सब उन्नाव के कमलाशंकर अवस्थी और उनके साथी करति हैं पर दिल्ली के पंचवें सवार की तरह हमारौ नाव वहि के साथ जुड़िगा है। अम्मा के मरै के बाद हमार मन झगरपुर जाय का कमै करत रहा। अब तो दूनौं बड़े भय्या और दूनौं बड़ी भाभी भी चली गई हैं, एकु भतीजु अउर ओही का परिवार है पर महाप्राण निराला महाविद्यालय अउर उन्नाव कै भारती परिषद के बहाने साल मां एक बार जाय कै हिम्मत बांधित है। तुम शायद यहु न सुन्यो होइहौ कि हमहूं 'महाप्राण निराला के' समानांतर 'अल्प प्राण सुमन' का विरद धारण करि लीन है।

अबकी जंवारिके सबै आदमी आस लगाए बैठि हैं कि निराला की शती की पूर्णाहुति अगली बसंत पंचमी पर तुमहूं गढ़ाकोला अउर महाप्राण निराला महाविद्यालय पधरि हो, हम वादौ करि आयन है। अब दयाखौ हमारि लाज रहति है कि जाति है। सब तुम्हरहे ऊपर है। हमरे गांव झगरपुर क्यार याकै आनंद है कि गंगाजी हुआं से डेढ़ दुइ मील पड़ती है। वैसे तो पानी के कटाव के साथ धार बदलती रहति हैं पर हर साल बूड़ा मां हमरे गांव के सीमा ने बरगदवा तक गंगाजी आय जाती हैं और जब बूड़ा उतरि जात है तो मीलन तक काफ़ी बालू छोड़ि जाती हैं। असल मा हमार गांव एक टीले पर है नहीं तौ कबौं का बहिगा होत। पर यह है कि बालू फैले से कछार वाली जमीन खेती के हिसाब से चौपट तो होइ जाति है पर यहौ वरदान दइ जात है कि वहिमा मूंगफली आदि कै फसल अच्छी हो जाति है। इ दुसरी अलंग तो मकई, जुआर आदि कै फसल हलहलाइ के फूटि परति है। हां एकु बात जरूर है केत्तौ पानी बरसै हमरे गांव मां कीचड़ कबहूं नाही ह्वात। बालू सब पानी सोखि लेति है और गलियारौ पर जमीन गुदगुदी गलीचा जैसि होइ जात हैं। हुएँ मीलै दूर हमरी अम्मा के गांव बारा मा कीचड़ै कीचड़ होइ जात है। मगर हुआं गंगाजी कै नहर के कारण यहि सबकै क्षतिपूर्ति होइ जाति है। हमरे गांव का थाना और डाकघर बारै मां है। अब तौ दूनौ गांव का सरपंचौ याकै होय लाग है।

आजु जब तुम्हरी चिट्ठी का जवाबु लिखै बैठेन है तो अपनी धरती अपने लोग के तीनों भाग सामनै धरे हैं। जिउ मां आवत है कि सब काम-धाम छोड़ि कै पढ़ै मा जुटि जाई, पर हमरे जीवन का अभिशापै यहु है कि बहुधंधी होइ गयन है। तबहूं मौका पड़तै पारायण प्रारंभ करि आब। काहे कि वहि के बिना चैने न परी। यहै बीच शकुंत भाभी कै चिट्ठी आई रही अउर रोज अमिताभौ के फ़ोन आइ रहे हैं कि गिरिजा कुमार की स्मृति में स्थापित संस्थान के उद्‌घाटन समारोह में सम्मिलित होय पहुंचि जाई पर संभव नहीं दिखाई दयात, नही तो याही बहाने तुमहू से मिलि लेइत और भौजी की तस्वीरौं का प्रणाम करि आइत।

अब तौ तुम्हरे आदेश-पालन के बरे 'कटे अंगूठों की बंदनवारे' कै एक प्रति भेजि रहेन है जेहि मा 'मेरा वीर जवाहर मुझको वापस कर दो' वाली क़विता है। यहू मां पृष्ठ ४७१ पर अम्मा पै एक नान्हि कविता है। गांव की बरसात वाली कवितौ पढ़ि लिन्ह्यो। मिट्टी की बारातौ मां पृ. ११४ पर सतत खोज शीर्षक एक कविता है। पता नहीं तुम्हारि नज़र वहि पै कैसे नहीं पड़ी।

एक छ्वाट काम हमारौ करि देव। हमारा एक काव्य-संग्रह 'युग का मोल' जन-प्रकाशन-गृह बंबई से प्रकाशित आ रहा है, जेहिकै एकौ प्रति हमरे पास नहीं है। नाविक विद्रोह के समय जब कुछ बंबय्या दंगय्या पार्टी आफिस मा आगि लगावै

का प्रयत्न कीन्हेन रहै तौ यहू कै कुछ प्रतियां जलि गई रहैं, जेहि पै प्रभाकर माचवे कै एक कवितौ हंस मां छपी रहै। यहि कै अलावा कामरेड डांगे के अध्यक्षीय भाषणों का हमरे द्वारा हिंदी अनुवादौ प्रकाशित आ रहै। हमरे ख्याल से मुंशी का सब पता होई, ओई उनकै खोज करि सकत है। डांगे के भाषण वाला हिंदी अनुवाद तुम्हरे हाथन मां पड़ि जाय तो थ्वाड़ा सुधारि दीन्ह्यो। कहि कि तब हमार गद्य बड़ा कच्चा रहा। अबहूं कौनो ख़ास फरक नहीं है पर कुछ तो पोढ़ाय जरूर होई। हमरी कविता में जो पतन अथवा परिवर्तन कै शिकायत तुम करति हौ, शायद बीच मा बरसन तुम्हारु साथ छुटि जाइके कारण होइ सकत है। मतलब यह है कि वहौ मां दोषी तुमही माने जइहौ। तुम्हार हाथ कांपै के बात संता मानै का तय्यार नहीं है काहे कि उइ तुमका दुइ-दुइ सौ, तीन-तीन सौ डंड लगावत अपनी आंखिन ते देखिन है।

यह जौन बैसवारी मा चिट्ठी लिखै का जुनून हमरे सिर पै सवार भाहै। हमका लागत है कि वहि के भीतर हमारि यहै ललक होइ सकति है कि हिंदी साहित्यौ मां बैसवारिउ के गद्य कै परंपरा कै क्यार छ्वाट-म्वाट रूप चाल बना रहै। निराला की साहित्य साधना के पहिले भाग मां महावीर प्रसाद द्विवेदी का निराला जी द्वारा बैसवारी मां लिखी दुइ चिट्ठिन का तुम उल्लेख कीन्ह्यो है। बैसवारे से बरसन सो बाहेर रहे से हमरी बातन मा वहि के असली भदेसपन से कुछ फ़रक तो पड़ा होई जैसे जायसी अउर तुलसी की अवधी मा अंतर तो स्पष्ट दिखि जात है पर वहि ते तो अवधी कै व्यापकता और बढ़ि जाति है। तुमहूं एक आधि किताब अवधी (बैसवारी) मा लिखि देव्यो तो हम सब धन्य होइ जाइत। हमरे गद्य साहित्य के आदर्श तौ तुमही हौ। आलोचनौं मां रामचंद्र शुक्ल के बाद निराला के शब्दन मा तुम्हारै नाम अनामिका पै आवत है। अच्छा तो पां लागन। अब अगली चिट्ठी 'अपनी धरती अपने लोग' के पारायण के बादै लिखब। तुम्हार पीठ पर का भाई।

शिवमंगल सिंह सुमन

उपाध्यक्ष,
कालिदास अकादेमी,
विश्वविद्यालय मार्ग,
उज्जैन, ४५६०१०
दूरभाष—५५४५४५
३-९-६६

परमप्रिय अग्रज,

तुम्हरे १२-८-६६ के कार्ड—जौने मां तुम पूछयो रहै कि हमार १५-७ का कार्ड मिला कि नहीं?— के उत्तर मां हम ठीक एक हफ़्ता बाद १६-८-६६ का एकु लंबी चिट्ठी अउर आपनि किताब 'कटी अंगूठों की बंदनवारें' सहित रजिस्टर्ड पार्सल से भ्याजा रहै। एक हफ़्ता बाद यहि बरे कि तब तक संता 'अपनी धरती अपने लोग' के तीनौ भाग चाटि डारिन रहै अउर बड़े तपाक से हमका दै गईं कि लेव अब तुम पढ़ि डारौ, फिर चलत-चलत मुड़ि कै कहति गईं कि इनका अबै एक दाईं फिरि पढ़ब। यहि कै साथै साथ पढ़ै के दौरान जब बीच-बीच मा पुलकित है उठति रहीं तो वहि के कुछ अंशु सुनाय जाती रहैं। वहि चिट्ठी मा उनहूं के छुट-पुट अंश हम लिखि भ्याजा रहैं। 'कटी अंगूठों की बंदनवारें' नामक काव्य-संग्रह भ्याजै का यहै मतलब रहै कि अपने १७-७-६६ के पत्र मां तुम लिख्यौ रहै कि तुम्हारे जौने संग्रह मां 'मेरा वीर जवाहर मुझको वापस कर दो' वाली रचना छपी होय वहि का अता-पता भेजवाय दीन्ह्यौ। १६-८-६६ वाली चिट्ठी मां यहु सब लिखि के हम परखे रहेन कि तुम्हारि चिट्ठी अब आवति है, अब आवति है पै जब १२-१३ दिन बीतिगे तौ हम फिरि चौंकेन कि जान परत है कि चिट्ठी रसवा फिर भटकिगा। यह तौ ह्वैही नहीं सकत है कि चिट्ठी मिलै औ' तुम पावती न भ्याजो। हम प्रमाद करि सकित है पै तुमतौ अपनी हाज़िरजबाबी के बरे बदनाम हौ। हमरी समझिहा मा नहीं आवत कि कौन सार चिट्ठीरसा हमरे-तुम्हरे बीच मां फांदि परत है। वहि के बरै हमहूं निराला की तरह लाल मां बोरि कै धरि लीन्ह है।

ख़ैर, अब जउन भा सो भा अब हमारि चिट्ठी पड़तै पारसलवा मिला कि नहीं तुरतै लिखि भ्याजौ और पानी बाद मां पियौ। जानि परत है अब जीवन का उत्तरार्ध दूनौं जने का झिंकडतै बीती। पर यहउ क्यार आपन अलग आनंद है। हमारि दूनौ जने कै पैंलगी स्वीक़ार करौ।

तुम्हार नन्हकवा भाई
शिवमंगल सिंह सुमन

पुनश्च : 'कटे अंगूठों की बंदनवारें' के प्रकाशक राजपाल एंड संस, कश्मीरी गेट, दिल्ली हैं। जैसे ही मालुम परी कि कितबीवा तुम तक नहीं पहुची, हम उनका लिखि कै तुरतै हाथों हाथ पहुंचाउब। मनाइत तो यहै हम कि चिट्ठीवा मिलि जाय काहे कि चिट्ठिउ कविता की तरा कबहूं कबहूं-अपने आपै घटित होइ जाति है।—सु.

उपाध्यक्ष,
कालिदास अकादेमी,
विश्वविद्यालय मार्ग,
उज्जैन, ४५६०१०
दूरभाष—५५४५४५

२०-१०-६६

परमप्रिय अग्रज,

तुम्हारा १४-१०-६६ का पत्र आज ही प्राप्त हुआ। इसके पूर्व १-६-६६ तथा २-६-६६ वाले पत्र भी समय पर मिल गए थे और उनका उत्तर भी मैं ७-६-६६ को भेज चुका हूं। १०-६-६६ के पत्र में 'युग का मोल' की एक प्रति मिल जाने की सूचना से मैं पुलकित हो उठा था और इस प्रतीक्षा में था कि वह या उसकी फ़ोटोस्टेट प्रति आ जाए तो विस्तार से पत्र लिखूं। यों ७-६-६६ का मेरा पत्र भी काफ़ी लंबा था और अनायास ही उसमें १०-६-६६ के पत्र में उल्लिखित प्रश्नों का समाधान भी आ गया था। डाक की इस गड़बड़ी ने तो मुझे घबड़वा दिया है। वस्तुतः जीवन के उत्तरार्ध में तुम्हारी अदम्य आस्था का संबल लेकर मैं अपने जीवन की अस्तव्यस्तता को यथासंभव व्यवस्थित कर सकने के लिए कृतसंकल्प हूं, जिससे अंतिम पूर्णाहुति संवर सके। तुम कहां से कहां पहुंच गए हो, तुम्हें स्वयं उसका पता नहीं। इस राष्ट्र का बिखराव समेटने में तुम्हारे जैसे क्रांतिदर्शी विचारक का अनन्य स्थान है। पागलपन को छोड़कर निराला की विद्रोही चेतना के तुम सच्चे उत्तराधिकारी हो।

तुम्हारे पत्रों को खोने का तो प्रश्न ही नहीं उठता, उन्हें तो मैं धरोहर के रूप में कंजूस के धन की भांति संभाल कर रखे हूं, जिससे तुम्हारे और मेरे बीच

सहजभाव से स्फुरित आत्मीयता का यह कल्प आहत न हो पाए। गढ़ाकोला और बीधापुर रेलवे स्टेशन के पार्श्व में स्थापित महाप्राण निराला महाविद्यालय में निराला की जन्मशती जयंती बसंतपंचमी के पावन मुहूर्त में मनाने का हमने दृढ़ संकल्प कर लिया है। इस महायज्ञ के अध्वर्यु उन्नाव के श्री कमलाशंकर अवस्थी इस संबंध में हाल ही में तुमसे मिल भी चुके हैं। उनका अब भी पूर्ण विश्वास है कि इस अवसर पर तुम्हें वहां ले जाने की सामर्थ्य केवल मुझ में है। अपने बैसवाड़ा जनपद के इस अगाध विश्वास पर मैं स्वयं को गौरवान्वित अनुभव करता हूं। किसी अंश तक इसका मुगालता मुझे भी है। निश्चय ही इस ऐतिहासिक पर्व पर तुम्हारे पहुंच जाने से इस अनुष्ठान का महत्त्व निराला की गरिमा के अनुरूप हो सकेगा। इसके लिए मैंने त्रिलोचन (तुम्हारे शब्दों में तिनक्खा) और अशोक बाजपेयी को भी राज़ी कर लिया है। नागार्जुन भी पहुंच सके तो क्या बात है। केदार से भी कहो कि हिम्मत बांधें। बांदा के लठैत तो सदा से मशहूर रहे हैं। हो सकता है कि बैसवाड़ा के पुरुषार्थी अखाड़े में तुम्हारी पहलवानी का यह युगांतरकारी दांव हो, धोबिया पछाड़ के नए संस्करण के रूप में।

शांति का और मेरा स्नेहासिक्त साभिवादन स्वीकार करो।

तुम्हारा सदा का
शिवमंगल सिंह सुमन

उपाध्यक्ष,
कालिदास अकादेमी,
विश्वविद्यालय मार्ग,
उज्जैन, ४५६०१०
दूरभाष–५५१८४३, ५५०४८७
१-३-६७

परमप्रिय बंधु,

अभी विगत २५-२-६७ को ही 'अपनी धरती अपने लोग' के तीनों भाग (१) मुंडेर पर सूरज (२) देर-सबेर और (३) आपस की बातें–के रूप में तुम्हारी रामकहानी समाप्त की है। एक सप्ताह होने को आया पर अभी तक खुमारी नहीं उतरी है।

इसकी रोचकता के सामने अच्छे से अच्छा उपन्यास भी पानी भर सकता है। आज कुछ-कुछ समझ में आ रहा है कि कल्पना की बड़ी से बड़ी उड़ान के बावजूद साहित्य की मूल मार्मिकता सहजता में क्यों मानी गई है, आदि कवि की प्रथम उच्छ्वासोक्ति के समान। अब यह सोचकर बड़े असमंजस में पड़ गया हूं कि एक ओर तुम्हारा समस्त समीक्षात्मक वैभव और दूसरी ओर नितांत बतकही के रूप में दैनंदिन घटनाओं के यथातथ्य वर्णन में किसका पलड़ा भारी बैठता है। शैली का कमाल तो है ही। संता कैसे एक सांस में तीनों भाग पढ़ गई इसका भी राज़ संभवतः इसी में अंतर्निहित है।

यह भी हैरत में डालने वाली चीज़ है कि न मैं कभी ऊंच गांव गया न तुम कभी झगरपुर आए पर हमारे-तुम्हारे गांव और घर की बनावट जैसे एक ही सांचे में ढली हुई हो। प्रवेश द्वार के सहन में टीन का छाजन, देहली पार करते ही बांई ओर बुसौरा, भीतर आंगन के चारों तरफ नहा। रसोई के बगल में छोटी खमसार, एक तरफ बड़ी चकिया (जांत), धान कूटने की ओखली, सामने दीवाल में पेटहरा। सौरिहाई और खमसार के बीच में अनाज भरने की बड़ी डैहरी खमसार में खूब सारा पुआल (पैरा), खुले दरवाज़े पर हवा से बचाव के लिए लटकती हुई चादर। अटारी और उसकी टेढ़ी-मेढ़ी संकरी सीढ़ियां। यही नहीं एक बार मैं भी बचपन में तुम्हारी ही तरह उनसे टनंग कर नीचे आ गिरा था। ख़ैर यह साम्य तो बहुत सीमा तक बैसवारे का स्थापत्य या वैशिष्ट्य कह कर टाला जा सकता है। पर कुछ नगण्य छुट-पुट बातें भी कम आनंददायक नहीं यथा मेरे मामा का भी मेरी अम्मा को बिटेऊ के नाम से संबोधन अथवा घर की चहारदिवारी के भीतर ही बाबा द्वारा एक स्थान पर चार-पांच फरूहा (फावड़े) चलाकर निर्मल जल के स्रोत की उपलब्धि। मैं भी अपने पिता को दउआ तो नहीं पर दाऊ कहा करता था। हां तुम्हारे वर्णन में आंगन में घिनौची (पानी के मटके रखने का स्थान) और रहकला के साथ लढ़िया का उल्लेख अवश्य छूट गया है।

यही नहीं, किशोरावस्था में मेरा भी पढ़ाई हेतु अपने बड़े भाई के पास ग्वालियर के लिए संक्रमण ठीक झांसी के सदर बाज़ार में तुम्हारे निवास के अक्षांस के समानांतर। झांसी और ग्वालियर दोनों के लिए रायबरेली वाली गाड़ी का उन्नाव या कानपुर में बदलने की बात। हां तुमने १६२८ में मैट्रिक पास किया और मैंने१६३२ में वही जितना मेरी तुम्हारी आयु में अंतर। हां तुम्हारी शादी मिडिल पास करते ही और मेरी इंटर पास करके १६३४ में। पढ़ाई-लिखाई के अलावा खेल-कूद में भी ग्वालियर और झांसी के रहन-सहन में काफी साम्य। तुम्हारी ही तरह मैं भी हाकी खेलने का शौकीन। उन्हीं दिनों हाकी के जादूगर ध्यानचंद झांसी हीरोज़ की टीम लेकर ग्वालियर गए थे तो उनका खेल देखकर हम सब पगला गए थे। बाद में उनके अनुज रूपसिंह और मथुरा प्रसाद ग्वालियर आ गए थे। और इंटर प्रथम

वर्ष में रूपसिंह मेरे भी सहपाठी। उन्हीं दिनों प्रसिद्ध कम्युनिस्ट नेता रुस्तम सैटिन अपने पिता के पास ग्वालियर आया-जाया करते थे। मुझे मार्क्सवाद की प्रथम दीक्षा उन्होंने ही दी थी। उनके पिता ग्वालियर में बर्माशेल पेट्रोल पम्प के मैनेजर थे। तुम्हारी ही तरह मुझे भी नाटक में अभिनय करने का चस्का लग गया था। मैंने द्विजेंद्र लाल राय के वीर दुर्गादास के जोधपुर राज्य के राजकुमार अजीत सिंह का पार्ट किया था। बाद में प्रसाद लिखित ध्रुवस्वामिनी का भी मंचन किया था, और मैंने चंद्रगुप्त का पार्ट किया था। ग्वालियर में ही चंद्रशेखर आजाद की क्रांतिकारी पार्टी से मेरा संपर्क हो गया था। उन दिनों आजाद के गोपनीय क्षेत्रों में झांसी के आसपास का इलाका महोबा और काला पहाड़ के घने जंगलों की चर्चा होती रहती थी। जहां तक याद आ रहा है झांसी के प्रसिद्ध कलाकार मास्टर रुद्रनारायण द्वारा चित्रित घोड़े पर सवार झांसी की रानी की आदमकद पेंटिंग मैंने उन्हीं के यहां देखी थी। भुसावल बम केस के वैशम्पायन से भी यहीं परिचय हुआ था।

गांवों के परिपार्श्व के साम्य की दृष्टि से तो खेतों-खलिहानों, ज्वार-बाजरे के पौधों से लिपटी बेल से कचौलियां खाने, ऊख के खेतों की बगल में कोल्हू से रस पेरने तथा उस रस को कड़ाह में औटाकर राब और गुड़ बनाने की प्रक्रिया गांव के ताल के किनारे जामुन के पेड़ों और घनी अमराइयों में चूसने वाले आमों का रस, स्वाद और सुगंध के अनुरूप खरबुजहा, निबूहा आदि विभिन्न नामों का वर्गीकरण करने। खेत से चने उखाड़ कर अहरा में डाल कर भूनने और होरा तापने आदि का वणर्न तो किसी न किसी रूप में भारत के अन्य प्रदेशों के ग्रामों पर भी लागू हो सकता है। यद्यपि बैसवाड़े की अमराइयों के वैशिष्ट्य से इंकार नहीं किया जा सकता। खरबुजहा की तरह निब्बू सी गंध के कारण निबूहा का नामकरण।

तीसरे भाग में ही निराला की साहित्य साधना की सर्जना के दौरान सर्जक के रूप में तुम्हारे अंतर्द्वंद्व का बड़ा ही सुंदर चित्रण है यथा—इस महीने निराला वाली किताब का दूसरा भाग पूरा करने में लगे थे। किताब पूरी हो गई है अब उसे दुहरा रहे हैं। पहले का लिखा भूल गए। फिर से पढ़ने पर कहीं तो मन प्रसन्न होता है। यह सोचकर कि अच्छा यह भी लिखा था। कहीं क्रोध आता है—यहां बात साफ नहीं हुई, यहां बात का बतंगड़ बन गया है। यहां पहले कही हुई बात दोहराई गई है। कहीं-कहीं दूसरा हिस्सा दुबारा लिखना ज़रूरी मालूम हुआ।...सबेरे छः बजे से ग्यारह बजे तक ठीक काम होता है, उसके बाद गर्मी, थकान, उलझन, काम करो भी तो दूसरे दिन पसंद नहीं आता।...आलोचना लिखना आसान काम नहीं, अगर आदमी उसका महत्व समझे। निराला समझते थे, आलोचक का मस्तिष्क कवि के मस्तिष्क से बड़ा होना चाहिए।...इस किताब में कथा रस

नहीं है जैसा जीवनी में है, लेकिन कुछ बातों में उससे ज़्यादा दिलचस्प है। निराला का मन कैसे समस्याओं से उलझता है, उन्हें सुलझाता है, उनके मन की प्रेरक शक्तियां उन्हें कहां-कहां घुमाती हैं, कविता लिखते समय कौन-कौन से ज़मीन-आसमान के कुलाबे मिलाते हैं, यह सब दिलचस्प कहानी है। लेकिन इस दूसरे खंड को पढ़ने के लिए थोड़े धैर्य और साहस की ज़रूरत होगी। "आगरा से भैया को पत्र दिनांक २३-६-७१ भाग ३, पृ. १६३" इस पत्र में आलोचक के कर्तव्य निरूपण आत्मविश्लेषण होने के साथ-साथ रचनाकाल में सर्जन के मानस का पारदर्शी प्रतिबिंब भी देखने को मिल सका है। इससे भी बढ़कर तो महत्वपूर्ण वह प्रसंग है जब तुमने अमृतलाल नागर से यह पूछा था कि इस जीवनी में निराला का झक्की स्वभाव, शराब आदि पीने की लत और वेश्यागमन आदि का जिक्र कैसे किया जाए और उनकी सलाह पर तुमने बिना किसी लौ लपेट के सब कुछ ज्यों का त्यों लिख डाला। वस्तुतः तुम्हारे इस असमंजस या दुविधा की निर्भय स्वीकारोक्ति ने ही इस जीवनी को युगान्तरकारी बना दिया है कि निराला की सभी कमियों, बुराइयों, अभावों, शराब पीने, वेश्यागमन और सुजाक हो जाने के यथातथ्य के वर्णन के बाद भी निराला की महत्ता (stature) में तनिक भी अंतर नहीं पड़ता। इसने बड़े-बड़े स्पष्टवक्ता युरोपी लेखकों को भी मात कर दिया है। मैंने कहीं लिखा भी है कि इस पुस्तक पर तुमको नोबल पुरस्कार मिल जाना चाहिए।

तुम्हारी यह आत्मकथा स्थान-स्थान पर मेरे मर्म को छूती ही नहीं कुरेदती चलती है। झांसी में जब डिग्री कालिज बन गया तो तुम्हारे दउआ यह चाहते थे कि तुम उसके प्रिंसिपल बन जाओ। संभावना भी बहुत थी पर तुमने साफ मना कर दिया यह कह कर कि प्रिंसिपल होकर कुछ काम न कर पाऊंगा, लिखना-पढ़ना कम हो जाएगा शासन चलाने में सारा समय निकल जाएगा। (पृ. १२७) यहीं मैं चूक गया जब उज्जैन से मेरा स्थानांतर इंदौर हुआ तब तक तो गनीमत थी जब लड़के-लड़कियां मुझे रोकने के लिए इंजिन के आगे रेल की पटरी पर लेट गए थे। पर इंदौर से नेपाल के भारतीय दूतावास में जाना बहुत बड़ी ग़ल्ती थी। यह ठीक था कि वेतन लगभग चौगुना था। और इतने निकट से हिमालय के बर्फीले शिखरों को देखने का रोमांस तो था ही। सच पूछो तो माधव महाविद्यालय, उज्जैन और होल्कर महाविद्यालय इंदौर में मुझे अध्ययन-अध्यापन में आनंद आने लगा था। वहां से लौटा तो माधव कालिज का प्राचार्य बन गया और फिर विक्रम विश्वविद्यालय का कुलपति। गरज कि अध्ययन और सर्जना का अधिकांश समय फाइलें उलटने में ही बीत गया। तुमने भाग-२ में इसकी ओर संकेत भी किया है। अन्यथा आचार्य रामचंद्र शुक्ल वाली पुस्तक मुझे भेंट करने के सौहार्द्र के साथ तुम्हें योग्य शिष्य के आगे प्रश्नवाचक चिह्न न लगाना पड़ता।

इसके बाद तो फिर जो तुम्हारी अध्ययन, अध्यवासाय का सिलसिला चल पड़ा

वह तो हैरतअंगेज है। मैं नहीं जानता कि भारत की किसी प्रांतीय भाषा में भाषा, साहित्य, इतिहास और संस्कृति के अगम्य स्रोतों को थहाने वाले कितने ऐसे विद्वान हैं जो तुम्हारे समकक्ष खड़े किए जा सकते हैं। ग्रीक, लैटिन, जर्मन, फ्रैंच, स्पेनिश, तमिल, तेलुगू, बंगला, मराठी, गुजराती आदि की मार्मिकता में अवगाहन करने, भारतीय तथा यूरोपीय भाषा परिवारों के मूलभूत सूत्रों का विश्लेषण कर सर्वथा मौलिक स्थापनाओं द्वारा भाषा विज्ञान के बड़े-बड़े तत्ववेत्ताओं के निष्कर्षों को चुनौती देने का ऐसा साहस दिखाने में कितने विद्वान् समर्थ हो सके हैं। द्वंद्वात्मक भौतिकवाद और ऐतिहासिक आधार पर मानव समाज के विकास की वैज्ञानिकता का लोहा मानते हुए भी मार्क्स के निष्कर्षों को भी नकार सकने का साहस इस तथ्य का परिचायक है कि तुम किसी भी प्रकार की रूढ़ियों में कभी नहीं बंधे। यथा मार्क्स के इस कथन का कि भारत का आर्थिक विकास रुक गया था और अंग्रेजों ने यहां प्रगतिशील भूमिका निभाई का प्रत्याख्यान करने के लिए ही 'भारत में अंग्रेजी राज और मार्क्सवाद' नामक पुस्तक की रचना कर डाली। (भाग–२, पृ. १३२)। यही नहीं इसी सिलसिले में त्रोत्स्की द्वारा एशियाई शब्द को नए परिप्रेक्ष्य में प्रस्तुत करने के उत्तर में एक छोटी पुस्तक ''मार्क्स, त्रोत्स्की और एशियाई समाज'' नामक लिख कर उसका प्रत्याख्यान भी कर डाला। (भाग–२, पृ.१३५)। तुम्हारे द्वारा मार्क्सवाद के सिद्धांत के विवेचन के सिलसिले में मैं यह पढ़कर रोमांचित हो उठा था कि–डिक्टेटरशिप को जनतंत्र से अलग रखना चाहिए। दोनों में भेद है। जिस देश की विशाल जनता किसान हो वहां सर्वहारा डिक्टेटरशिप का सिद्धांत लागू किया जाए तो इसका अर्थ यह होगा कि थोड़े से आदमी बहुसंख्यक जनता पर बलपूर्वक शासन कर रहे हैं। (भाग–२, पृ. १३८)। मैं बहुत दिनों से कह रहा था कि– Dictatorship of the proletariate (सर्वहारा की तानाशाही) गलत नामकरण है। क्योंकि तानाशाह शब्द तो फासिस्ति शब्दावली (vocabulary) का है। जो वर्ग तानाशाहों के जुल्मों से त्रसित हो चुका है वह स्वयं तानाशाह बनना कैसे गवारा कर सकता है।

तुमने जो युगांतरकारी पुस्तकें लिखी हैं उनमें मैं ''भारतीय नवजागरण'' और ''यूरोप'' नामक पुस्तक की गणना करता हूं। तुम्हारे अनुसार यहां नवजागरण का आशय यह है कि ऋग्वेद का रचना काल भारत में नवजागरण का युग है। नवजागरण अनेक बार आता है। उपनिषदों के समय में जो कर्मकांड का विरोध हुआ वह दूसरा नवजागरण है। सुकरात से पहले जो युनानी दार्शनिक हुए हैं, उनका अध्ययन करने से मैं इस नतीजे पर पहुंचा हूं कि वे उपनिषदों के दर्शन से परिचित थे। (भाग–२, पृ. १४४)। विलियम जोन्स और भारतीय संस्कृति नामक तुम्हारा निबंध भी उसी कोटि का है। तुम्हारा अनुमान सर्वथा सार्थक प्रतीत होता है कि हेगल के आधार पर मार्क्स ने भारतीय संस्कृति के बारे में जो जानकारी प्राप्त की थी

उसका विकल्प है विलियम जोन्स। यह तो सर्वविदित ही है कि उन्होंने कालिदास के अभिज्ञानशाकुंतलम का अंग्रेजी में अनुवाद किया था जिसके जर्मन अनुवाद पर जर्मन कवि गेटे मुग्ध हो गए थे। तुम्हारी मान्यता के अनुसार विलियम जोन्स संस्कृत के अलावा अरबी, फारसी भी जानते थे।...वे ऋग्वेद से भी एक हद तक प्रभावित थे। निराला जी भी तो वेदांत को प्रगति का मूल मानते थे। विशेष विस्तार में तो नहीं जानता पर तुम्हारी दूसरी स्थापना ''जातीयता और हिंदी भाषा'' भी कम महत्वपूर्ण नहीं है। इस दृष्टि से भाग–२ का विशेष महत्व है।

तुम्हें बीसवीं सदी के उत्तरार्ध का अद्वितीय विद्वान मानते हुए भी मेरी भी कुछ शंकाएं हैं। जिन्हें तुम्हारे समक्ष प्रस्तुत करना मेरा कर्तव्य हो जाता है। तुमने प्राचीन रोम और यूनान से मौर्यकालीन भारत की तुलना करते हुए लिखा है कि ''कौटिल्य के अर्थशास्त्र जैसा ग्रंथ यूनान और रोम में नहीं है। अरस्तू ने अर्थशास्त्र पर लिखा था लेकिन उसका दृष्टिकोण पुरातन पंथी था। वे समझते थे कि संसार में कुछ मनुष्य दास बनने के लिए पैदा हुए हैं, अन्य व्यक्ति उन पर शासन करने के लिए हैं। ऐसा दृष्टिकोण कौटिल्य का नहीं था।'' पर मैंने जब कौटिल्य के अर्थशास्त्र में पढ़ा कि :

''पतितोऽपि द्विजः श्रेष्ठो, न च शूद्रो जितेन्द्रियः।''

तो मैं चौंक गया। शायद गोस्वामी तुलसीदास जी की इस पंक्ति में कि–'पूजिय विप्र शील गुण हीना, शूद्र न गुन-गन ज्ञान प्रवीना' में इसी की छाया है। तब फिर अरस्तू की मान्यता अथवा कौटिल्य की स्थापना में क्या अंतर रहा। इसके अतिरिक्त ध्वनियों के आधार पर भाषाओं के विकास के सिद्धांत को मैं अभी पूरी तरह आत्मसात नहीं कर पाया हूं। मेरे मानस में तो भारोपीय कुल की अवधारणा पर संस्कृत से प्राकृतों और अपभ्रंशों के रूप में अवतरित भारत की प्रांतीय भाषाओं की मान्यता अभी तक छाई हुई है। शायद तुम्हारे सत्संग से उसका मोह भंग हो सके।

''अपनी धरती अपने लोग'' का तीसरा भाग तो मैं सरसरी तौर से पढ़ जाना चाहता था यह सोचकर कि इसमें तो पारिवारिक पत्राचार का लेखा-जोखा होगा पर जब पढ़ने बैठा तो एक से एक बढ़कर तथ्य उद्घाटित होते गए। तब समझ में आया कि भय्या तो प्रतीक मात्र है। इसमें उनके बहाने इतिहास के अनेकों अछूते प्रसंगों को स्पर्श किया गया है। सर्वथा नई भावभूमि पर। कहीं-कहीं तो सुभाषित का आनंद आ गया। यथा–''हां चांद पर दो आदमी और उतरे–ख़ैर बड़ा करिश्मा है, लेकिन तुलसीदास की कविता से बढ़कर नहीं। आदमी के दिल में उतरना किसी बिरले को ही आता है।'' (भाग–३, पृ. १८१)। तीसरे खंड की शैली भी सर्वथा भिन्न। एक ही पत्र के पहले पैराग्राफ में भाषा, साहित्य, इतिहास और संस्कृत के गूढ़ तत्वों का विवेचन,

निष्कर्ष भी बड़े बोल्ड यथा—शिवाजी निश्चय ही सिकंदर से बड़े थे। उन्होंने मराठी भाषी जाति का राज्य स्थापित किया, औरंगजेब जैसे सेनापति और कूटनीतिज्ञ को नाकों के चने चबवा दिए। छापेमार लड़ाई के वे आचार्य थे। (भाग—३, पृ. १६४)। कहीं-कहीं अपने गांव के अतीत का वर्णन करते हुए साहित्य के गूढ़ मनोवैज्ञानिक स्वरूपों का निश्चय करने लग जाते हैं तो बात कहां से कहां पहुंच जाती है। यथा "हम गांव जा सकते हैं लेकिन मन इतना ज़्यादा पुराने दृश्यों से बंधा है कि वहां का बदला रूप देखकर झटके सह नहीं सकता।" हैमलेट के पांचवें अंक में हैमलेट कब्रिस्तान में घूमता है, मिट्टी सूंघता है, एक खोपड़ी उठा कर देखता है। कब्र खोदने वाले बतलाते हैं—वह उसके बाप के मित्र विदूषक की खोपड़ी है जिसकी पीठ पर बचपन में हैमलेट चढ़ता था। हैमलेट उस कब्रिस्तान में पैदा नहीं हुआ था। उसका बचपन वहां बीता न था। हम ऊंच गांव में पैदा हुए थे, उसकी मिट्टी में खेले हैं, उन लोगों की पीठ पर और कंधे पर चढ़े हैं जो अब इस दुनिया में नहीं हैं जिनके संसर्ग में आए हुए पेड़-पौधे, देहरी-दीवार सब उनकी हमारे बचपन की याद दिलाते हैं। (पृ. १६६)। शैली की यह मनोवैज्ञानिक मार्मिकता बरबस पाठक को सिहरा देती है, इन पत्रों में तुम्हारी क्रीड़ासक्ति यथा क्रिकेट प्रेम देखते ही बनता है। अधिकांश पत्रों में क्रिकेट पर तुम्हारी कामेंटरी रिलीफ का काम करती है। मैच चाहे भारत-पाकिस्तान के बीच हो अथवा इंग्लैंड-आस्ट्रेलिया या न्यूजीलैंड तथा वेस्टइंडीज़ उसके बारे में तुम्हारा वर्णन किसी मल्लिनाक्षी टीका से कम मनभावन नहीं प्रतीत होता। रेखाचित्रों का भी यही हाल है। निराला, उग्र, इंदिरा गांधी सब एक से एक बढ़कर। निराला के रेखाचित्रों का तो क्या कहना। इस पत्र में चित्रकला और संगीत की बारीकियों, मुर्च्छनाओं का भी यथास्थान समावेश है। किस्सा कोता यह है, तुम्हारी आत्मकथा पढ़कर स्तब्ध रह गया हूं। I am filled with awe. अंत में तो तुमने जैसे भविष्यवाणी सी कर दी है कि भारत के अब अस्थिरता के दिन आ रहे हैं। राजनैतिक परिदृश्य का बहुत ही सुंदर रूपक है। (पृ. २२८)।

तुम्हारी आत्मकथा (तीनों भाग) समाप्त करते-करते कुछ-कुछ ऐसा विस्मय विमुग्ध हो उठा हूं कि लगता है सब काम-धाम छोड़कर जीवन के अंतिम वर्ष तुम्हारे सत्संग में ही गुजारूं और मिल्टन का पैराडाइज़ लास्ट, शेक्सपीयर का हैमलेट और किंगलियर तुमसे पढ़ने एवं शैली कीट्स के स्वरूप से नया परिचय प्राप्त करने की साध पूरी करूं। पर यह तो तभी संभव है जब दिल्ली आकर तुम्हारी शरण गहूं या तुम उज्जैन आकर मेरे पास रहो। मेरे साथ शांति तो रहेगी ही, उनको छोड़कर रहने की तो अब कल्पना भी नहीं कर सकता। यह भी जानता हूं कि इससे तुम्हें एतराज़ नहीं होगा। भौजी को लौटा ला सकना भी अब संभव नहीं हो सकता।

वस्तुतः मैं तो यह सोचकर चकित हूं कि तुमने एक जीवन में इतना सब पीकर कैसे पचा लिया। देखते-देखते तुम तो निरालामय हो गए। साहित्य सर्जना के लिए सर्वस्व लुटा देने का यह वर्चस्व स्वयं में ही एक सिद्धि है। इसकी तुलना में सात्र का नोबुल पुरस्कार लौटा देना किसी सीमा तक सतही मालूम पड़ता है। तुमने तो अक्षर की मर्यादा को अक्षुण्ण बनाए रखने के लिए जीवन की अंतिम सांस तक समर्पित कर दी है।

सस्नेह–

तुम्हारा सदा का
शिवमंगल सिंह सुमन

प्रति,

डॉ. रामविलास शर्मा,
सी-३५८ विकासपुरी,
नई दिल्ली-११००१८

(टंकित)

उपाध्यक्ष,
कालिदास अकादेमी,
विश्वविद्यालय मार्ग,
उज्जैन–४५६०१०
दूरभाष–५५१८४३, ५५०४८७
८-५-९७

परमप्रिय अग्रज,

'अपनी धरती अपने लोग' के तीनों भागों का पारायण करने के पश्चात् मैंने अपनी संक्षिप्त प्रतिक्रिया लिख भेजी थी साथ ही कुछ शंकाएं भी, पर उत्तर से वंचित रहा। इस बीच राष्ट्रीय शिक्षा मिशन के तत्वावधान में ज़िला स्तरीय साक्षरता समिति की साहित्यकार संगोष्ठी के उद्घाटन करने का सुयोग मिला तो तुम्हारी बड़ी याद आई। शायद समस्त राष्ट्र के सर्जकों में तुम्हीं ऐसे अकेले व्यक्ति हो जिसने ३ लाख रुपए से भी अधिक का पुरस्कार बिना किसी झिझक के ठुकरा

दिया और अत्यंत विनम्र भाव से उसे साक्षरता के लिए समर्पित कर दिया। हिंदी ही नहीं समस्त प्रांतीय भाषाओं के दिग्गज सर्जक भी तुम्हारी इस उत्सर्गशीलता पर भौंचक्के रह गए थे। अब जैसे-जैसे साक्षरता की शोषण के विरुद्ध चुनौती के रूप में मानव मुक्ति की चेतना राष्ट्र में जाग्रत हो रही है वैसे-वैसे इसका महत्व कुछ-कुछ समझ में आने लगा है। मेरी दृष्टि में सात्र द्वारा नोबुल पुरस्कार ठुकरा देने की घटना भी इसके सामने उन्नीस ही कही जा सकती है। ऐसा उदात्त साहस तो केवल निराला के ही बूते की बात हो सकती थी। तुमने केवल निराला के साहित्य में युगान्तरकारी योगदान की सार्थक व्याख्या नहीं की वरन् उनके अंतर्मन से एकात्म भी हो गए। यह तो जानते ही हो कि जब साधक साधना करते-करते साध्यमय हो जाता है तो वह संस्कृति बन जाता है। मेरी दृष्टि में तुम अपने इस अप्रत्याशित निष्ठापूर्ण कृतित्व से जीवंत संस्कृति बन गए हो। मेरे इस निरपेक्ष वक्तव्य से तुम फूल कर कुप्पा न हो जाना। यह तो सामाजिक दायित्व के प्रति तुम्हारे सर्वात्म समर्पण की सहज परिणिति थी। हिंदी में पंत, दिनकर, अज्ञेय, महादेवी, नरेश मेहता आदि को भी ज्ञानपीठ पुरस्कार मिल चुका है पर किसी की पीठ पर जूं तक नहीं रेंगी। मैं स्वयं साहित्य अकादमी, सोवियत नेहरू अवार्ड और डेढ़ लाख के भारतभारती पुरस्कार चुपचाप डकार गया। अब लगता है हम सब तुम्हारे सामने बौने हैं। इस कीमत पर साहित्य में तुम्हारी समस्त हठधर्मी माफ़ है। लेखनी की ज़िम्मेदारी की इससे बढ़कर मिसाल नहीं हो सकती थी। यों तो भारी भरकम पुरस्कारों को साक्षरता के निमित्त समर्पित कर देने की बात अब तो पुरानी पड़ गई है पर साक्षरता आंदोलन की नई चेतना ने अनायास ही इसकी याद दिला दी। हिंदी साहित्य में तुम अपनी उदंडता के लिए प्रसिद्ध रहे हो। मैं करुणाकातर द्रवणशीलता का तुम्हारा दूसरा पक्ष भी उद्‌घाटित किए जा रहा हूं। राम की शक्ति पूजा में निराला तीन बार रोए हैं। मैं भी तुम्हारे तीन बार रोने का लेखा-जोखा साहित्य संसार को दिए जा रहा हूं। सर्जना के इस तूफानी परिवेश में इसी प्रकार दीपस्तंभ (Light House) की तरह जीवन का उत्तरार्ध ज्योतिर्मय बनाए रखो।

इसी मंगलकामना और प्यार के साथ—

तुम्हारा सदा का
शिवमंगल सिंह सुमन

प्रति,

डॉ. रामविलास शर्मा,
सी-३५८ विकासपुरी,
नई दिल्ली-११००१८

(टंकित)

उपाध्यक्ष,
कालिदास अकादेमी,
विश्वविद्यालय मार्ग,
उज्जैन—४५६०१०
दूरभाष—५५१८४३, ५५०४८७
३०-५-६७

परमप्रिय अग्रज,

तुम्हारे २०-५-६७ के पत्र से चि. ललित के आकस्मिक स्वर्गवास का समाचार पाकर बहुत दुख हुआ। इस बीच अवश्य मिलने-जुलने में काफी अंतराल पड़ गया है, अन्यथा मैंने तो इन बच्चों को गोद में भी खिलाया है। तुमने लिखा है कि कुछ समय से वह कई व्याधियों से पीड़ित था पर मेरी स्मृति में तो उसका हृष्ट-पुष्ट स्वरूप ही उभरता है। अपने ही सामने बच्चों की विदाई देखकर सदमा होना स्वाभाविक है। तुम तो ख़ैर पिता हो, स्वभाव से ही ममतालु, इसलिए तुम्हारी व्यथा मैं समझ सकता हूं। शोक-संवेदना भी किन शब्दों में प्रेषित करूं? क्योंकि वह तो प्रथा मात्र है। निदान इस करुणाकातर क्षण में परमपिता से यही प्रार्थना कर सकता हूं कि वह दिवंगत आत्मा को शाश्वत शांति एवं सद्गति प्रदान करे तथा तुम्हें और उसके बहू-बच्चों को एवं समस्त परिवार को इस वज्रपात को सहन करने की शक्ति एवं धैर्य दे।

८/५ के पहले वाले पत्र में 'अपनी धरती अपने लोग' के तीनों भागों के पारायण के पश्चात् अपनी प्रतिक्रिया भेजी थी। आत्मीयता की उमंग में पत्र लंबा हो जाने से हाथ से लिखने के बजाय मैंने उसे टंकित करा के भेजा था। मेरा अभाग्य कि वह तुम्हें नहीं मिल पाया। निकट भविष्य में मिल सकने का सुयोग जुट सका तो चर्चा करके ही उसकी भरपाई कर लूंगा। सम्प्रति जानना चाहूंगा कि अन्य बच्चे कहां-कहां हैं? बनारस में विश्वविद्यालय के क्रीड़ा अधिकारी का क्या नाम है और अन्य बच्चों का अता-पता क्या है? वर्षों पहले एक बार वल्लभ विद्यानगर में कुछ क्षणों के लिए स्वाति मिल गई थी। उन दिनों वह शायद अपने पति के साथ खंभात की खाड़ी में थी। इस हादसे ने पुनः बच्चों के कुशल-मंगल जानने की उत्सुकता जाग्रत कर दी है। संबंध ही ऐसे हैं। शांति भी ललित के स्वर्गवास का समाचार पाकर विचलित हो उठीं। जीवन के उत्तरार्ध में ही हम लोग एक दूसरे के सुख-दुख किसी अंश तक बंटा सकें तो आत्मसंतोष हो।

तुम्हारा समदुखी बंधु
शिवमंगल सिंह सुमन

न.दि. ११०००१८
६-६-६७

प्रिय केदार,

२६/५ का कार्ड मिला।

मैं कहीं नहीं गया। यहीं हूं, और सब लोग वहां हो आए हैं। वहां बहू दया, पौत्र नमन और उसकी पत्नी हैं। नमन के एक छोटा बच्चा भी है।

अपने शरीर का ध्यान रखना।

तुम्हारा
रा.वि.

उपाध्यक्ष,
कालिदास अकादेमी,
विश्वविद्यालय मार्ग,
उज्जैन—४५६०१०
दूरभाष—५५४५४५
३-७-६७

परमप्रिय अग्रज,

तुम्हारा ६-६-६७ का पत्र प्राप्त कर बड़ी प्रसन्नता हुई। घर परिवार की विस्तृत जानकारी मिली। इसी बीच 'सचेतक' के अंक में हमारी बैसवारी में लिखित चिट्ठी का प्रकाशन देखकर मन में भावना आई कि इसका सिलसिला जारी रखना चाहिए जिससे किसी बैसवारी की नजर इस पर पड़ने से इसकी प्रतिक्रिया का अंदाजा लग सके। इसकी संपादिका श्रीमती धनवंत कुमारी शर्मा निश्चय ही घर की सदस्या ही होगी। उनका परिचय लिखने के साथ-साथ यह निर्देश कर देना कि एक प्रति नियम से मुझे भी भेजा करें। क्योंकि उसमें स्पष्ट संकेत हैं कि केवल परिवार के सदस्यों के लिए—इस दृष्टि से मैं भी इसका अधिकारी हूं।

"अपनी धरती अपने लोग" के तीनों भाग समाप्त करने पर मैंने अपनी

प्रतिक्रिया लिख भेजी थी पर तुम्हें वह नहीं मिल पाई तो धक्का लगा। संयोग से वह पत्र मैंने लंबा होने के कारण टंकित कराकर भेजा था। अस्तु उसकी दूसरी प्रतिलिपि भिजवा रहा हूं। इसकी पहुंच और सम्मति शीघ्र भेजने की कृपा करना जिससे संशय में न रहना पड़े। तुम्हारे स्वास्थ्य की मंगलकामना सहित–

तुम्हारा सदा का
शिवमंगल सिंह सुमन

प्रति,

डॉ. रामविलास शर्मा,
सी-३५८, विकासपुरी,
नई दिल्ली-११००१८

(टंकित)

उदयन मार्ग
उज्जैन
२६-८-६७

परमप्रिय अग्रज,

तुम्हारि चिट्ठी अउर 'युग का मोल' कै फोटोस्टेट कॉपी पाय कै हम अइस फूलि उठेन कि भरभराय के तुमका बैसवड़ी मा एक अउर चिट्ठी लिखि मारेन। पै आजु तक जब ३-८-६७ को पठई वहि चिट्ठी कै पहुंचि नहीं मिलि पाई तौ हमार माथा ठनका। नहीं तौ तुम दुइ अच्छर लिखे बिना न रहत्यौ। जान परत है अता-पता मा कतौं कौनो गड़बड़ी ह्वैगे है। काहे कि हमरे पास तुम्हार जउन् पता है वहि मां सी-३५८, विकासपुरी लिखा है। अपनी चिट्ठी मा तुम सी-३१८ लिखि भेज्यो है। दूनौ मा जउन ठीक ह्वाय वहै लिखि भ्याजौ जौने भविष्य मा भटकै का न परै। यह तउ अच्छा ह्वैगा है कि हम तुमका जौन चिट्ठी लिखित है ऊब वहि कै फोटोस्टेट राखै लागेन है। न मिली होय तौ लिख्यौ हम वहि कै छाया भेजि दयाब। हमारि पैंलगी स्वीकार करौ। तुम्हार छोटकवा भाई–

शिवमंगल सिंह सुमन

न.दि. ११००१८
१२-९-९७

प्रिय केदार,

तुम्हारा ४/९ का कार्ड मिला।

शरीर का धर्म है, बुढ़ापे में शिथिल होना। मेरा शरीर भी शिथिल है पर काम दे रहा है। मन ठीक है। पढ़ने, लिखने, संगीत सुनने में समय कट जाता है। सबेरे लोग निकल जाते हैं। संतोष तीसरे पहर, विजय, चीनपू शाम को लौटते हैं। टी.वी.चालू हो ज़ाता है। दो-तीन घंटे चहल-पहल रहती है। मुंशी के यहां सब लोग मज़े में हैं। पानी बरसा और अप्रैल की तरह सितंबर में मच्छरों का हमला।

सस्नेह

रामविलास

घर का नंबर सी-३१८ है।

उपाध्यक्ष,
कालिदास अकादेमी,
विश्वविद्यालय मार्ग,
उज्जैन—४५६०१०
दूरभाष—५५४५४५
१८-९-९७

परमप्रिय अग्रज,

आखिर 'युग का मोल' ढूढ़िही लीन्ह्यो, तुम्हारि चिट्ठी अउर युग का मोल पायके फूल के कुप्पा होइ गयन, जानि परत है हमारि रही-सही सबै इच्छा पूरी करि डरिहौ। बिगरिउ बनाय देइहौ। साथ मां डांगे के भाषण 'जन-जीवन और साहित्य' क्यारौ पता लगाइ लीन्ह्यौ। वहि मा अनुवादक की जगा हमार नामु नहीं तो का भा ? हमारु काम तो होइगा। एक बात अउर जानि लेव इन कवितन का फिर से पढ़ा तौ ई हमका तनिको बासी नाहीं लागी। हमारु मन राई-रत्तिउ भर दृप्त नहीं भा। ऐस लाग कि जउन सोवियत व्यवस्था के संघर्ष का हम जय जयकार कीन्हेन अबै वहु संघर्ष जारी है अउर जारी रही जब तक सारी दुनिया मां सच्ची सोवियत व्यवस्था

न स्थापित होइ जाय। अब मास्को अउर लाल सेना प्रतीक बनिगे हैं। जैसे कुसन की जड़मा माठा डारि-डारि के चाणक्य वहि का मूल भसम करि दीन्हिन तै वैसैइ हमारि कवितौ तब तक तनिकौ बेअसर न होई। यही तै हम 'कलकत्ते का अकाल' (१९४३) के अंत में लिखि दीन्ह रहै कि–

मानवता की शपथ ले रहे हैं यह कहकर आज
एक-एक दाने का बदला ले लेंगे मय ब्याज।
उलट तुम्हारी सड़ी व्यवस्था डालेंगे यह नीव
फिर न बिसुर-बिसुर कर मरे नरतन धारी जीव।।
वर्गभेद शोषक शोषित के फिर न पड़ेंगे देख
आगे के कवि को न पड़ेगा लिखना ऐसा लेख।।

मानौ चाहे न मानौ कलकत्ते के अकाल वाली कविता हम रोय-रोय के लिखा रहै। उन दिनन रोजु-रोजु अखबार मा अकाल का दिल दहलावै वाली खबरि पढ़िकै अइस मन खराब होइ जात रहा कि ग्वालियर मा हमरे घर के पासै जउन माड्रे की माता नामक पहड़िया रहै हुआं जाय के पचास-पचास, साठ-साठ छंद मनै मन मा लिखि कैया गुनगुनायकै घर मा आयकै उनका कागज मा उतार ल्यात रहेन अउर एकौ अच्छर या मात्रा का राई-रत्तिउ अंतर नहीं परत रहा। अब केहि ते बताई कि हमरिउ कविता का कबहूं वहै दौरु रहि चुका है। यहि ते जब रूस का सोवियत ढांचा ढहा तब हम तनिकौ निराश नहीं भयन, काहे कि जउन ढांचा चरमरायगा वहु तौ fanaticism वाला घोर कट्टरपंथी, विवेकहीन, अंधविश्वास वाला अंशु रहै। मार्क्स तो पहिले हि कहि दीन्हैनि रहै कि द्वंद्वात्मक भौतिकवाद तो वैज्ञानिक ऐतिहासिक विवेचन क्यार स्वस्थ हथियार है, जउन अपने-अपने देश के वातावरण, परिस्थिति अउर आर्थिक ढांचा का देखि के प्रयोग करै के बरे ईजाद कीन्हगा है। यही ते आज जब फेरि युग का मोल पढ़ा तौ लाग कि वाणी प्रकाशन वाले हमार थ्वाड़-म्वाड़ जउन साहित्य उनके हाथ मां परा है वहिका–'सुमनसमग्र' के नाम से छापि रहे है, अउर पांच खंड छापिउ चुके हैं, वहिमा अउर 'मई दिवस', 'बर्लिन अब नज़दीक है', 'चुनौती' आदि यहिमा छपी कविताएं न छपि पउतीं तौ कुछ कमी ज़रूर रहि जाति।

अब पानी मूड़े तक अइहीगा है तो यहौ सुनि लेव, हमरि आस्था मार्क्सवाद के प्रति आजौ अडिग है। हम अपनी रचनन मा आजौ वहै आस्था बनाए राखै का प्रयत्न पूरे जिउ-जाँगर ते करै का प्रयत्न कीन्हेन है। हमरै अबै तक के प्रकाशित अंतिम संग्रह 'कटे अंगूठों की बंदनवारें' मा कतौ कतौ वहि कै झलक मिलि जाई। लिखा तो कइओ जगा है पै एक छ्वाट-क्वाट उद्धरण देही देई–

मैं धारा हूं पीछे कैसे लौटूंगा
अपनी करनी अपने हाथों मेटूंगा?

युग-शिशु को देकर जन्म गला घोटूंगा?
उस दिन जो मैंने तुमसे क़ौल किया था
बातों-बातों में मन का मोल किया था
युग के अभाव पर जीवन तौल दिया था।
मैं अब भी हूं वैसा ही मन का मानी
मैं गिरने दूंगा नहीं आंख का पानी।
आश्वस्त रहो मुझसे मेरे सेनानी।
जिसने जन-ज्वाला का आभास दिया है
दुर्धर संघर्षों में विश्वास दिया है
जर्जर जगती को नव-इतिहास दिया है
उसके हित मेरी प्रतिभा पूर्ण प्रखर हो
मानवता का यह अंतिम विजय समर हो
पददलितों का पावन संकल्प अमर हो।

—पर आंखें नहीं भरी—'आश्वासन'-८४

हम आजु तक आपन सफाई कबौ नहीं दीन। आजु मन न माना तो लिखि दीन्ह। स्वाचै लागेन कि तुम न रहि हौ तौ केहिते मन कै बात कहि पइबै। संचेतक मां प्रकाशित हमरी अवधी वाली चिट्ठिन के संबंध मा हमहूं का दुइ तीन जने बड़े प्रशंसाभरे पत्र लिखिन है। है सके तो हमरी उन चिट्ठीन के फोटोस्टेट प्रति हमका भिजवाय देव काहे कि संचेतक मां तो वहि कै कुछ अंश प्रकाशित होइ सके रहै। हम आगे अपनी चिट्ठिन कै एक प्रति अपने पास रखिलेय का सोचि रहेन है। संचेतक कै एकौ प्रति अबै तक हमका नहीं मिली है। लागत है पता फिरि कतौ गड़बड़ायगा। चिट्ठी तो सब उदयन मार्ग के पताते अउती है। हद ते हद लिंक रोड़ अउर लिखि देंय।

शेष कुशल है।

तुम्हारा सदा का
शिवमंगल सिंह सुमन

डॉ. रामविलास शर्मा,
सी-३५८, विकासपुरी,
नई दिल्ली

(टंकित)

उपाध्यक्ष,
कालिदास अकादेमी,
विश्वविद्यालय मार्ग,
उज्जैन—४५६०१०
दूरभाष—५५४५४५
२०-१०-६७

परमप्रिय बंधु,

तुम्हारि २३-६-६७ कै चिट्ठी पाय के गदगदाय गयन। तुम ते तिनुक बतियाय लीन्हेते जिउ कुछ हलुकाय जात है। वहि मां तुम गुणहीन ब्राह्मन का गुणवान शूद्र से बढ़िके ह्वाय वाले उद्धरण का तु संदर्भ पूछ्यो रहै। अब तुम ते का बताई ख्वाजत-ख्वाजत वहु पराशर स्मृति के अठवें अध्याय के ३३वें श्लोक मा मिला। यानी कौटिल्य शास्त्र मा होयवाली बात झूठि निकरी। जहां तक हमका याद आवत है गोस्वामी जी पर कौनो आलेख मा वहि क्यार उल्लेख हम का मिला रहै। मुला वहि के पीछे भटकत-भटकत हमका कुछ लाभौ हाथ लागिगा। एक तो वहिका पाठ 'पतितोऽपि द्विजः श्रेष्ठो' के स्थान पर 'दुःशीलोऽपि द्विजः पूज्यो' निकरि आवा जउन पूजिय विप्रशील गुणहीना के ज्यादा नगीच है। यहि के अलावा अउरौ तमाम मिलत जुलत उद्धरण मनुस्मृति, याज्ञवल्क्य स्मृति, गौतम धर्मसूत्र आदि मा निकरि आए। पुरखौ कुछ सोचिही के लिखिन ह्वै हैं पै जिउ तो खराब हैव्ही जात है। थ्वाड़ा यहै सोचि केतसल्ली मिलि जाति है कि गौतम बुद्ध वहि जमाना मा बड़ी हिम्मत बांधिर कै कहि डारेन कि 'श्रेष्ठता जनम ते नहीं करम ते ह्वाति है।' ख़ैर छ्वाड़ौ यहु झगड़ा अब कौनो काम केरि बात कीन्हि जाय।

यही बीच सचेतक का ललित की स्मृतिवाला विशेषांक आयगा तो तुम्हरे आगरा प्रवास के कइयौ छायाचित्र मानस मा मंडरायगे। एक दांय उज्जैन कालिज के तत्कालीन प्राचार्य दलाया के साथ तुम्हरे राजामंडी वाले मकान मा गयन रहै जौन मा घर के चारों ओर सोरी ही सोरी मंडरात द्याखा रहै। हुआं से तुमका लैके आगरा विश्वविद्यालय की कलासंकाय की बैठक मा गयन रहै फिर तौ गोकुलपुरा वाले तुम्हरे नए निजी बंगला मां तो कैयो चक्कर लगाय चुकेन है, एक दुइ दाँय तो संतौ हमरे साथ गई रहैं। हमका तौ भौजाई के हाथ क्यार दूधमां रोटी सानिकै देशी पुलाव का स्वादै सबसे अधिक अबहूं याद आवत है। जौने मकान मा तुम सबते पहिले निराला जी के साथ हमका लइगयौ रहै वहि क्यार तो भूगोलौ भूलि गयन। बहरहाल ललित स्मृति अंक हमका नीक बहुत लाग। नितांत सहज पारिवारिक आत्मीयता क्यार निखालिस दस्तावेज़। वैसे जहां तक याद आय रही है, ललित, भुवन, विजय, शोभा, सेवा अउर स्वाति सबैका दयाखा है बल्कि तुम्हरे अशोक नगर वाले मकान

मां तो सेवा अउर स्वाति ही हमारि और संता की खातिर मां लगी रही। मुंशी ते ज़रूर कइयो बार मुलाकात होइ चुकी है। एक दाँय वल्लभ विद्यानगर मां जल्दी-जल्दी मां तुम्हारि कौनौ बिटीवा सेवा अथवा स्वाति से भ्याट होइगै रहै जब अचानक सुमन चाचा कहि कै उइ हमका चौकाइ दीन्हेसि रहै। मुंशी की सुघड़ संयत दुलहिन सफल संपादिका धन्वंत कुमारी का ललित-समृति अंक कै सुघरता पै हमार आशीर्वाद दीन्ह्यो अउर कहि दीन्ह्यो कि व्है सकै तो हमरे प्रयाणौ के बाद सचेतक मा छ्वाट-म्वाट संकेत ज़रूर करि देंय। तुमते यहै कहै का है कि जब तक जियत रह्यौ तब तक यही तरा खोज खबर ल्यात रह्यो ! पांयलागन।

तुम्हार पीठपर क्यार भाई
शिवमंगल सिंह सुमन

प्रति,

डॉ. रामविलास शर्मा,
विकासपुरी, नई दिल्ली

(टंकित)

उपाध्यक्ष,
कालिदास अकादेमी,
विश्वविद्यालय मार्ग,
उज्जैन—४५६०१०
दूरभाष—५५४५४५
१८-२-६८

परमप्रिय अग्रज,

नव वर्ष की मंगलकामना स्वीकार करौ, विलंबै से सही। असल मां यहि बीच हमहूं काफी व्यस्त अथवा अस्तव्यस्त रहेन। नवंबर का पूरा महीना तौ कालिदास समारोह की समस्यन मां स्वाहा होइगा। फेरि हमहूं पटकनी खाय गयेन। यह तौ जनतै हौ कि हम अलस्सुबह नियमते टहलै जाइत है तौ एकु दिन मुश्किल से एकु किलोमीटर गयन ह्वाब कि चक्कर आयगा पै भ्रमण-मंडली के साथी सम्हाल लीन्हेनि। तिसरे दिन फिरि गिरत-गिरत बचेन तब तौ चिंता मै अउर संता डाक्टर का बोलवाय भेजिन। ओऊ गंभीर देखाय परे अउर एक हफ्ता के भितरै खून, यूरिन अउर सी. टी. स्केन आदि क्यार परीक्षण कराय के आश्वस्त करि दीन्हेनि कि चिंता केरि कौनौ बात नहीं, पै विश्राम जरूरी है अउर फिलहाल सबेरे क्यार

टहलबौ बंद करि दीन्हेनि। तबते हम अपने बंगलै क्यार एकु दुइ चक्कर लगाय लेइत है। तबु हमै यादु आवा कि एक दुइ साल पहिले तुमहूं का चक्कर आयगे रहैं और तुमहूं अब अपने निवासै के आसपासै टहलि ल्यात हौ। सुनातौ यहौ रहा कि वहि के पहिले तुमका अस्पताल माँ भरती करवावा गा रहै अउर छ्वाट-म्वाट आपरेशनौ भा रहै। यह खबर सुनि कै चिंतित तो हमहू होइ गयने तै पै थोड़े हे दिन मां सुना कि तुम फिरि झटकार के खड़े होइ गयौ अउर ताल ठोंकि कै बीमारी का ललकारै लाग्यो, साथै पहिलेही की तरा पढ़े-लिखै मां फिरि जुटि गयो। तुम्हारि यह अप्रतिहत आस्था देखि कै हमने मन मां कबौं कबौं बच्चन क्यारि एकु पंक्ति रहि रहि कै खुदबुदाय लागति है–

तू क्यों बैठ गया है पथ पर?
जीवित भी मैं आज मरा सा
पर मेरी तो यह अभिलाषा
चिता निकट भी पहुंच सकूं मैं अपने पैरों पैरों चलकर।
तू क्यों बैठ गया है पथ पर।

तौ बात सौ मुद्दे क्यारि यहै है कि तुमका देखिकै हमका बड़ी शक्ति मिलि जाति है अउर हम निर्भय होइके तुम्हरे पीछे पीछे चलै क्यार हौंसला बांधै लागित है। जानि परत है तुम्हारि अउर निराला जी कै गठनि याकुई सांचा मां ढाली गै रहै। तुम दूनौ जने डील डौल और अदम्यता मां महावीर बाबा से कम थ्वाड़े हौ? यही ते दूनौ जने का शक्ति अउर सामर्थ्य कै याद देवाए बिना जुगान्तरकारी जोशु नहीं जागत। निराला कै तौ तुम रग रग से वाकिफ हौ अउर छोटभय्या के नाते याक आधि बात हमरेव पल्ले कबौं कबौं पड़ि जाति रही। एकु दांय श्रीनारायण चतुर्वेदी हिंदी साहित्य सम्मेलन, प्रयाग द्वारा आयोजित कालिदास जयंती मां अध्यक्षता करै कै बरे रिक्सा मां जाति रहैं, तो दारागंज के मोड़ु पै निराला जी से भेंटु होइगै। उनका देखतै निराला जी बोले–"हलौ श्रीनारायण जी, व्हेअर आर यू गोइंग।" उन दिनन अंग्रेजी ब्वालै क्यार जुनून उनके सिर पै सवार होइगा रहै। जब चतुर्वेदी जी बताइन कि उइ कालिदास जयंती क्यारि अध्यक्षता करै सम्मेलन जाय रहै हैं तो–"वेट, आई विल आल्सो एकंपनी यू" कहिके उनही के बगलमा रिक्सा मां धंसिगे। जौ श्रीनारायण जी यत्ते दूबर-पातर न होति तौ याकुइ रिक्सा मां दूनौ जने क्यार समाबु मुश्किलै होइ जात। चतुर्वेदी जी मनैमन घबराए कि क्तौं हुऔं अंगरेजी बूंकै लागिहै तौ जयंती क्यार मज़ा तो किरकिरा होइही जाई, हिंदी के इत्ते बड़े कवि क्यारि झक्कौ आम चर्चा केरि विषय बनि जाई। फेरि जब चतुर्वेदी जी ही हिम्मत बांधि कै कहेनि कि कालिदास पै श्रद्धांजलि तो कालिदासै की भाषा मां हूवावा चाही तो "एस यू आर राइट" कहिकै उठिकै ठाढ़ होइगे अउर लगभग एकु घंटा तक कालिदास के वैशिष्ट्य पर धाराप्रवाह संस्कृत मां ब्वालत रहे जेहिका

सुनि अउर देखि के श्रोतागण मुंह बाए उन क्यार मुंहै ताकत रहिगे। यही तरह उन दिनन उइ डंड बैठक लगावै, पंजा लड़ावै अउर धोबिया पछाड़ दांव लगावै केरि चर्चा जब-तब करा करति रहैं। जहां तक याद आय रहा है एकु आध बार तुमहूं से पंजा लड़ावै क्यार प्रसंग घटित होइ चुका है। हम तो डेराय के कतराय जात रहेन कि कतौं कलइही न तूरि देंय। याकु दांय तौ उन केरि यह पहलवानी देखि कै पंत जी और बच्चनौ चौवाइ गै रहैं। उन दिनन प्रयाग मां बड़े कटरा के पछाही छोरु परि पंत जी अउर बच्चन 'वसुधा' नाम के बंगला मा किराए पर रहति रहैं। बलुक वहि क्यार 'वसुधा' नामकरणौ यहै अभिप्राय ते कीन गा रहै–'बच्चन सुमित्रानंदन धाम'। उन दिनन हम बनारस हिंदू विश्वविद्यालय से हिंदी मा एम.ए. करै के बाद शोध कार्य प्रारंभै कीन रहा और महीना मां एक दुइ बार बच्चन से मिलै आवा-जावा करित रहैग। यहु तौ तुम जनतै ह्वैहौ कि हमारि उनके बहुत पुरानी दोस्ती रहि चुकी है, सन् १६३४ से जौनी साल हम इंटर पास कीन तै अउर बिवाहौ भा रहै। तब बच्चन की पहली पत्नी श्यामाजी जीवित रहैं अउर हमार अउर पं. प्रफुल्ल चंद्र ओझा 'मुक्त' क्यारि बड़ी खातिर करती रहै। बच्चन मधुशाला लिखि डारिन रहै पै अबै प्रकाशित न भै रहै वहि के फर्मा छपि-छपि कै जरूर आवै लागे रहै अउर पहिली ही बार वहि क्यारू पाठ इंदौर के अखिल भारतीय हिंदी सम्मेलन के कवि सम्मेलन मां कीन्हेन रहै। वहि सम्मेलन क्यारि अध्यक्षता गांधी जी कीन्हिन रहै। बच्चन तब मुट्ठीगंज प्रयाग मा रहति रहै अउर अग्रवाल हाई स्कूल मां पैंतीस रुपया मासिक मा पढ़ावति रहैं। ज्यादातर गर्मिन की छुट्टिन मा हम ग्वालियर ते प्रयाग आवा-जावा करति रहेन और कबहूं-कबहूं श्यामाजी, बच्चन जी अउर मुक्त जी के साथ जमुना जी के पुल तक शाम का टहलै जावा करत रहेन। कविता हमहूं करै लागेन तै जौन ग्वालियर राज्य के साप्ताहिक 'जयाजी प्रताप' मां प्रायः छपा करति रहै। याकु और समानता रहै कि श्यामाजी अउर हमारि दुलहिन शांति जी दूनौ जने तब तक मिडिलै पास रहैं। तौ याकु दिन जैसे ही हम बच्चन के हियां मिलै पहुंचेन तो दयाखा कि निराला जी पंत जी से मिलै कै बरे ठाढ़ि हैं। पंत जी के बाहर निकलतै पहिले तौ उइ बड़े सद्भाव से कुशल-मंगल पूछिन फिरि न जानै उनका कौनि झक्क सवारि भै कि हुअै बरमदै मां कुरता अउर लुंगी उतारि कै डंड प्यालै लागे। याकु पातरि लंगोटि भर लगाए, बनारस के सन्यासिन जस ढ्वाला अस चूतरखौले उन क्यार यहु वेषु देखि कै पंत जी घबड़ायगै और उन केरि दशा 'नययौ न तस्थौ' वाली होइगै। बच्चनौ सकपकायगै और हक्का-बक्का जस उन क्यार यहु वेषु देखतै रहिगे! निराला जी हमका देखि कै हंफते-हंफते बैसवारी मां–"बनारस ते कब आयौ" पूंछि कै बुदबुदात वापस लौटिगे। वहि बेरिया बोल तौ हमहूं कुछ नहीं पायन पै अचानक हमरे सामने वहु दृश्य सजीव होइगा जब आगरा मा तुम्हरे वजीरपुरा वाले घर मा बलवंत राजपूत कालिज के प्राचार्य डॉ.

रामकरण सिंह अपनी पत्नी के साथ तुमसे मिलै आए रहैं अउर तुम लंगोटु लगाए डंड-बैठक लगावै मा व्यस्त रह्यौ। खटका सुनिकै जैसे ही तुम किवाँरा के संधि से झांक्यो तौ पहिले तौ सहमिगयौ फिर तुरतै तहमत लपेटिकै अउर कुरता गले मां डारिकै बड़े आदर से उनका अपने बैठका मां लेवाय लायौ अउर श्रीमती सिंह का मोढ़ा पै अउर प्राचार्य महोदय का बगल वाले टीन के बक्सा मां अखबार बिंछाय कै बैठाय दीन्ह्यौ अउर अपने बरे एक मचिया उठाय लायौ। एकु प्रसिद्ध प्रोफेसर के बैठका मां फर्नीचर क्यार यहु ठाट देखि कै श्रीमती सिंह तुमका देखतै रहि गई रहैं और बक़ौल ग़ालिब के कबौं अपने का अउर कबौं तुमका तकतै रहि गई रहैं। डॉ. रामकरण सिंह मनैमन अपने का क्वासत बैठ रहिगै काहेकि उइ रस्तामा अपनी पत्नी का बताइन तै कि बलवंत राजपूत कालिज के अंग्रेजी विभाग के अध्यक्ष के रूप मा एकु बड़ा विद्वान तेजस्वी युवक उनका प्राप्त होइगा है। श्रीमती सिंह मेम जैसी गोरी रहैं अउर अपनी नफ़ासतौ के लिए प्रसिद्ध रहैं। आगरा के प्रसिद्ध विदुषिन मां उनकै गिनती ह्वाति रहै। डॉ. रामकरण सिंहौ अपने अंग्रेजी लिबास अउर अनुशासन के बरे बड़े प्रसिद्ध रहैं।

कहां तक कही हमारि-तुम्हारि राम कहानी तो जल्दी खतम होय वाली नहीं। हम जानित है कि हमहूं ते घनिष्ट तुम्हार मित्र होइ सकत है पै स्तर-स्तर मां अंतर तो ह्वाबै करी। जीवन के उत्तरार्धौ मां जउन घटित होइ रहा है वहिते आंखी कैसे मूंदि सकित है? यहि बीच गोमती, गंगा अउर जमुना मां बहुत पानी बहिगा पै घाटन कै कहानी तौ अपनी जगह हस्बमामूल कायम है। अबै कुछ बरसैं पहिलैं सुना कि तुम लखनऊ के हिंदी संस्थान क्यार डेढ़ लाख क्यार भारत-भारती पुरस्कार अउर बिरला क्यार ढाई लाख क्यार पुरस्कार प्रौढ़ शिक्षा के नाम पर लुटाय दीन्ह्यौ तौ हम सहमि गयन और हमका 'निराला क्यार अनायासै वहु दृश्य आयगा जब बनारस के कड़कड़ात जाड़े मां सबेरे-सबेरे बेढ़ब बनारसी के साथ बेनिया बाग घूमि के लौटत मां रेल्वे पुल के नीचे याक सिसियात कोढ़ी का अपनि रेशमी रजाई ओढ़ाय आए रहैं। दुइ ही दिन पहिलै यह सुनि के कि निराला जी बनारस आए हैं अउर बेढ़ब बनारसी के साथ बड़ी पियरी मां ठहरे हैं, शांतिप्रिय द्विवेदी के साथ उनसे मिलै गयन तो रेशमी रजाई ओढ़े खटिया मां बैठि रहैं। हम दूनौ जने का देखि कै अपनी ही खटिया के कोने मां बैठाई लीन्हेन और कहेनि कि हमरी रजाई मां हाथ फेरि के दयाखौ। अबै एकु हफ्तै पहिले लखनऊ से दुइ सौ रुपया मा बनवावा है। हम दीख कि वहि शाम का जौन मिलै आवै वहिते रजाई मा हाथ फेरवावैं और लरिकन जस वहिकैं अनन्यता बखाने मां न थकैं। तिसरे दिन जब हम फिरि पहुंचेन तौ उपरवाला किस्सा बेढ़ब बनारसिही सुनाइन कि काल्हि जब सबेरे बेनिया बाग ते टहलि कै लौटेन तो हम तो चाय बनावावैं कै खातिर भीतर चले गयन अउर बाहेर आयके दयाखा तो निराला जी गायब। आधघंटा मां लौट

के आए तौ हम पूछेन कि बिना बताए आप कहां चले गयै? आपकी प्रतीक्षा मां चायौ ठंडी होइगै अउर हमहूं पांच बिना चाय पिए बैठहन तो निराला जी खिसियाये बालक जइसै बोले कि अभी हम-तुम दूनौ जने लौटत मां जाड़े मां कांपत वहि कोढ़ी का दयाखा रहै तो हमका लाग कि रात भर मां यहु ठिठुर कै मरि जाई तौ वही का रजाई ओढ़ाय कै लौटे मां देरि होइगै। यहु सफाई वे ऐसे अपराध भाव से देय लागे कि हम पांच उनका देखते रहि गयन। तौ तुम्हरि लाखन रुपैया लुटावे कै कहानी सुनि कै हमका बरसन पूर्व कै वहैं घटना याद होइ आई अउर हम यहु किस्सा संता का सुनावा कि यही ते हम निराला जी का अउर रामविलास का परमहंसन को कोटि मां गिनित है। पहिलै तौ हम का लाग कि यहु तुम्हार पागलपन आय काहेकि दानदाता चाहे सरकार होय चाहे धनाढ्य दानदाता वहिका बचत के खाता मा डारि दया हैं। पै एकु दिन जब हम नेशनल बुक ट्रस्ट की कार्यकारिणी मां तुम्हारि चर्चौ करत-करत यहिकै तुम्हारा सनक बतावा तो पूर्व निदेशक अरविंद जी बताइन कि बिरला वाला ढाई लाख कै निधि तो हमका सौंपि दीन गै रहै जौनि क्यारि पाई-पाई हम प्रौढ़ शिक्षा पर खर्च करि चुकेन हैं तो हम अपनी बेवकूफी पै झेंप के रहि गयन। तुम साइत सुन्यौ होइहौ कि हिंदी संस्थान का भारत-भारती सम्मान एक लाख का ही संस्थान के कार्यकारी अध्यक्ष के रूप मां तत्कालीन मुख्यमंत्री विश्वनाथ प्रसाद सिंह से प्रारंभ करवावा रहै। जउन सर्वप्रथम महादेवी जी का तत्कालीन प्रधानमंत्री इंदिरा जी के हाथन से देवावा रहै। तब यहु हिंदी साहित्य क्यार सर्वप्रथम सर्वश्रेष्ठ पुरस्कार माना जात रहा है। मध्य प्रदेश भारत भवन क्यार एक लाख का पुरस्कार तो संगीत के बरे, परफार्मिंग आर्ट के बरे ही दीन जात रहा। अउर इक्कीस हज़ार क्यार शिखर पुरस्कार तो नंबर दुइ क्यार गिना जात रहा जौन साहित्यकन के भागमा परत रहै। ज्ञानपीठ पुरस्कार अवश्य ढाई लाख का रहा पर वह तो भारत के सबै भाषन के बरे रहा, जिनमा हिंदियौ एकु है। पर केवल हिंदी के नाम का वहि समय भारत-भारती पुरस्कारै सबसे श्रेष्ठ रहा। फिरि वहिका प्रदान करै प्रधानमंत्री इंदिरा गांधी जरूर आई रहै। पर तुमका तौ तुम्हरे घरै मां यहि से अलंकृत कीन गा जैसे बनारस के गोपीनाथ कविराज का भारतरत्न दे के बरे राष्ट्रपति का उनके घर जाय का परा रहै। न जानी कैसे अपनी बहक मा आज यह सब अनर्गल कथा लिखि बैठेन पर यहि क्यार ऐतिहासिक महत्व तौ हुइयै है। लरिकन का तो यहि कै बारे मा कुछ कहै क्यारि हिम्मत न परति पर आजु तुम्हरे जियत हम यहु कथा उद्घाटित करि दीन यानी रसीद लिख दीन जउने यहु पीढ़िन के काम आवै। तुम शायद यहौ जानत होइहौ कि बाद-बाद मां निराला जी मनीआर्डर फार्मन का बिना हस्ताक्षर वापस करि देति रहैं। भगवान जानै यहि सनक मा केतना रुपिया डूबिगा होई पर वही तै निराला-निराला कहावति है।

यहै बीच मुंशी क्यारि याकि चिट्ठी संता के नाम आदरणीया भाभी जी संबोधन के रूप मा आइगै तौ वहु तो सबु रंगै बदलि दीन्हेसि। कतौ भाभी जी के बजाय भौजी या भौजाई लिखि देते तो गजबै होइ जात। पै मुंशी के कलम मा जादू तो है। काहेकि वहि के असरते उइ संचेतक के सारे अंक पढ़ि डारेनि। अब मुंशी की मनुहार पर उइ लिखब शुरू करिहै कि न करिहै यहु तौ भगवानै जानैं पर उइ कबहूं-कबहूं निराला जी, तुम्हार, राहुल जी, भदंत आनंद कौसल्यायन, शिवदान सिंह चौहान, नरेंद्र जी, शमशेर, त्रिलोचन आदि की बातैं सुनावै लगती हैं, विना यहु जाने कि यहै विधा साहित्य मा संस्मरण के नाम तै जानी जाति है। कौन जानै जीवन के उत्तरार्ध मां यहौ करिश्मा घटित होइ जाय।

कबौं-कबौं स्वाचे लागित है कि कौनौ पागल शोधार्थी अवधी के गद्य अउर पद्य कै समस्त बिखरी संपत्ति समैटे क्यार जिम्मा लै लेय तो काम बनि जाय। पी.एच.डी. तो वहिका बट्टा मा मिलि जाई। यहि के पीछे हमार यहै स्वार्थ है कि हमरी अरदास पै वहि कै तुम बैसिही भूमिका लिखि देत्यौ जैस आचार्य रामचंद्र शुक्ल जायसी ग्रंथावली कै लिखिगे हैं। फ़रकु यहै हूवावा चाही कि उइ खड़ी बोली मां लिखिन है तुम अवधी मां लिखि देत्यौ तौ हिंदी साहित्य धन्य होइ जात, तुम समरथ हौ। यहि ते राष्ट्रभाषा हिंदी और संवरि जाति काहे कि भाषा कै सच्ची शक्ति तो बोलिनै पै निर्भर करति है। बोली तौ सैकड़न साल से फेंटी गै है और मंजि गई है। वहिमां भोजपुरी मै बातैं करै मा बातें करते रहे क्यार "बतियाते रहे" अउर अवधी क्यार छाती से लगावै के बरे "अंगवनि हारे" जैस क्रिया विशेषण वाला लोचु संभव न होइ पाई।

> सूल कुलिस असि अंगवनि हारे
> ते रतिनाथ सुमन सर मारे।

अच्छा पालागन। कबहूं मिलबौ करिहौ कि छ दूरिही ते पांव छुअइहौ। यहु हमार तगड़ा शिकवा न भूल्यौ जौने एक बार जी भरि के बतियाय लेई नहीं तो चला-चली क्यार मुहूरत आवै वाला है। आखिर चिट्ठिन कै सीमा होति है–

> कवि की अपनी सीमाएं हैं
>   कहता जितना कह पाता है
> कितना भी कह डालै लेकिन
>   अनकहा अधिक रह जाता है।

यही ते अवधी कै चिट्ठी खड़ी बोली मां समाप्त करि रहेन है कि यही तरह बोलिन कै शक्ति का पर्यवसान राष्ट्र भाषा का तुम्हार जस पहलवान बनावै मा समरथ होइ सकत है अन्यथा–

> जिमि मुख मुकुर-मुकुर निज पानी
> गहि न जाइ अस अद्भुत बानी।।

क्यार मरम नई पीढ़ी का समझाउब मुश्किल होइ जाई। इति–

तुम्हार पीठ पर क्यार भाई
शिवमंगल सिंह सुमन

डॉ. रामविलास शर्मा,
सी-३५८, विकासपुरी,
नई दिल्ली-११००१८

(टंकित)

कालिदास अकादेमी,
विश्वविद्यालय मार्ग,
उज्जैन-४५६०१०
दूरभाष-५५४५४५
२८-२-६८

प्रिय बंधु,

अबकी फेरि १८-२-६८ का लिखी चिट्ठी, डाक विभाग की कृपा ते लौटि आई तौ हम चौंकि गयन। हम तौ स्वाचत बैठि रहेन कि अब जवाबु अउतै होई पै यहु वितंडाबाद देखि कै झक्क रहि गयन। लाचार होइ कै वहे चिट्ठी जस कै तस रजिस्ट्री से भेजवाय रहेन है। हमार पी.ए. साहब सी-लिखब जरूर भूलिगे रहैं पै३५८ विकासपुरी तौ लिखिन रहै। अउर कोऊ ह्वात तो बात दूसरि रहै पर तुम्हरे नाम से तो विकासपुरी मात्र लिखि दयाव काफी ह्वाया चाही। जबते तुम कह्यो कि एकु कापी अपने पास रखि ल्यावा करौ तब से हम सतर्क तो होइ गयेन है पै कबहूं-कबहूं ध्वाखा जरूर खाय जाइत है। जब तुम्हरे पास अवधी के पर्याप्त सामग्री होइ जाय तौ हमरी बात का ध्यान जरूर राख्यौ। लगे हाथु यहु कामु होइ जाई तौ एकु बहुत बड़ी कमी पूरी होइ जाई, साहित्य के अध्येतन का नई दिशा मिलि जाई। यहि जनम मा जेत्ता लिखि डारयो है वहि का पियै अउर पचावै मा कइयौ जनम लगि जइहैं हमही का नहीं तुमहूं का। हिम्मत होय तौ आपन लिखा एकु दाँय बांचि कै फिरि दयाखौ कि पक्का फल का बहुरि डार मा लगावै क्यारि जुर्रत कोऊ करि सकत है? यहि का कबीर कै उलट बांसी मात्र समुझि कै चुप्पी न साधि जायौ। तबहीं तौ परबाबा बुद्ध कहिगे हैं कि–

न जटाहि न गोत्तेहि न जच्चा होति ब्राह्मणो।
यम्हि सच्चञ्च धम्मो च सो सुची सोच ब्राह्मणो।

धम्मपद—२६—ब्राह्मण वग्गो

तुमतौ कहिहौ कि अच्छा सुमन बच्चा हमही का सोला दूनी आठ सिखावै लाग्यो। तउन तुमका देखतै पेटु फूलै लागत है। जौ खुाल के न कहब तौ गुब्बारा अस फूटि जाई। कहौ, देख्यौ अवधी कै महिमा? ख़ैर, फ़िलहाल एतद्धि रामायणं—

कहै सुनै का बुरा न मान्यो होली है।

तुम्हरे अखाड़े क्यार लतमार
शिवमंगल सिंह सुमन

२०-३-६८

प्रिय सुमन,

१८/२, २८/२ के पत्र मिले।

तुम्हारा सुझाव पसंद आया। आज की अवधी में अच्छी कविताएं कम हैं। निराला ने रामचरित मानस का खड़ी बोली रूपांतर शुरू किया था, तुम निराला की कुछ कविताओं को अवधि रूप दे डालो। शुरू करो 'जूही की कली' से, समाप्त करो 'राम की शक्ति पूजा' से। इनके साथ बीस-तीस अपनी कविताओं की भी अवधी कर डालो। भूमिका हम टेपरिकार्डर में बोल देंगे।

हमें चक्कर नहीं आते। घुटने में दर्द था, इसलिए पार्क जाना बंद कर दिया। एक आंत का आपरेशन हुआ, तब दो हफ्ते अस्पताल में रहे। फलों का रस न पीते हो तो पिया करो, लाभ होगा।

दोनों को स्नेह।

रा.वि.

११ उदयन मार्ग
उज्जैन

परमप्रिय अग्रज,

२०-८-६८ के पत्र से यह जानकर प्रसन्नता हुई कि डांगेवाली पुस्तिका की अनुवादित प्रति भी मिल गई। उसे सीधे मेरे ही पास भेज दो, क्योंकि प्रकाशन के पूर्व उसका क्रम जमाना पड़ेगा। जब तुम्हारी कृपा से छोटी-मोटी बिखरी चीजें

मिलने लगी हैं तो सोचता हूं कि आत्मीयता के जोश में मैंने तुम्हें जो पत्र अवधी में लिख डाले हैं वे भी प्रकाशनार्थ संबद्ध कर लूं।

कविताओं के अवधीकरण का प्रश्न उतना आसान नहीं है जितना मैं समझता था, विशेषकर निराला की अभिव्यंजना को समेट सकना कोशिश का काम है। फिर इस बीच मेरा स्वास्थ्य भी गड़बड़ा गया था। मेरी और तुम्हारी काठी में अंतर है। तुमने तो गृहस्थ रह कर भी योगी का जीवन बिताया है, हां तुम्हारे अखाड़े से दूर न पड़ जाते तो डंड-बैठक का क्रम बना रहता। बैसवाड़े की ज़िंदादिली का राज़ तो इसी में छिपा है। जीवन के उत्तरार्ध में इसका भराव किसी अंश तक भरा जा सकता था पर देश-काल की खाई उसके आड़े आ जाती है। ख़ैर। भागे भूत की लंगोटी ही भली। मिलने की ललक तो लगी ही हुई है।

सस्नेह—

सदा का
सुमन

३१-५-६८

प्रिय केदार,

बहुत दिनों बाद तुम्हारा २३/५ का कार्ड पाकर मन प्रसन्न हुआ। ६ अप्रैल के समारोह में दिल्ली के लोग शामिल हुए थे। जसवीर ने खूब विस्तार से तुम्हारे बारे में बताया। ऐसा लगा कि हम भी बांदा हो आए। यहां भयानक गर्मी है। धरती की कोख में धमाके हुए, लू में और तेजी आई। लू लगने से ५०० से अधिक लोग जान गंवा चुके हैं। कल महावीर अग्रवाल आए थे। कबीर के बाद तुम पर अंक निकालेंगे।

और सब ठीक है।

सस्नेह
रा.वि.

नई दिल्ली-११००१८
२१-७-६८

प्रिय केदार,

तुम्हें मई के अंत में जब कार्ड लिखा था, तब भयानक गर्मी थी। अब चारों

तरफ से बाढ़ के समाचार आ रहे हैं। अंगूर की बेल में जब पत्ते नहीं थे, तब खूब अंगूर खाए। अब घने हरे पत्तों से बेल ढंक गई है और अगली ऋतु के लिए रस संजो रही है। फाटक के पास हरसिंगार भी हरिआया है। शरद की चांदनी रातों में उसकी डालों से गंध की फुहारें छूटेंगी।

विजय वियतनाम गए हैं। भुवन सेवानिवृत्त होने वाले हैं। मुंशी के यहां सब लोग ठीक हैं। मेरा हाल अच्छा है। आशा है तुम स्वस्थ और प्रसन्न होगे।

सस्नेह
रा.वि.

नई दिल्ली ११००१८
२०-१०-६८

प्रिय केदार,

विष्णुचंद्र शर्मा को किन्हीं तिवारी से मालूम हुआ, तुम्हें चोट लगी है। विष्णु ने हमें बताया। पुंडरीक के एक पत्र में महेशचंद्र अग्रवाल का फोन नंबर दिया हुआ था। आज विजय ने उनसे बात की। कब कैसे गिरे, कहां चोट लगी, सब मालूम हो गया। आंख बच गई और कहीं फ्रैक्चर नहीं हुआ, यह बड़ी बात है। कल हम लोग मुंशी के यहां गए थे। सब लोग ठीक हैं।

इस साल दिल्ली में पहले काफी पानी बरसा। अमरीका, चीन, पूर्वी पश्चिमी भारत—बाढ़ से भारी विनाश हुआ। चक्रवात—समुद्री लहरों ने शहरों पर धावा किया ! प्रकृति पर नियंत्रण पाना मानव के लिए अब भी दुष्कर है।

शेष कुशल।

सस्नेह
रामविलास

(केदार को लिखे हुए अपने इधर के पत्र श्री पुंडरीक और श्री एहसान आवारा के सौजन्य से प्राप्त हुए। इसके लिए उन्हें धन्यवाद है—रा.वि. शर्मा)

२२-११-६८

प्रिय केदार,

इन दिनों चुनाव प्रचार से ध्वनि प्रदूषण के साथ विचार प्रदूषण फैल रहा है। कल ध्वनि प्रदूषण बंद हो जाएगा, विचार प्रदूषण जारी रहेगा।

मैं ठीक हूं। पुंडरीक या आवारा आवें तो कहना तुम्हारा समाचार लिख भेजें।

सस्नेह
रा. वि.

उज्जैन
२६-६-६८

परमप्रिय अग्रज,

तुम्हारे १८-६-६८ के पत्र के साथ डांगेवाली पुस्तक मिल गई। प्रकाशित होने के बाद ही मेरी अपनी ही प्रति एक सज्जन मांग ले गए थे, तब से अपना ही अनुवाद पढ़ने के लिए लालायित रहा पर सुयोग नहीं जुटा तो नहीं जुटा। आज इतनी पुरानी साध पूरी हुई। इसी प्रकार तुमने 'युग का मोल' की प्रति भी खोज निकाली थी। कृतज्ञता की औपचारिकता नितांत ओछी मालूम पड़ती है, केवल इतना ही कि इस बीच तुम्हारा जीवंत साथ बना रहता तो मैं बिखरने से बच जाता।

तुम तो आज भी मेरे लिए प्रेरणा के अदम्य स्रोत हो। अवधी में लिखे पत्रों का प्रकाशन का तुम्हारा आदेश सिर माथे पर। देखो शायद जीवन के उत्तरार्ध में ही भागे भूत की लंगोटी मिल जाए। मेरा और शांति का स्नेहासिक्त अभिवादन स्वीकार करो।

स्नेह सहित–

सदा का
सुमन

११-१०-६८

सुमन की आत्मकथा। झगरपुर (गांव का भूगोल, गांव के लोग—ठाकुर, ब्राह्मण, चमार); घर के लोग (बाबा, माजी, नाना, नानी, बप्पा, अम्मा आदि); पढ़ाई (बनारस और उसके पहले); अध्यापन (ग्वालियर—पियर्स, सहयोगी अध्यापकों और प्रमुख छात्रों के रेखाचित्र, ग्वालियर, इंदौर और उज्जैन-नगर वर्णन); साहित्यिक जीवन (साहित्यकारों के संस्मरण, कवि सम्मेलनों की स्मृतियां); शांति सुमन और बच्चे (ब्याह से लेकर अब तक—विस्तृत विवरण—तीन अध्याय); मेरी रचना प्रक्रिया (प्रिय कवि और उनकी रचनाएं); सार्वजनिक जीवन (कालिदास अकादेमी) काठमांडू-नगर, नागरिक, राजा, कवि... आदि; बुढ़ापे का सुख, पूरे उपन्यास का मसाला है। लिखा न जाए तो टाइपिस्ट को बोलते जाओ, पत्रों का छपना काफी नहीं है। ६/१०/६८ तथा २६/६ का पत्र मिलने पर तुरंत तुम्हारी आत्मकथा की रूपरेखा बना डाली। तुम में जो वर्णन क्षमता है, उसका उपयोग होना चाहिए। 'पूजा' के दो घंटों में एक और जोड़ लो, इस काम के लिए।

रा.वि.

११/१०

उज्जैन

२४-१०-६८

परमप्रिय अग्रज,

तुम्हार ११/१० का पत्र का मिला जैसे सन्निपात के रोगी का संजीवनी मिलिगै होय। तुम इतने जीवंत और ज्वलंत अबहूं बने हौ। पछताय रहेन हैं कि तुम्हरी चाकरीमा चूकि कैसे गयन। तुम तो हमरी आत्मकथा कै रूपरेखौ बनाय डारयो। बप्पा रे बप्पा इत्तै विवरण जुटावे क्यारि शक्ति कहां से लइबै। बस यहै कि तुमका देखि देखि कै हिम्मत बांधे रहब। कुछ सूत्र खोजै के बरे तो गांव जाय का परी। पै हुआं तो अब उइ बड़े बूढ़े रहे नहीं जउन चलत-फिरत इतिहास कहावत रहे। होइ सकत है गांव मा अब बड़े-बूढ़न की गिनती मा हमारौ नाम गिनावा जात होय। यही मनोदशा मा कबहूं लिखि डार रहै कि—

सबका अपना पाथेय
पंथ एकाकी है
अब होश हुआ जब
गिने-चुने दिन बाकी हैं।

आरोहण पथ अधपर
अलबेली सीढ़ी
संतोष सिर्फ पीछे
पीढ़ी दर पीढ़ी है
पीढ़ी से जुड़ सकना
सार्थकता लाता है
विच्छिन्न सूत्र पत्तों सा
झर झर जाता है।

रूपरेखा के विवरण पढ़ि कै हमहूं का लाग कि सामग्री तो काफी बिखरी पड़ी है पै यहि का समेटै के बरे साहस के अलावा शारीरिक शक्तिउ अपेक्षित है। सचेतक मां तुम्हरि दिनचर्या पढ़ि कै फिर हीनता कै भावना (Inferiority complex) जागिगै। हम ते तीनि बरस बड़े हौ। आखिर सत्तासी पूरे करिही डारयौ, पै चालैमा तो कतहूं कौनौ जुंबिश नहीं देखाय परति। अब तो शतक पूरै करि डारौ जेहि ते हमरिउ हिम्मत बंधी रहै।

आजकाल कालिदास समारोह की दौड़ा धूपीमा व्यस्त रहन। सारा जीवन इन्हीं गपड़ चौथन मा बीति गा। यहि समारोह मा तुमका बोलावै कै हमार अरमान तो अधूरै रहिगै। तुम्हरि चिट्ठी का मनन कर रहेन है। एकु कार्ड मा गागर मा सागर जस सारा सार समेटि डारत हौ। अच्छा हम दूनौ जने का पांयलागन।

तुम्हार अनुज
शिवमंगल सिंह सुमन

डॉ. रामविलास शर्मा
C-३५८, विकासपुरी
नई दिल्ली

नई दिल्ली ११००१८
८-११-६८

प्रिय सुमन,

तुमने अपने ब्याह और गांव का जैसा वर्णन पत्रों में किया है, वैसा बहुत कम ही लेखक कर सकते हैं। एक बार आत्मकथा शुरू कर दो, फिर पूरी तो हो ही जाएगी। प्रारम्भते न खलु विघ्नभयेन नीचैः—यह उक्ति तुम्हारे लिए नहीं है।

सप्रेम
रा.वि.

●●●